Die schönsten Weihnachtsgeschichten der Welt

Die schönsten Weihnachtsgeschichten der Welt

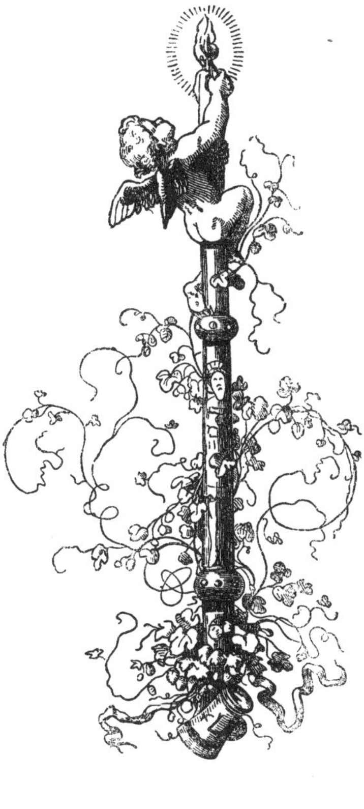

EDITIONNOVA

Auswahl und Zusammenstellung: Christina Stock
Recherchen: Sarah und Lina Gerhards
Layout und Satz: Roland Poferl Print-Design, Köln

Printed in Germany

ISBN 978-3-940487-51-3

Inhalt

* Mit Sternchen versehene Titel sind Gedichte.

Inhalt

VICTOR BLÜTHGEN

Das vertauschte Weihnachtskind

Klein-Elsbeth war fünf Jahre alt und hatte es recht gut auf der Welt, denn erstens brauchte sie noch nicht in die Schule zu gehen, zweitens hatte sie in der schönen, großen Wohnung der Eltern ein eigenes Zimmerchen für sich, das voll niedlicher Möbel war, darunter ein Schrank ganz voll Spielsachen, und drittens hatte sie immer Unterhaltung, nämlich ein Fräulein, das immer bei ihr war und sich mit ihr beschäftigte, weil Papa meistens im Geschäft war und Mama viel schlafen und Besuche machen musste. Wenn aber recht schönes Wetter war, durfte der Kutscher aufspannen, und dann fuhr sie mit Fräulein spazieren.

Na, der Kutscher! Den mochte sie zu gern. Der war immer so spaßig, und wenn er Besorgungen gemacht hatte, brachte er ihr immer etwas zu naschen mit.

Ihr einziger Kummer war, dass sie kein Brüderchen hatte, so eine richtige lebendige Puppe. Im ganzen Haus war sie das einzige Kind, auch Doktor Krauses im oberen Stock, die erst vor Kurzem eingezogen waren, hatten keine Kinder. Aber lieb war die Frau Doktor, Elsbethchen durfte manchmal zu ihr hinaufgehen mit Fräulein, und dann spielte die Frau Doktor ganz richtig mit ihr, als wenn sie auch ein kleines Mädchen wäre.

Weihnachten kam heran, und eines Abends erschien – rate mal wer? – der Knecht Ruprecht.

Fräulein hatte schon vorher gesagt: »Wo nur der Knecht

Ruprecht bleibt? Kommen wird er sicher. Wir müssen uns nur überlegen, was wir uns zu Weihnachten wünschen, damit wir ihm das sagen können.« Das war nun eine wichtige Sache. Es war denn auch eine ganze Liste zusammengekommen, Fräulein hatte alles aufgeschrieben, und Elsbeth hatte ihren Namen und die Straße und Hausnummer drunter schreiben müssen, Fräulein hatte ihr die Hand geführt.
Und nun stapfte es vor der Tür, gerade als Fräulein das Märchen vom ehrlichen Laubfrosch erzählte, und die Tür ging auf, und herein kamen Äpfel, Nüsse und eingewickelte Bonbons und hinterher der Ruprecht. Er brummte wie ein Bär durch seinen weißen Bart und sprach beinahe so wie Heinrich der Kutscher. Elsbeth musste beten, und dann sollte sie sich etwas zu Weihnachten wünschen. Da holte Fräulein den Zettel für Elsbeth und auch ihren eigenen, und der Ruprecht zog damit ab.
Elsbeth war ja nun sehr befriedigt, und Fräulein half mit auflesen; auf einmal aber schrie Elsbeth: »Fräulein, Fräulein –!«
»Was denn?«
»Ich habe was vergessen.«
»Was hast du denn vergessen?«
»Ich will ja ein kleines Brüderchen haben, das ist die allergrößte Hauptsache. Hole doch den Ruprecht noch einmal!«
»Schade, der ist aber schon weit fort. Weißt du was? Wir schreiben an ihn. Die Post weiß gewiss seine Adresse; er wird wohl viele Briefe bekommen.«
Das war ein Trost. Fräulein nahm Papier und Feder, und Elsbeth musste diktieren.
»Lieber Knecht Ruprecht! Entschuldigen Sie, wenn ich störe« – so sagte nämlich Fräulein immer zur Mama – »ich wünsche mir am aller-

meisten ein kleines Brüderchen, bitte, bitte! Es grüßt Sie Ihre Elsbeth.«
»Die Adresse schreibe ich dazu«, sagte Fräulein, »und die auf das Kuvert auch.«
»Die Marke darf ich lecken, nicht?«
»Für den Ruprecht braucht's keine.«
Aber Elsbeth wollte lieber sichergehen und ließ nicht nach, bis eine Marke aufgeklebt war; und nachher war sie sehr energisch dagegen, dass Minna, das Stubenmädchen, den Brief in den Briefkasten trug, Fräulein musste mit ihr über die Straße gehen und sie heben, sodass sie den Brief selber einstecken konnte.
Fräulein lachte heimlich. Der Briefkasten gehörte nämlich nicht der Post, sondern einem großen Kohlengeschäft. Die Leute würden sich dort schön wundern! Darauf gingen die beiden wieder Äpfel, Nüsse und Bonbons zusammenlesen.
Der Tag zu Heiligabend war gekommen und Klein-Elsbeth in wahrem Fieber vor Erwartung. Das Brüderchen musste doch sicher kommen; bis jetzt hatte der Weihnachtsmann immer alles gebracht, was sie sich gewünscht hatte. Wenn bloß der Brief richtig angekommen war! Papa und Mama wussten natürlich von dem bevorstehenden Familienzuwachs. Elsbeth war anfangs dafür gewesen, sie zu überraschen, aber sie hatte doch auf die Dauer ihr Geheimnis nicht bei sich behalten können. Und Mama hatte gesagt: »Es ist nur gut, dass ich es weiß, da muss ich doch Steckkissen und Windeln instand setzen.«
»Aber das sage ich dir, Mama, es ist meins!«, hatte Elsbeth sehr entschieden gesagt. »Dass du mir's nicht etwa nachher fortnimmst und sprichst, es wäre deins!«
»Ei, wo werde ich denn«, hatte Mama geantwortet.
Nun war's draußen dunkel, in der Gegend des Wohnzimmers allerlei

Getrappel und Gemunkel. Elsbeth, die atemlos mit Fräulein in ihrem Zimmerchen wartete, hörte es und trippelte wie ein Irrlicht herum vor Ungeduld. Draußen läuteten die Glocken. Und endlich klingelte es.
»Fräulein, schnell –!«
Da war die Weihnachtsstube, mit Papa und Mama und dem Weihnachtsbaum und lauter Herrlichkeiten auf Tischen und Stühlen. Und die Eltern, beide lachten ganz glücklich: »Sieh doch dort, Elsbethchen, das ist deins, was der Weihnachtsmann dir gebracht hat.« Aber die großen Kinderaugen von Klein-Elsbeth suchten, suchten, und das Gesichtchen wurde immer kläglicher.
»Wo ist denn das Brüderchen?«
»Ja, denke dir«, sagte Mama, »das ist nicht gekommen!«
Aus Elsbeths Augen kullerten Tränen.
»Der Ruprecht!«, nickte sie. »Das ist schon so einer. Jetzt freue ich mich beinahe gar nicht.«
»Ja«, meinte Papa, »wir müssen ihn nächstes Jahr einmal fragen, ob er denn deinen Brief nicht bekommen hat.«
Nun half da ja nichts; Elsbeth musste sich mit den anderen Sachen zufriedengeben, und das ging ja auch, denn sie waren wirklich sehr schön. Nachher wurden der Friedrich und das Stubenmädchen und die Köchin und die Jungfer von Mama gerufen, die bekamen auch ihren Teil. Die Köchin kam zuletzt und war ganz aufgeregt und sagte: »Gnädige Frau, bei Doktors oben ist ein kleiner Junge angekommen.«
Klein-Elsbeth stieß einen Schrei aus. »Ein kleiner Junge? Mama, Mama, das ist meiner. Der ist falsch abgegeben!« Und mit blitzenden Augen stand sie vor der Mutter, ganz Aufregung.
»Ja, das kann man doch nicht wissen«, sagte Mama bedenklich und blinzelte zu Papa hin.

»Doch«, rief Elsbeth, »ich habe ihn doch bestellt, Doktors brauchen doch gar keinen. Bitte, bitte, schicke doch hinauf und lass ihn holen. Tante Doktor gibt ihn mir gewiss, das weiß ich. Ich habe ihr auch erzählt, dass ich ein Brüderchen bestellt habe.«
Die Köchin und die Zofe und das Stubenmädchen lachten, aber Papa sagte ernsthaft: »Na, heute wollen wir's nur oben lassen, es wird natürlich sehr müde sein und erstmal ordentlich ausschlafen wollen.«
»Aber ich will's doch sehen!«, rief Elsbethchen. »Fräulein, komm doch nur mit, wir wollen hinaufgehen.«
«Heute nicht, sei artig, Elsbeth«, entschied Mama.
Elsbeth stieß ein Schluchzen aus und stampfte mit den Füßen auf. »Ihr seid schlecht – ganz schlecht seit ihr …«
»Elsbeth –« sagte Papa mit strengem Ton, den kannte sie schon, da war nicht gut Kirschen essen mit ihm. »Unartigen Kindern nimmt der Weihnachtsmann alles wieder weg, das weißt du. Natürlich das Brüderchen auch.« Elsbeth ging zu ihren Sachen und weinte noch eine Weile still vor sich hin …
»Morgen ganz früh gleich gehen wir hinauf, nicht?«, sagte sie zu Fräulein, als die sie zu Bett brachte. – »Ja, freilich.«
Sie lag noch lange mit offenen Augen, und ab und zu lächelte sie glückselig … In aller Frühe klingelte es bei Doktors. Als das Mädchen öffnete, stand Klein-Elsbeth da, hochrot im Gesichtchen, sagte gar nicht »Guten Morgen«, sondern bloß sehr bestimmt: »Ich will mein Brüderchen sehen. Es gehört nämlich mir.« Sie war dem Fräulein durchgegangen, das noch mit Haarmachen zu tun hatte.
»Das ist deins?«, fragte das Mädchen erstaunt. »Ich denke doch, das ist der Frau Doktor ihres.«
»Nein, das habe ich mir bestellt, es ist bloß falsch abgegeben.

Und ich will mir's holen.«

»Na, das glaube ich nicht, dass sie dir das herausgeben«, meinte das Mädchen. »Ich will mal den Herrn fragen, ob du es sehen darfst, es wird gerade gebadet.« Sie ging fort, und statt ihrer kam der Doktor.

»Morgen, Elsbethchen. Na, willst du's sehen? Dann komm mit. Aber es ist richtig unseres, verlass dich drauf.«

»Jawohl, ihr wollt mir's jetzt bloß nicht geben. Ich hab mir's bestellt und ihr nicht!«

»Doch, wir haben auch eins bestellt.«

»Aber Elsbethchen!«, rief's unten, und Fräulein kam mit halb gemachtem Haar die Treppe heraufgeflogen.

»Du lügst!«, rief die Kleine in leidenschaftlicher Erbitterung. »Du sagst das bloß so. Und jetzt will ich's gar nicht sehen …«

»Entschuldigen Sie das Kind, Herr Doktor«, sagte Fräulein. »Meinen herzlichen Glückwunsch! Es ist so ein merkwürdiger Zufall …«

Elsbethchen war schon auf der Treppe, und jetzt war Fräulein bei ihr und meinte: »Wir schreiben noch einmal an den Ruprecht, da werden wir ja erfahren, wem es gehört.«

»Ja, aber gleich«, nickte Elsbeth entrüstet.

Nun saßen sie –, sie hatten noch gar nicht gefrühstückt; die Eltern lagen noch zu Bett – und Elsbeth diktierte, und Fräulein schrieb: »Lieber Knecht Ruprecht! Ich bin sehr traurig« … Auf dem Korridor ging die Klingel. »Das wird die Post sein«, sagte Fräulein und legte die Feder nieder, »ich will erst einmal nachsehn.«

Sie ging und kam wieder mit dem Postboten, der trug eine große Kiste, nickte Elsbethchen zu und meinte schmunzelnd: »Da kommt was für das Fräuleinchen.«

Und Fräulein las auf der Begleitadresse und rief: »Elsbethchen, da steht: ›Absender: der Weihnachtsmann‹; da bin ich neugierig. Ich will gleich Werkzeug holen und öffnen.« Es stand aber auch etwas blau gestempelt auf der Adresse, davon sagte sie nichts, das hieß nämlich: Schucker und Kompanie, Kohlenhandlung. Welche Neugier, ehe die Kiste geöffnet war und ausgepackt wurde! Erst viel Holzwolle; und dann: eine Puppe, so groß, wie Elsbethchen noch keine gehabt hatte – ein kleiner Junge!

»Ja, was ist denn das?«, kopfschüttelte Fräulein und nahm einen Brief aus einem Kuvert, das dabei lag. Und dann schrie sie: »Denk doch nur an, der Weihnachtsmann schreibt an dich:

›Liebes Elsbethchen! Der Knecht Ruprecht lässt dich schön grüßen. Er hat mir gesagt, du hättest dir ein richtiges lebendiges Brüderchen gewünscht. Aber die sind dieses Jahr schlecht geraten, und ich musste erst den Leuten eins bringen, die schon voriges Jahr eins gewünscht und nicht gekriegt hatten. Da hatte ich für dich keins mehr übrig und schicke dir dafür noch ein extragroßes, das zwar nicht lebendig, aber sehr schön ist. Es grüßt dich der Weihnachtsmann.‹«

»Dann ist's doch richtig«, sagte Elsbethchen betreten, »es gehört Doktors. Ich freue mich gar nicht.«

Der Kohlenhändler, der den Brief an den Knecht Ruprecht in seinem Briefkasten gefunden hatte, hatte sich den Spaß gemacht; davon aber erfuhr Elsbethchen nichts. Noch am selben Tag aber ging sie zu Doktors und besah das Brüderchen. Es war ein kleines, schrumpeliges Ding und quäkte grässlich. Ganz krebsrot und hässlich sah es aus.

»Weißt du«, sagte sie zu Fräulein, als sie von Doktors die Treppe hinuntergingen, »jetzt ist mir's doch lieber, dass ich das Brüderchen nicht gekriegt habe; das, was mir der Weihnachtsmann geschickt hat, ist viel hübscher und auch viel artiger. Das andere können Doktors behalten.«

HEINRICH HOFFMANN VON FALLERSLEBEN

Der Traum

Ich lag und schlief; da träumte mir
ein wunderschöner Traum:
Es stand auf unserm Tisch vor mir
ein hoher Weihnachtsbaum.

Und bunte Lichter ohne Zahl,
die brannten ringsumher;
die Zweige waren allzumal
von goldnen Äpfeln schwer.

Und Zuckerpuppen hingen dran;
das war mal eine Pracht!
Da gab's, was ich nur wünschen kann
und was mir Freude macht.

Und als ich nach dem Baume sah
und ganz verwundert stand,
nach einem Apfel griff ich da,
und alles, alles schwand.

Da wacht' ich auf aus meinem Traum,
und dunkel war's um mich.
Du lieber, schöner Weihnachtsbaum,
sag an, wo find' ich dich?

Da war es just, als rief er mir:
»Du darfst nur artig sein;
dann 'steh' ich wiederum vor dir;
jetzt aber schlaf nur ein!

Und wenn du folgst und artig bist,
dann ist erfüllt dein Traum,
dann bringet dir der heil'ge Christ
den schönsten Weihnachtsbaum.«

Die Sterntaler

Es war einmal ein kleines Mädchen, dem waren Vater und Mutter gestorben, und es war so arm, dass es kein Kämmerchen mehr hatte, darin zu wohnen, und kein Bettchen mehr, darin zu schlafen, und endlich gar nichts mehr als die Kleider auf dem Leib und ein Stückchen Brot in der Hand, das ihm ein mitleidiges Herz geschenkt hatte. Es war aber gut und fromm. Und weil es so von aller Welt verlassen war, ging es im Vertrauen auf den lieben Gott hinaus ins Feld.

Da begegnete ihm ein armer Mann, der sprach: »Ach, gib mir etwas zu essen, ich bin so hungerig.« Es reichte ihm das ganze Stückchen Brot und sagte: »Gott segne dir's«, und ging weiter. Da kam ein Kind, das jammerte und sprach: »Es friert mich so an meinem Kopfe, schenk mir etwas, womit ich ihn bedecken kann.« Da tat es seine Mütze ab und gab sie ihm.

Und als es noch eine Weile gegangen war, kam wieder ein Kind und hatte kein Leibchen an und fror. Da gab es ihm seins; und noch weiter, da bat eins um ein Röcklein, das gab es auch von sich hin.

Endlich gelangte es in einen Wald, und es war schon dunkel geworden, da kam noch eins und bat um ein Hemdlein, und das fromme Mädchen dachte: »Es ist dunkle Nacht, da sieht dich niemand, du kannst wohl dein Hemd weggeben«, und zog das Hemd ab und gab es auch noch hin. Und wie es so stand und gar nichts mehr hatte, fielen auf einmal die Sterne vom Himmel und waren lauter blanke Taler; und ob es gleich sein Hemdlein weggegeben, so hatte es ein neues an, und das war vom allerfeinsten Linnen. Da sammelte es sich die Taler hinein und war reich für sein Lebtag.

HEINRICH SEIDEL

Das Weihnachtsland

Werner und Anna

Im letzten Hause des Dorfes, gerade dort, wo schon der große Wald anfängt, wohnte eine arme Witwe mit ihren zwei Kindern Werner und Anna. Das wenige, das in ihrem Garten und auf dem kleinen Ackerstück wuchs, die Milch, die ihre einzige Ziege gab, und das geringe Geld, das sie durch ihre Arbeit erwarb, reichte gerade hin, um die kleine Familie zu ernähren, und auch die Kinder durften nicht feiern, sondern mussten solche Arbeit leisten, wie sie in ihren Kräften stand. Sie taten das auch willig und gern und betrachteten diese Tätigkeit als ein Vergnügen, zumal da sie dabei den herrlichen Wald nach allen Richtungen durchstreifen konnten.

Im Frühling sammelten sie die goldenen Schlüsselblumen und die blauen Anemonen zum Verkauf in der Stadt und später die Maiglöckchen, die mit süßem Duft aus den mit welkem Laub bedeckten Hügelabhängen des Buchenwaldes emporwuchsen. Dann war auch der Waldmeister da mit seinen niedlichen Bäumchen, die gepflückt werden mussten, ehe sich die zierlichen, weißen Blümchen hervortaten, damit seine Kraft und Würze fein in ihm verbleibe. Sie wanden zierliche Kränze daraus, denen noch, wenn sie schon vertrocknet waren, ein süßer Waldesduft entströmte oder banden ihn in kleine Büschel, die die vornehmen Stadtleute in den Wein taten, auf dass ihm die taufrische Würze des jungen Frühlings zuteil werde.

Später schimmerten dann die Erdbeeren rot unter dem niedrigen Kraut hervor, und während nun die Kinder der reicheren Eltern in den Wald liefen und fröhlich an der reich besetzten Sommertafel schmausten oder höchstens zur Kurzweil ein Beerensträußlein pflückten, um es der Mutter mitzubringen, saßen Werner und Anna und sammelten fleißig »die guten ins Töpfchen, die schlechten ins Kröpfchen«. Aber sie waren fröhlich dabei und guter Dinge, pflückten um die Wette und sangen dazu.

Noch späterhin wurden auf dem bemoosten Grunde des Tannenwaldes die Heidelbeeren reif und standen unter den großen Bäumen als kleine Zwergenwälder beieinander, indem sie mit ihren dunklen Früchten wie niedliche Pflaumenbäumchen anzusehen waren. Auch diese sammelten sie mit blauen Fingern und fröhlichem Gemüt in ihre Töpfe, und dann ging's ins Moor, wo die Preißelbeeren standen, die so zierliche Blüten wie kleine, rosig angehauchte Porzellanglöckchen und Früchte rot wie Korallen haben und eingemacht über die Maßen gut zu Apfelmus schmecken.

Von der alten Liese, die alle Tage mit einem baufälligen Rösslein und einem Wagen voll Gemüse und dergleichen in die Stadt fuhr und für die Kinder verkaufte, was sie gesammelt hatten, lernten sie noch manches kennen, was die Stadtleute lieben und gern für ein paar Pfennige erwerben. So suchten sie in der Zwischenzeit allerlei zierliche Moose und Flechten, wie sie in trockenen Kiefernwäldern mannigfaltig den Boden bedecken und sich mit sonderlichen und zierlichen Gestaltungen bescheiden hervortun. Da fanden sie solche rot und ästig wie kleine Korallen und andere, die einem Haufen kleiner Tannenbäumchen glichen. Aus wieder anderen wuchsen die Blütenorgane gleich kleinen Trompetchen oder spitzen Kaufmannstüten hervor, während noch wieder andere kleine Keulen emporstreckten, die mit einem Knopf wie von rotem Siegellack geschmückt waren. Solches Moos lieben die Stadtleute auf einem Teller freundlich anzuordnen, damit sich ihr Auge, wenn es müde ist, über die große Wüste von

Mauern und Steinsäulen zu schweifen, auf einem Stück fröhlichen Waldbodens ausruhen könne.
Unter solchen fleißigen und freudigen Tätigkeiten kam dann der Herbst heran und die Zeit, da die Stürme das trockene Holz von den Bäumen werfen und es günstig ist, die Winterfeuerung einzusammeln, die Zeit, wo sie sich schon zuweilen auf die schönen Winterabende freuten, wenn das Feuer in dem warmen Ofen bullert und sein Widerschein auf dem Fußboden und an den Wänden lustig tanzt, wenn die Bratäpfel im Rohr schmoren und zuweilen nach einem leisen »Paff« lustig aufzischen, und die Mutter bei dem behaglichen Schnurren des Spinnrades ein Märchen erzählt. Unter solchen Gedanken schleppten sie fröhlich Tag für Tag ihr Bündelchen Holz heim und türmten so allmählich neben der Hütte ein stattliches Gebirge auf.
Zuweilen hing auch ein Beutel mit Nüssen an dem Bündel; diese holten sie gelegentlich aus dem großen Nussbusch, wo in manchem Jahre so viele wuchsen, dass, wenn man mit einem Stock an den Strauch schlug, die überreifen Früchte wie ein brauner Regen herabprasselten. Wenn sie davon genug mitgebracht hatten, wurden die Nüsse in einen größeren Beutel getan und in den Rauchfang gehängt, um für Weihnachten aufgehoben zu werden.
Weihnachten, das war ein ganz besonderes Wort, und die Augen der Kinder leuchteten heller auf bei seinem Klange. Und doch brachte ihnen dieser festliche Tag so wenig. Ein kleines, winziges Bäumchen mit ein paar Lichtern und Äpfeln und selbst gesuchten Nüssen und zwei Pfefferkuchenmännern, darunter für jedes ein Stück warmes Winterzeug und, wenn's hoch kam, ein einfaches, billiges Spielzeug oder eine neue Schiefertafel, das war alles. Doch von den wenigen, kleinen

Lichtern und von dem goldenen Stern an der Spitze des Bäumchens ging ein Leuchten aus, das seinen traulichen Schein durch das ganze Jahr verbreitete und dessen Abglanz in den Augen der Kinder jedes Mal aufleuchtete, wenn das Wort Weihnachten nur genannt wurde.

Als es nun Winter geworden war und sie eines Abends behaglich um den Ofen saßen und die Mutter gerade eine schöne Weihnachtsgeschichte erzählt hatte, sah der kleine Werner eine ganze Weile ganz nachdenklich aus und fragte dann plötzlich: »Mutter, wo wohnt denn der Weihnachtsmann?«

Die Mutter antwortete, indem sie den feinen Faden durch die Finger gleiten ließ und das Spinnrad munter dazu schnurrte: »Der Weihnachtsmann? Hinter dem Walde in den Bergen. Aber niemand weiß den Weg zu ihm; wer ihn sucht, rennt vergebens in der Runde, und die kleinen Vögel in den Bäumen hüpfen von Zweig zu Zweig und lachen ihn aus. In den Bergen hat der Weihnachtsmann seine Gärten, seine Hallen und seine Bergwerke, dort arbeiten seine fleißigen Gesellen Tag und Nacht an lauter schönen Weihnachtsdingen, in den Gärten wachsen die silbernen und goldenen Äpfel und Nüsse und die herrlichsten Marzipanfrüchte, und in den Hallen sind die schönsten Spielsachen der Welt zu Tausenden aufgestapelt.«

Diese Geschichte kam Werner nicht wieder aus dem Sinn, und er dachte es sich herrlich, wenn es ihm gelingen könnte, den Weg nach diesem Wunderlande zu entdecken. Einmal war er bis in die Berge gelangt und war dort lange umhergestreift, aber er hatte nichts gefunden als Täler und Hügel und Bäume wie überall. Die Bäche, die dort liefen, schwatzten und plauderten wie alle Bäche, allein sie verrieten ihr Geheimnis nicht, die Spechte hackten und klopften dort wie anderswo im Walde auch und flogen davon, und an den Eichhörnchen,

die eilig die Bäume hinaufkletterten, war auch nichts Besonderes zu sehen.
Wenn ihm nur jemand hätte sagen können, wie der Weg in das wunderbare Weihnachtsland zu finden sei, er hätte das Abenteuer wohl bestehen wollen. Aber die Leute, die er danach fragte, lachten ihn aus, und als er deshalb der Mutter seine Not klagte, da lachte sie auch und sagte, das solle er sich nur aus dem Sinne schlagen; was sie ihm damals erzählt habe, sei ein Märchen gewesen wie andere auch.
Aber der kleine Werner konnte die Geschichte doch nicht aus seinen Gedanken bringen, obgleich er nun niemanden mehr danach fragte. Nur mit der kleinen Anna sprach er zuweilen beim Holzsammeln davon, und beide malten sich schöne Traumbilder aus von den Herrlichkeiten des wunderbaren Weihnachtslandes.

Der kleine Vogel

An einem Morgen kurz vor Weihnachten nahm Werner das Küchenbeil über die Schulter und ging allein in den Wald, denn der Förster, der den Knaben gern sah, hatte ihm auch in diesem Jahre wieder erlaubt, sich selbst ein Tannenbäumchen für den Weihnachtsabend abzuhauen. Ausgesucht hatten die Kinder sich dieses schon lange und waren nach vielem Beraten und Erwägen einig geworden, dass im ganzen Walde kein schöneres zu finden sei. Es stand ziemlich weit draußen ganz allein unter dem Schutz einer einzelnen alten Buche und war so nett und zierlich gewachsen, dass es eine wahre Freude war.
Es war ein schöner milder Wintertag, die Sonne schien vom unbe-

wölkten Himmel, und der Waldboden war mit ein wenig Schnee wie mit Streuzucker gepudert, so recht ein Tag für die kleinen Waldvögel, die im Winter bei uns bleiben. Man hörte in der stillen Luft überall das muntere Zwitschern und Locken der Meisen und Goldhähnchen, die sich in kleinen Scharen in den Wipfeln umhertrieben und die feinen Zweiglein und Äste der Bäume gar emsig absuchten. Als Werner bei der alten Buche und dem Tannenbäumchen angelangt war, setzte er sich eine Weile auf einen Baumstumpf, um sich auszuruhen. Rings war es so still wie in einer einsamen Kirche, nur ein Bächlein ging mit leisem Plätschern und dunklem Gewässer durch seine beschneiten Ufer hin, und aus der Ferne kam zuweilen der scharfe Schrei eines Hähers. Er verfiel wieder in seine alten Träumereien über das wunderbare Weihnachtsland, und die Sehnsucht nach diesen Herrlichkeiten bemächtigte sich seiner so, dass er vor sich hin rief: »Ach, wer mir doch den Weg sagen könnte ins Weihnachtsland!«

Da ging ein lauteres Getön durch die Wellen des Baches, wie ein rieselndes Gelächter, eine Waldmaus guckte aus ihrer Höhle am Stamm und kicherte mit feiner Stimme, und im Wipfel der alten Buche wiegte und wogte es, als schüttele sie den Kopf über solcherlei Torheit. In dem kleinen Tannenbaum, der vor ihm stand, zwitscherte es aber plötzlich fein und vernehmlich; es war eine Blaumeise, die von Zweig zu Zweig hüpfte, bald oben saß, bald unten hing und dazu fortwährend ihren Ruf erklingen ließ: »Ich weiß! Ich weiß!«

»Was weißt du?«, fragte Werner.

Der kleine Vogel warf sich rücklings von einem Zweig, schoss auf possierliche Art in der Luft Kobolz und saß dann wieder und rief: »Ich weiß den Weg! Ich weiß den Weg!«

»So zeig ihn mir!«, sagte Werner rasch.

Nun fing der kleine Vogel wieder ein feines Gezwitscher an, aber der Knabe verstand alles: »Bist gut gewesen!«, sagte er. »Hast mir die Kinderchen beschützt, meine zehn kleinen Kinderchen! Ich weiß den Weg, ich zeig' ihn dir! Fix! Fix!«
Damit flog das Tierchen auf den nächsten Strauch und weiter, und Werner folgte ihm. Er hatte die Rede des Vogels anfangs nur halb begriffen, doch zuletzt fiel es ihm ein, dass es eine Blaumeise gewesen war, durch deren ängstliches Geschrei er in dem vergangenen Frühjahr zu der alten Buche gelockt wurde. Dort sah er, wie ein Häher vor dem Baumloche saß, in dem ihr Nest war, im Begriff, die kleinen, nackten Meisenjungen herauszuholen, um sie zu verzehren, indes die Mutter mit ihren schwachen Kräften unter jämmerlichem Schreien ihre Brut zu verteidigen suchte. Schnell hob er einen Stein auf und warf so glücklich, dass der Häher zu Tode getroffen zu Boden fiel.
Nun wollte sich die kleine Blaumeise auf ihre Art dankbar erweisen. Sie flog immer von Busch zu Busch vor ihm her, dem Laufe des Baches entgegen, der aus den Bergen kam. Bald hob sich der Boden und

der Bach plätscherte lauter zu Werners Füßen dahin; dann gelangte er in ein ansteigendes Tal, das sich immer mehr verengte, indes die Seitenwände steiler wurden, und zuletzt, als der Bach plötzlich um einen Felsvorsprung bog, sah Werner vor sich eine glatte Steinwand, die hoch aufragte und oben mit mächtigen Tannen gekrönt war. Der kleine Vogel war plötzlich verschwunden, doch tönte seine Stimme von oben, in der Ferne verhallend: »Gleich! Gleich!«

Werner setzte sich auf einen Felsblock und betrachtete die Steinwand. Sie war glatt und ohne Fugen und mit Moos und bunten Flechten bewachsen; sonst war nichts an ihr zu sehen. So saß er und wartete. Der Bach schoss unablässig plätschernd zur Seite, aus einem Felsenspalt und aus den Tannenwipfeln kam das eintönige Singen der Zweige, sonst war kein Laut ringsum vernehmbar. Endlich hörte er ein leises Flattern über sich, und eine Haselnuss fiel vor seine Füße. »Nimm! Nimm!«, rief der kleine Vogel. »Beiß auf! Beiß auf!«

Werner nahm die Nuss und betrachtete sie. Es war nichts Besonderes an ihr zu sehen, aber wenn man sie schüttelte, so klapperte es, als sei etwas Hartes eingeschlossen. Er knackte sie auf und fand einen zierlichen goldenen Schlüssel darin. Unterdes war der kleine Vogel an die Steinwand geflogen, hatte sich dort mit seinen feinen Füßchen angehakt und pickte so emsig zwischen den Flechten herum, dass die Stückchen davonflogen. Endlich rief er: »Hier! Hier!«

Werner trat hinzu und bemerkte nun ein kleines, mit Silber eingefasstes Schlüsselloch. Der goldene Schlüssel passte ganz genau hinein, und als Werner ihn umdrehte, da ging ein merkwürdig feines Klingen durch die Steinwand, und es tat sich ganz von selbst eine schwere Tür auf, die so genau in ihren Rahmen passte, als sei sie eingeschliffen. Zugleich strömte eine warme, bläuliche Luft aus der Öffnung hervor, und es verbreitete sich ein Duft nach ausgeblasenen Wachskerzen und angesengten Tannennadeln.

»O, wie riecht das nach Weihnachten!«, sagte der kleine Werner.

Der Vogel aber rief: »Hinein! Hinein! Fix! Fix!«

Kaum hatte Werner, dem doch etwas ängstlich zumute war, ein paar Schritte in den dunklen Gang hinein gemacht, so fühlte er hinter sich einen Luftzug, und plötzlich war es ganz finster, denn die Tür hatte sich lautlos wieder geschlossen. Nun sank ihm doch ein wenig der Mut, da jede Rückkehr abgeschlossen war, aber da er zugleich einsah, dass Zittern und Zagen hier nichts helfe, tappte er entschlossen in dem finsteren Gange weiter.

Das Weihnachtsland

Bald wurde es heller vor ihm, und dann trat er hinaus in eine wunderliche Gegend, wie er sie noch niemals gesehen hatte. Es war dort warm, doch war es nicht Sommerwärme, die ihm entgegenschlug, sondern eine Luft, wie sie in geheizten Stuben zu sein pflegt, angefüllt mit allerlei süßen Düften. Auch schien keine Sonne an dem Himmel, und doch war überall eine gleichmäßige Helligkeit verbreitet. Von der Gegend selbst sah er nicht viel, denn hinter ihm stand die hohe Felsenwand, durch die er hereingekommen war, und ringsum wurde die Aussicht von vielen hochgewachsenen Sträuchern verdeckt, an denen die seltsamsten Früchte wuchsen.

Als er verwundert und staunend zwischen diesen Gewächsen einherschritt, fand er bald eine breite Allee, die auf ein fernes Gebäude zuführte. Zu beiden Seiten war sie mit großen Apfelbäumen eingefasst, auf denen goldene und silberne Äpfel wuchsen. Alte, gnomenartige Männer mit eisgrauen Bärten und schöne junge Kinder waren eifrig beschäftigt, sie zu pflücken und in große Körbe zu sammeln, deren viele schon mit ihrer schimmernden Last ganz gefüllt dastanden. Keiner dieser Leute achtete aber auf den kleinen Werner, der unter steter Verwunderung auf das Gebäude im Hintergrunde, das sich jetzt als ein großes Schloss mit ragenden Türmen und vergoldeten Kuppeln und Dächern darstellte, zuschritt.

An den Seiten des Weges lagen viele Felder, die in Beete geteilt und mit niedrigen Gewächsen bestanden waren. Auch hier herrschte überall eine emsige Tätigkeit, einzusammeln und zu ernten, und auf den einzelnen Feldern, die sich je nach der Art ihrer Gewächse in verschiedenen Farben hervorhoben, waren überall zierliche, bunte Gestalten zu sehen, die kleine, zweiräderige Karren, mit goldfarbigen, zottigen Pferdchen bespannt, fleißig beluden.

Als sich Werner dem Schlosse näherte, fiel ihm auf, dass sich ein Duft nach Honigkuchen immer stärker verbreitete, und als er näher hinsah, bemerkte er, dass das ganze Schloss aus diesem süßen Stoff erbaut war. Der Unterbau bestand aus groben Blöcken und die Wandflächen aus glatten Tafeln, die durch eingedrückte Mandeln und Zitronat mit den herrlichsten Ornamenten verziert waren. Und die köstlichsten Reliefs aus Marzipan, die überall eingelassen waren, die Balustraden und Galerien und Balkone aus Zuckerguss, die prächtigen Statuen aus Schokolade, die in vergoldeten Nischen standen, und die schimmernden bunten Fenster, zusammengesetzt aus durchsichtigen Bonbontafeln. Fürwahr, das war ein Schloss, so recht zum Anbeißen schön.

An der kunstreichen Eingangstür war der Knopf eines Klingelzuges von durchsichtigem Zucker angebracht; der kleine Werner fasste Mut und zog kräftig daran. Aber kein Glockenton erschallte, sondern es schrie inwendig so laut: »Kikeriki!«, dass der Knabe erschrocken zurücktrat. Dann wiederholte sich der Ruf wie ein Echo mehrmals immer ferner und leiser im Inneren des Gebäudes, und dann war es still. Jetzt taten sich leise die Türflügel auseinander, und in der Öffnung erschien eine sonderbare Persönlichkeit, die Werner, wenn sie nicht gelebt und sich bewegt hätte, unbedingt für einen großen Hampelmann angesehen haben würde.

»Potz Knittergold!«, sagte diese lustige Person, – »Besuch? Das ist ja ein merkwürdiger Vorfall!« Und damit schlug der Hampelmann aus Verwunderung oder Vergnügen ein paarmal sämtliche Gliedmaßen über dem Kopf zusammen, sodass es beinahe schauderhaft anzusehen war. Sodann fragte er, indem Arme und Beine fortwährend hin und her schlenkerten: »Was willst du denn, mein Junge?«

»Wohnt hier der Weihnachtsmann?«, fragte der kleine Werner.

»Gewiss«, sagte der Hampelmann, »und Ihro Gnaden sind zu Hause, aber sehr beschäftigt, sehr beschäftigt!« – Damit forderte er den Kleinen auf, ihm zu folgen, indem er sich in seltsamer Weise unter unablässigem Schlenkern seitwärts fortbewegte, denn anders ließ es die eigentümliche Beschaffenheit seiner Gliedmaßen nicht zu. Er führte den Knaben durch einen Vorsaal, dessen Wände aus Marzipan bestanden und dessen Decke von Säulen aus polierter Schokolade getragen wurde, an eine Tür, vor der zwei riesige Nussknacker in großer Uniform und mit ungeheuren Bärenmützen Wache standen, ließ ihn hier warten und ging hinein.

Die Nussknacker betrachteten unterdes den kleinen Werner mit großen lackierten Augen, schielten sich dann unter einem unbeschreiblich hölzernen Grinsen gegenseitig an, und dabei gluckerte es in ihnen, als ob sie mit dem Magen lachten. Nun kam der Hampelmann wieder heraus, machte von seitwärts eine sehr schöne Verbeugung und sagte: »Der gnädige Herr lässt bitten!« Da ruckten sich die Nussknacker zusammen und schlugen mit den Zähnen einen Wirbel, der ganz außerordentlich war.

Als der kleine Werner in das Zimmer des Weihnachtsmannes eintrat, erstaunte er sehr, denn dieser sah nicht im Mindesten so aus wie er sich ihn vorgestellt und wie er ihn auf Bildern abgemalt gesehen hatte. Zwar besaß er einen schönen langen, weißen Bart, wie es sich gehört, allein auf dem Kopfe trug er ein blaues, mit Gold besticktes Hauskäppchen, und sonst war er in einen langen Schlafrock von gelber Seide gekleidet und saß vor einem großen Buch und schrieb. Aber dieser Schlafrock war mit so wunderbarer Stickerei bedeckt, dass man ihn wie ein Bilderbuch betrachten konnte. Darauf waren zu sehen: Puppen und Hanswürste und sämtliche Tiere aus der Arche Noahs, Trommeln, Pfeifen, Violinen, Trompeten, Kränze und Kringel und Sonne, Mond und Sterne.

Der Weihnachtsmann legte seine Feder weg und sagte: »Wie kommst du hierher, Junge?«

Werner antwortete: »Der kleine Vogel hat mir den Weg gezeigt.«

»Seit hundert Jahren ist kein Besuch hier gewesen«, sagte der Weihnachtsmann sodann, »und dieser kleine Bengel bringt es fertig? Na, dafür sollst du auch alles sehen. Ich habe zwar keine Zeit, aber meine Tochter soll dir alles zeigen. Goldflämmchen, komm mal her«, rief er dann, »wir haben Besuch!«

Da raschelte und flitterte es im Nebenzimmer, und ein schönes kleines Mädchen sprang in die Stube, das hatte ein Kleidchen von

Rauschgold an und flimmerte und blinkte am ganzen Leibe. Es trug ein goldenes Flitterkrönchen auf dem Kopfe, und auf dessen oberster Spitze saß ein leuchtendes Flämmchen.
»Ei, das ist hübsch!«, sagte das Mädchen, nahm den kleinen Werner bei der Hand, rief: »Komm mit, fremder Junge!« und lief mit ihm zur Tür hinaus.

Das Weihnachtslager

Sie gelangten in einen großen Gang, und dort war eine lange Reihe von hölzernen Rollpferden angebunden, Schimmel, Braune, Füchse und Rappen.
»Nun suche dir eins aus!«, sagte Goldflämmchen.
Werner wählte einen schönen lackierten Grauschimmel, der auf dem Hinterteil gar herrlich mit apfelähnlichen Flecken geziert war, und Goldflämmchen bestieg einen spiegelblanken Rappen. »Hüh!«, rief sie dann und – schnurr – rollten die Pferdchen mit ihnen davon, den Gang entlang, dass dem kleinen Werner die Haare flogen und das Flämmchen auf der Flitterkrone des Mädchens lang zurückwehte. Als sie an die Tür am Ende kamen, rief sie: »Holla!« Da tat sich diese von selbst auf, und sie sausten hindurch in einen großen Saal hinein, in dessen Mitte sie anhielten. Sie stiegen von ihren Rösslein, und Goldflämmchen sagte: »Dieser Saal ist der Bleisaal.« An den Wänden zogen sich bis an die Decke hinauf offene Wandschränke mit

Borten über Borten hin, und darauf standen, in Schachteln verpackt, unzählige Heere von Jagden, Schäfereien, Schlittenpartien, Menagerien und was es aus Blei nur alles gibt. Kleine schwarzbärtige Zwerge stiegen eilfertig auf den Leitern auf und ab und luden die Schachteln auf Karren, die sie hinausrollten, um draußen größere Wagen damit zu befrachten. Als sie Werner und Goldflämmchen erblickten, rollten sie schnell ein paar Lehnstühle von Goldbrokat herbei, und Goldflämmchen rief: »Es soll gleich eine große Parade sein!«

Sie setzten sich und hatten kaum eine halbe Minute gewartet, da ging's: »Trari, Trara!« unter dem einen Wandschrank, und Hirsche, Hasen und Füchse brachen hervor, hinterher die kläffende Hundemeute und die Jäger zu Pferde mit Hussa, Hörnerklang und Peitschenknall. Dann flimmerte es auf einmal in der Luft, und feiner Schnee fiel hernieder. Als der Boden weiß bedeckt war, kam mit lustigem Schellengeklingel eine Schlittenpartie zum Vorschein und sauste vorüber. Die Vorderteile der Schlitten waren geformt wie Schwäne, Löwen, Tiger und Drachen, und darin saßen Herren und Damen in schönen Pelzen, und wenn sie vorüberkamen, warfen sie mit kleinen Schneebällen, die Damen nach Werner und die Herren nach Goldflämmchen. Wenn man einen solchen Schneeball aber näher besah, da war es eine Zuckererbse, in Seidenpapier gewickelt.

Der Schnee verlor sich wieder, und mit lieblichem Glockengeläut zogen nun Hirten und Hirtinnen mit ihren Herden vorüber, dann niedliche Gärtnerinnen mit Früchten und Blumenkränzen, dann Zigeuner, Musikanten, Drahtbinder, Seiltänzer, Kunstreiter und solcherlei fahrendes Volk und zuletzt Herr Hagenbeck aus Hamburg mit einer afrikanischen Tierkarawane, mit Giraffen, Elefanten, Nilpferden, Nashörnern, Zebras und Antilopen. Die Löwen und Panther fuhren in Käfigen auf kleinen Wagen hinterher und brüllten ungemein, da sie wahrscheinlich der Ansicht waren, sie brauchten sich dergleichen nicht gefallen zu lassen.

Nach Beendigung dieser lustigen Parade bestiegen die beiden Kinder wieder ihre Rösslein und fuhren weiter. Es war ungeheuer, was der kleine Werner alles zu sehen bekam. Den großen Puppensaal, aus dem er sich nicht viel machte und von dem er nur wünschte, dass Anna ihn sehen möchte, das Theatermagazin, in dem auf Goldflämmchens Geheiß gleichzeitig in tausend Theatern tausend verschiedene Stücke gespielt wurden, was einen erbärmlichen Spektakel abgab, den Baukastenspeicher, das Lager musikalischer Instrumente, das Magazin hölzerner Tiere, die Bilderbücherei, den Malkastenboden, den Wachslichtersaal und dergleichen mehr, sodass er ganz ermüdet war, als sie endlich in der großen Marzipanniederlage anlangten.

»Nun wollen wir essen«, sagte Goldflämmchen. Sofort schleppten sechs kleine Konditorburschen in weißen Jacken und Schürzen und breiten, weißen Mützen einen Tisch herbei, deckten ihn und besetzten ihn in großer Geschwindigkeit mit den herrlichsten Gerichten. So etwas hatte der kleine Werner noch niemals vor seinen Schnabel bekommen. Da waren Leipziger Lerchen von Marzipan, inwendig mit Nusscreme gefüllt, Quittenwürste, Schinken von rosigem Schmelzzu-

cker, Pastetchen mit Erdbeermus und unzählige Sorten eingezuckerter Früchte. Dazu tranken sie Ananaslimonade, die mit feiner Vanillecreme bedeckt war, und hinter ihnen standen immer die sechs kleinen Konditorburschen, bereit, auf jeden Wunsch zu springen und das Verlangte zu holen. Zum Nachtisch gab es, wie Goldflämmchen besonders bemerkte, etwas ganz Extrafeines, nämlich trockenes Schwarzbrot und Berliner Kuhkäse. Solche gewöhnlichen Gerichte waren nämlich in diesem Lande so selten und so schwer zu haben, dass sie für die allerschönsten Delikatessen galten. Nach dem Essen wurden die Holzpferde wieder vorgeführt und Goldflämmchen sagte: »So, nun geht's in die Bergwerke!« Sie stiegen auf und sausten auf den vortrefflichen Tieren zum nächsten Tore hinaus.

Die Bergwerke

Sie ritten durch Felder dahin, auf denen die herrlichsten Früchte und Gemüse wuchsen, die alle aus Marzipan, Schmelzzucker oder Schokolade mit Creme gefüllt bestanden, sie ritten mit sausender Eile durch herrliche Alleen von Obstbäumen auf das Gebirge zu, das teils mit weißen, glänzenden Abhängen, wie Kreidefelsen, teils finster und dunkel, als wenn es aus Basalt bestände, vor ihnen lag. Aber die Kuppen der fast schwarzen Berge waren ebenfalls glänzend weiß, als seien sie beschneit.

»Du denkst wohl, dort liegt Schnee?«, sagte Goldflämmchen. »Wenn es hier schneit, da schneit es nur Streuzucker.«

Endlich sah Werner eine hohe, abgestufte, weiß glänzende Felsenwand vor sich liegen, an der Hunderte von Arbeitern in allen Stockwerken mit Pochen und Hämmern fleißig beschäftigt waren. Sie ritten dicht heran und stiegen dann ab. »Dies ist der große Zuckerbruch«, sagte Goldflämmchen. »Diese ganzen Felsen bestehen aus dem schönsten weißen Kolonialzucker.«

Ganz in der Nähe war der Eingang einer Höhle sichtbar, und als sich Werner und Goldflämmchen ihr näherten, liefen eilfertig einige der Bergleute herbei, zündeten Fackeln an und leuchteten ihnen. Sie schritten tief in den Berg hinein, die Wände schimmerten und blitzten im Widerschein des Fackellichtes, und plötzlich traten sie hinaus in einen mächtigen Hohlraum, dessen Wände dicht mit riesenhaften Kristallen von durchsichtigem Kandiszucker bedeckt waren und im Lichte der Fackeln prächtig flammten und blitzten.

»Die große Kandishöhle!«, sagte Goldflämmchen. Sie schritten hindurch und kamen an einen Ort, wo die Bergleute fleißig hämmerten und pochten und neue Gänge in das Gebirge trieben. »Diese suchen nach Schmelzzucker!«, sagte Goldflämmchen. »Der kommt in dieser Gegend in großen Nestern eingesprengt vor. Wenn sie ein solches finden, so holen sie ihn mit großen Löffeln heraus.« Plötzlich, als sie noch weiter vordrangen, veränderte sich auf einen Schlag das Gebirge, statt weiß und glänzend, sah es matt und dunkelbraun aus und roch nach Vanille. »Wir kommen in die Schokolade!«, erklärte Goldflämmchen.

Hier waren viele Leute geschäftig und hatten wie in einem Salzbergwerk große Hallen herausgebrochen, in denen nur einzelne Pfeiler stehen geblieben waren. Die feinste Vanilleschokolade gab es nämlich nur im Innern des Berges, während der Tagebau draußen bloß Gewürzschokolade lieferte. Als sie dort endlich wieder ins Freie traten, bemerkte Werner einen rauschenden Bach, der aus einer Schlucht des

Gebirges hervorkam und dem Tale zuströmte, wo er Mühlen trieb, die die Schokoladenblöcke in Tafeln zersägten.
»Willst du mal trinken?«, fragte Goldflämmchen. »Es schmeckt gut, es ist eitel Likör.« Der kleine Werner hatte einen mächtigen Durst bekommen von den vielen Süßigkeiten, die er genossen und gesehen hatte, und aus dem Bache stieg ein so frischer, verlockender Duft auf, dass er den Becher eilig ergriff, den ihm ein gefälliger Bergmann reichte, und ihn auf einen Zug austrank. Aber kaum hatte er ihn geleert, da fing die Welt an, in höchst sonderbarer Weise um ihn herumzugehen, er sah zwei Goldflämmchen, vier Goldflämmchen, hundert Goldflämmchen, die vor seinen Augen flimmerten und blitzten und schließlich zu einem leuchtenden Schein zusammenflossen, und in diese goldene Flut hinein schwamm seine Besinnung und war weg.

Schluss

Der erste Ton, den der kleine Werner wieder vernahm, war das Zirpen einer Blaumeise. Er bemerkte mit Verwunderung, dass er auf dem Baumstumpf unter der alten Buche saß, vor sich den kleinen Tannenbaum. Die Blaumeise zirpte und hüpfte wie vorhin in den Tannenzweigen, allein Werner verstand nicht mehr, was sie sagte. Dann flog sie empor und verlor sich in dem Gezweige der Buche. Mit Schrecken fiel ihm jetzt ein, dass es bald Abend sein müsse und seine Mutter gewiss schon voller Angst auf ihn gewartet habe. Allein als er nach dem Stande der Sonne blickte, ward er mit Erstaunen gewahr, dass kaum eine Viertelstunde vergangen sein konnte, seit er diesen Ort verlassen hatte. Er konnte sich dies verwunderliche Ding nicht erklären, da er jedoch zu begierig war, seiner Mutter und der kleinen Anna seine sonderbaren Erlebnisse mitzuteilen, hieb er schnell den Tannenbaum ab und begab sich, so schnell er es mit seiner Last vermochte, nach Hause.

Als er hier mit glänzenden Augen und fliegender Hast alles erzählt hatte, ward seine Mutter ganz böse und sagte, er solle sich nicht unterstehen und noch einmal bei solchem Wetter im Walde einschlafen; wenn es nur etwas kälter gewesen wäre, hätte er den Tod davon haben können. Hinterher aber schüttelte sie den Kopf und meinte im Stillen: »Wo der Junge nur all das wunderliche Zeug herträumt.«

Anna aber lief dem kleinen Werner, der weinend, dass ihm die Mutter keinen Glauben schenkte, hinausgegangen war, eilends nach und ward nicht müde, ihn auszufragen. Besonders Goldflämmchen und den Puppensaal musste er immer wieder beschreiben, sodass er ganz getröstet wurde und die Geschichte noch einmal von vorn erzählte. Er musste sie ihr all die folgenden Tage wer weiß wie oft wiederholen, und einmal gingen beide in den Wald, um den Ort zu suchen, wo der Eingang in das wunderbare Land gewesen war. Allein, ob sie gleich bis an die Stelle vordrangen, wo der kleine Bach aus einer sumpfigen Waldwiese entsprang, nirgends fanden sie einen Ort, der auch nur im Mindesten auf die Beschreibung Werners gepasst hätte, sodass dieser ganz verwirrt und beschämt vor Anna dastand und nicht wusste, wie ihm geschah.

So kam der Weihnachtstag heran. Vorher hatte es zwei Tage mächtig geschneit, sodass die Welt recht weihnachtsmäßig und wie es sein muss aussah. Es war schon finster geworden, und die Kinder saßen erwartungsvoll in der dunklen Kammer und flüsterten miteinander und horchten auf die Mutter, die in der hellen Weihnachtsstube herum-

kramte und die kleine dürftige Bescherung aufbaute, da kam es von ferne auf einmal wie Schlittengeklingel näher und näher heran, und dazwischen knallte lustig eine Peitsche. Nun war es ganz nahe, und plötzlich hielt es an, man hörte die Pferde vor dem Hause stampfen und nur leise noch die Schellen klingen, wenn die Tiere den Kopf bewegten.

»Der Weihnachtsmann! Das ist der Weihnachtsmann!«, rief Werner.

Nun hörten sie Türen gehen und eine Männerstimme sprechen, und plötzlich rief die Mutter: »Kinder, kommt herein, der Onkel ist da!«

Werner und Anna liefen in die Stube und sahen dort einen Mann in großem Reisepelz, der ihnen beide Hände entgegenstreckte und rief: »Kommt her, liebe Kinder!« Dann hob er sie einzeln auf und küsste sie und sagte: »Ihr sollt mit mir kommen in die Stadt und bei mir in meinem großen Hause wohnen. Ich will euer Vater sein und euch zu tüchtigen Menschen erziehen.«

Unterdes ging ein riesiger Kutscher mit einer Pelzmütze, einem langen, weißen Bart und einem Mantel mit sieben Kragen immer hin und her und trug viele große Pakete in die Stube. Als diese später geöffnet wurden, gingen eine Menge der schönsten Dinge daraus hervor, sodass es eine Weihnachtsbescherung gab, wie sie in diesem Hause noch nicht erlebt worden war. Als später Werner und Anna zu Bette gingen, flüsterte er ihr geheimnisvoll zu: »Weißt du, wer der Kutscher war mit der Pelzmütze, dem langen, weißen Bart und dem großen Mantel? – Es war der Weihnachtsmann. Ich habe ihn wohl wiedererkannt, und er hat mir mit den Augen zugezwinkert.«

Wie aber war der alte reiche Onkel, der als ein menschenscheuer Geizhals allein lebte und sich niemals um seine arme Schwester und ihre Kinder gekümmert hatte, zu solcher guten Tat gekommen? Er hat es nachher selbst erzählt. In der Nacht nach dem Tage, an dem Werner den Weihnachtsmann besuchte, hatte der Onkel einen seltsamen Traum gehabt. Ein Mann mit einer blauen Sammetkappe und einem langen, weißen Bart stand, in einen goldenen Talar gehüllt, plötzlich vor ihm, schaute ihn mit mächtigen blauen Augen eine Zeit lang durchdringend an und sprach langsam und nachdrücklich: »Konrad Borodin, hast du eine Schwester?!« – Da überkam ihn ein solches Gefühl der Angst, dass er nicht zu antworten vermochte. Dann schwand die Erscheinung allmählich hinweg, und nur die Augen waren immer noch drohend auf ihn gerichtet. Diesen Traum hatte er drei Nächte hintereinander gehabt.

In der Zwischenzeit wurde er von einer unbeschreiblichen Unruhe in seinem öden und toten Hause umhergetrieben, und immer dröhnte der tiefe, vorwurfsvolle Klang dieser Traumesworte in sein Ohr. Endlich am Morgen nach der dritten Nacht lief er in die Stadt und kaufte zur großen Verwunderung aller Leute, die seinen früheren Geiz kannten, die herrlichsten Dinge zusammen, bestellte einen Schlitten, packte alles hinein und fuhr ohne Weiteres zu seiner armen Schwester.

Der kleine Werner hat nachher etwas Tüchtiges gelernt und ist ein berühmter und angesehener Mann geworden. Er hat mir diese Geschichte selbst erzählt.

St. Niklas' Auszug

St. Niklas zieht den Schlafrock aus,
klopft seine lange Pfeife aus
und sagt zur heiligen Kathrein:
»Öl' mir die Wasserstiefel ein,
bitte, hol auch den Knotenstock
vom Boden und den Fuchspelzrock;
die Mütze lege obenauf,
und schütt' dem Esel tüchtig auf,
halt auch sein Sattelzeug bereit!
Wir reisen, es ist Weihnachtszeit.
Und dass ich's nicht vergess', ein Loch
ist vorn im Sack, das stopfe noch!
Ich geh derweil zu Gottes Sohn
und hol mir meine Instruktion.«

Die heil'ge Käthe, sanft und still,
tut alles, was St. Niklas will.
Der klopft indes beim Herrgott an;
St. Peter hat ihm aufgetan
und sagt: »Grüß Gott! Wie schaut's denn aus?«
und führt ihn ins himmlische Werkstättenhaus.
Da sitzen die Englein an langen Tischen,
ab und zu Feen dazwischen,

die den kleinsten zeigen, wie's zu machen,
und weben und kleben die niedlichsten Sachen,
hämmern und häkeln, schnitzen und schneidern,
fälteln die Stoffe zu niedlichen Kleidern,
packen die Schachteln, binden sie zu
und haben so glühende Bäckchen wie du!

Herr Jesus sitzt an seinem Pult
und schreibt mit Liebe und Geduld
eine lange Liste. Potz Element,
wie viel artige Kinder Herr Jesus kennt!
Die sollen die schönen Engelsgaben
zu Weihnachten haben.

Was fertig ist, wird eingesackt
und auf das Eselchen gepackt.
St. Niklas zieht sich recht warm an –
Kinder, er ist ein alter Mann,
und es fängt tüchtig an zu schnein,
da muss er schon vorsichtig sein!

So geht es durch die Wälder im Schritt,
manch Tannenbäumchen nimmt er mit,
und wo er wandert, bleibt im Schnee
manch Futterkörnchen für Hase und Reh.
Leise macht er die Türen auf,
jubelnd umdrängt ihn der kleine Hauf:
»St. Niklas, St. Niklas,

was hast du gebracht?
Was haben die Englein
für uns gemacht?«
»Schön Ding! Gut Ding!
Aus dem himmlischen Haus!
Langt in den Sack!
Holt euch was 'raus.«

HANS CHRISTIAN ANDERSEN

Das kleine Mädchen mit den Schwefelhölzern

Es war so grässlich kalt, es schneite, und es begann dunkler Abend zu werden. Es war auch der letzte Abend des Jahres, Silvesterabend. In dieser Kälte und in diesem Dunkel ging auf der Straße ein kleines, armes Mädchen mit bloßem Kopf und nackten Füßen; ja, sie hatte freilich Pantoffeln angehabt, als sie von zu Hause kam, aber was konnte das helfen? Es waren sehr große Pantoffeln, die ihre Mutter bisher benutzt hatte, so groß waren sie. Und die verlor die Kleine, als sie über die Straße weg eilte, weil zwei Wagen schrecklich schnell vorbeifuhren. Der eine Pantoffel war nicht wiederzufinden, und mit dem andern lief ein Junge fort. Er sagte, dass er ihn als Wiege benützen könne, wenn er selbst einmal Kinder bekäme.

Da ging nun das kleine Mädchen auf den nackten kleinen Füßen, die rot und blau vor Kälte waren. In einer alten Schürze trug sie eine Menge Schwefelhölzchen, und ein Bund davon hielt sie in der Hand. Niemand hatte ihr den ganzen Tag etwas abgekauft, niemand ihr einen Pfennig geschenkt. Hungrig und erfroren ging sie und sah so elend aus, die arme Kleine. Die Schneeflocken fielen in ihr langes blondes Haar, das sich so schön um den Nacken lockte, aber an diese Pracht dachte sie nun freilich nicht. Aus allen Fenstern leuchteten die Lichter, und dann roch es so herrlich nach Gänsebraten auf der Straße, es war ja Silvesterabend. Ja, daran dachte sie!

In einem Winkel zwischen zwei Häusern, von denen das eine etwas mehr in die Straße vorsprang als das andere, da setzte sie sich hin und kauerte sich zusammen. Die kleinen Beine hatte sie unter sich hinaufgezogen, aber sie fror noch mehr. Und nach Hause gehen durfte sie nicht, sie hatte ja keine Schwefelhölzchen verkauft, nicht einen einzigen Pfennig bekommen. Ihr Vater würde sie schlagen, und kalt war es auch zu Hause. Sie hatten nur das Dach gleich über sich, und da pfiff der Wind herein, wenn auch die größten Spalten mit Stroh und Lumpen zugestopft waren. Ihre kleinen Hände waren vor Kälte beinahe ganz abgestorben.

Ach, ein kleines Schwefelhölzchen konnte guttun! Wenn sie nur ein einziges aus dem Bunde herausziehen, es an die Wand streichen und sich die Finger wärmen dürfte. Sie zog eins heraus. Ritsch, wie sprühte das, wie brannte es! Es war eine warme, helle Flamme wie ein Lichtchen, als sie die Hände darum hielt; es war ein wunderbares Lichtchen! Dem kleinen Mädchen schien es, als säße sie vor einem großen eisernen Ofen mit blanken Messingfüßen und einem messingenen Aufsatz. Das Feuer brannte darin so wohltuend, es wärmte so gut.

Nein, was war das! – Die Kleine streckte schon die Füße aus, um auch diese zu erwärmen – da erlosch das Flämmchen. Der Ofen verschwand. Sie saß mit einem kleinen Stumpf des abgebrannten Schwefelhölzchens in der Hand.

Ein zweites wurde angestrichen, es brannte, es leuchtete, und wo der Schein auf die Mauer fiel, wurde diese durchsichtig wie ein Schleier: Sie sah gerade in die Stube hinein, wo der Tisch gedeckt stand mit einem schimmernden weißen Tuch, mit feinem Porzellan, und herrlich dampfte die gebratene Gans, mit Äpfeln und getrockneten Pflaumen gefüllt. Und was noch prächtiger war, die Gans sprang von der Schüssel herunter und wackelte auf dem Fußboden, mit Messer und Gabel im Rücken, gerade bis zu dem armen Mädchen hin kam sie; da er-

losch das Schwefelhölzchen, und es war nur noch die dicke, kalte Mauer zu sehen.
Das Mädchen zündete ein neues Hölzchen an. Da saß sie unter dem herrlichsten Christbaum: Er war noch größer und geputzter als der, den sie durch die Glastüre bei dem reichen Kaufmann beim letzten

Weihnachtsfest gesehen hatte. Tausende von Lichtern brannten auf den grünen Zweigen, und bunte Bilder, wie sie die Schaufenster schmückten, sahen auf sie herab. Die Kleine streckte beide Hände in die Höhe – da erlosch das Schwefelhölzchen. Die vielen Weihnachtslichter stiegen höher und höher und höher, sie sah, es waren nun die klaren Sterne, einer davon fiel herunter und bildete einen langen Feuerstreifen am Himmel. »Jetzt stirbt jemand!«, sagte die Kleine; denn die alte Großmutter, die Einzige, die gut zu ihr gewesen, aber nun tot war, hatte gesagt: Wenn ein Stern fällt, geht eine Seele empor zu Gott. Sie strich wieder ein Schwefelhölzchen an der Mauer an, das leuchtete ringsum, und in dem Glanz stand die alte Großmutter, so klar, so schimmernd, so mild und gesegnet. »Großmutter!«, rief die Kleine, »O, nimm mich mit! Ich weiß, du bist fort, wenn das Schwefelhölzchen ausgeht, fort, wie der warme Ofen, der herrliche Gänsebraten und der große gesegnete Weihnachtsbaum!« – Und sie strich in Eile den ganzen Rest Schwefelhölzer an, die im Bund waren, sie wollte die Großmutter recht festhalten. Und die Schwefelhölzer leuchteten mit solch einem Glanz, dass es heller war als der lichte Tag. Die Großmutter war nie zuvor so schön, so groß gewesen. Sie hob das kleine Mädchen auf ihren Arm, und sie flogen in Glanz und Freude so hoch, so hoch. Und da war keine Kälte, kein Hunger, keine Angst – sie waren bei Gott.

Aber im Winkel am Hause saß in der kalten Morgenstunde das kleine Mädchen mit roten Wangen, mit einem Lächeln um den Mund – tot, erfroren am letzten Abend des alten Jahres. Der Neujahrsmorgen ging auf über der kleinen Leiche, die da saß mit den Schwefelhölzern, von denen ein Bund fast abgebrannt war. Sie hat sich wärmen wollen, sagte man; niemand wusste, was sie Schönes gesehen, in welchem Glanz sie mit der alten Großmutter eingegangen war in die Neujahrsfreude.

CHARLES DICKENS

Weihnachtslied

Eine Gespenstergeschichte

Erstes Kapitel: Marleys Geist

Marley war tot, damit wollen wir anfangen. Kein Zweifel kann darüber bestehen. Der Schein über seine Beerdigung ward unterschrieben von dem Geistlichen, dem Küster, dem Leichenbestatter und den vornehmsten Leidtragenden. Scrooge unterschrieb ihn, und Scrooges Name wurde auf der Börse respektiert, wo er ihn nur hinschrieb. Der alte Marley war so tot wie ein Türnagel.

Versteht mich recht! Ich will nicht etwa sagen, dass ein Türnagel etwas besonders Totes für mich hätte. Ich selbst möchte fast zu der Meinung neigen, dass das toteste Stück Eisen auf der Welt ein Sargnagel sei. Aber die Weisheit unsrer Altvordern liegt in den Gleichnissen, und meine unheiligen Hände sollen sie dort nicht stören, sonst wäre es um das Vaterland geschehen. Man wird mir also erlauben, mit besonderem Nachdruck zu wiederholen, dass Marley so tot wie ein Türnagel war.

Ob Scrooge wusste, dass er tot war? Natürlich wusste er's. Wie sollt' es auch anders sein? Scrooge und er waren, ich weiß nicht seit wie viel Jahren, Handlungsgesellschafter. Scrooge war sein einziger Testamentsvollstrecker, sein einziger Verwalter, sein einziger Erbe, sein einziger Freund und sein einziger Leidtragender. Und selbst Scrooge war von dem traurigen Ereignis nicht so untröstlich gerührt, um nicht

selbst an dem Begräbnistage ein vortrefflicher Geschäftsmann sein und ihn mit einem unzweifelhaft guten Handel feiern zu können.
Nun bringt mich die Erwähnung von Marleys Begräbnistag wieder zu dem Ausgangspunkt meiner Erzählung zurück. Es ist ganz ohne Zweifel, dass Marley tot war. Das muss scharf ins Auge gefasst werden, sonst kann in der Geschichte, die ich eben erzählen will, nichts Wunderbares geschehen. Wenn wir nicht vollkommen fest überzeugt wären, dass Hamlets Vater tot ist, ehe das Stück beginnt, so wäre durchaus nichts Merkwürdiges in seinem nächtlichen Spaziergang bei scharfem Ostwind auf den Mauern seines eigenen Schlosses. Nicht mehr, als bei jenem andern Herrn in mittleren Jahren, der sich nach Sonnenuntergang rasch zu einem Spaziergang auf einem luftigen Platze entschließt, zum Beispiel auf dem St. Pauls Kirchhof.
Scrooge ließ Marleys Namen nicht ausstreichen. Noch nach Jahren stand über der Tür des Speichers »Scrooge und Marley«. Die Firma war unter dem Namen Scrooge und Marley bekannt. Leute, die Scrooge nicht kannten, nannten ihn zuweilen Scrooge und zuweilen Marley; aber er hörte auf beide Namen, denn es galt ihm beides gleich.
O, er war ein wahrer Blutsauger, dieser Scrooge! Ein gieriger, zusammenkratzender, festhaltender, geiziger alter Sünder: hart und scharf wie ein Kiesel, aus dem noch kein Stahl einen warmen Funken geschlagen hat, verschlossen und selbstgenügsam und ganz für sich, wie eine Auster. Die Kälte in seinem Herzen machte seine alten Gesichtszüge erstarren, seine spitze Nase noch spitzer, sein Gesicht voll Runzeln, seinen Gang steif, seine Augen rot, seine dünnen Lippen blau, und sie klang aus seiner krächzenden Stimme heraus. Ein frostiger Reif lag auf seinem Haupte, auf seinen Augenbrauen, auf dem starken struppigen Barte. Er schleppte seine eigene niedere Temperatur im-

mer mit sich herum: in den Hundstagen kühlte er sein Kontor wie mit Eis, zur Weihnachtszeit machte er es nicht um einen Grad molliger.
Äußere Hitze und Kälte wirkten wenig auf Scrooge. Keine Wärme konnte ihn wärmen, keine Kälte frösteln machen. Kein Wind war schneidender als er, kein wirbelnder Schnee mehr auf seine Zwecke bedacht, kein klatschender Regen einer Bitte weniger zugänglich. Schlechtes Wetter konnte ihm nichts anhaben. Der ärgste Regen, Schnee und Hagel konnten sich nur in einer Art rühmen, besser zu sein als er: Sie gaben oft im Überfluss, und das tat Scrooge nun und nimmer.
Niemals trat ihm jemand auf der Straße entgegen, um mit freundlichen Blicken zu ihm zu sagen: Mein lieber Scrooge, wie geht's, wann werden sie mich einmal besuchen? – Kein Bettler sprach ihn um eine Kleinigkeit an, kein Kind fragte ihn, wie viel es an der Zeit sei, kein Mann und kein Weib hat ihn je in seinem Leben um den Weg gefragt. Selbst der Hund des Blinden schien ihn zu kennen, und wenn er ihn kommen sah, zupfte er seinen Herrn, dass er in ein Haus träte, und wedelte dann mit dem Schwanze, als wollte er sagen: Gar kein Auge, blinder Herr, ist besser als ein böses Auge.
Doch was bekümmerte all das den alten Scrooge? Gerade das gefiel ihm. Allein seinen Weg durch die engen Pfade des Lebens zu wandern, jedem menschlichen Gefühl zu sagen: Bleibe mir fern; das war es, was Scrooge gefiel.

Einmal, es war von allen guten Tagen im Jahre der beste, der Christabend, saß der alte Scrooge in seinem Kontor. Draußen war es schneidend kalt und neblig, und er konnte hören, wie die Leute im Hofe, um sich zu erwärmen, prustend auf und nieder gingen, die Hände aneinanderschlugen und mit den Füßen stampften. Es hatte eben erst drei Uhr geschlagen, doch war es schon stockfinster. Den ganzen Tag über war es nicht hell geworden, und aus den Fenstern der benachbarten Kontore sah man auf der dicken braunen Luft Lichter, wie rote Flecken. Der Nebel drang durch jede Spalte und durch jedes Schlüsselloch und war draußen so dick, dass die gegenüberliegenden Häuser des sehr kleinen Hofes wie ihre eigenen Geister aussahen. Wenn man die trübe, dicke, alles verfinsternde Wolke heruntersinken sah, hätte man meinen können, die Natur wohne dicht nebenan und braue en gros.

Die Tür von Scrooges Kontor stand offen, damit er seinen Kommis beaufsichtigen könne, der in einem unheimlichen feuchten, kleinen Raume, einer Art Burgverlies, Briefe kopierte. Scrooge hatte nur ein sehr kleines Feuer, aber des Dieners Feuer war um so viel kleiner, dass es nur wie eine einzige Kohle aussah. Er konnte aber nicht nachlegen, denn Scrooge hatte den Kohlenkasten in seinem Zimmer, und jedes Mal, wenn der Kommis, mit der Kohlenschaufel in der Hand, hereinkam, meinte sein Herr, es würde wohl nötig sein, dass sie sich trennten. Worauf der Kommis seinen weißen Schal umband und versuchte, sich an dem Lichte zu wärmen, was aber immer fehlschlug, da er ein Mann von nicht zu starker Einbildungskraft war.

»Fröhliche Weihnachten, Onkel, Gott erhalte Sie!«, rief da eine heitere Stimme. Es war die Stimme von Scrooges Neffen, der ihm so schnell auf den Hals kam, dass dieser Gruß die erste Ankündigung seiner Annäherung war.

»Pah«, sagte Scrooge, »dummes Zeug!«

Der Neffe war vom schnellen Laufen so warm geworden, dass er über und über glühte; sein Gesicht war rot und hübsch, seine Augen glänzten und sein Atem rauchte.

»Weihnachten dummes Zeug, Onkel?«, sagte Scrooges Neffe. »Das kann nicht Ihr Ernst sein.«

»Es ist mein Ernst«, sagte Scrooge. »Fröhliche Weihnachten? Was für ein Recht hast du, fröhlich zu sein? Was für einen Grund, fröhlich zu sein? Du bist arm genug.«

»Nun«, antwortete der Neffe heiter, »was für ein Recht haben Sie, grämlich zu sein? Was für einen Grund, mürrisch zu sein? Sie sind reich genug.«

Scrooge, der im Augenblick keine bessere Antwort darauf bereit hatte, sagte noch ein mal »Pah!« und brummte hinterher: »Dummes Zeug!«

»Seien Sie nicht böse, Onkel«, sprach der Neffe.

»Was soll ich anders sein«, antwortete der Onkel, »wenn ich in einer Welt voll solcher Narren lebe? Fröhliche Weihnachten! Der Henker hole die fröhlichen Weihnachten! Was ist Weihnachten für dich anders, als ein Tag, wo du Rechnungen bezahlen sollst, ohne Geld zu haben, ein Tag, wo du dich um ein Jahr älter und nicht um eine Stunde reicher findest, ein Tag, wo du deine Bücher abschließest und in jedem Posten durch ein volles Dutzend von Monaten ein Defizit siehst? Wenn es nach mir ginge«, setzte Scrooge heftig hinzu, »so müsste jeder Narr, der mit seinem fröhliche Weihnachten herumläuft, mit seinem eigenen Pudding gekocht und mit einem Pfahl im Herzen begraben werden.«

»Onkel!«, mahnte der Neffe.

»Neffe«, antwortete der Onkel erbost, »feiere du Weihnachten nach deiner Art und lass es mich nach meiner feiern.«
»Feiern!«, wiederholte Scrooges Neffe, »aber Sie feiern es ja nicht.«
»Lass mich ungeschoren«, brummte Scrooge. »Mag es dir Nutzen bringen! Viel genutzt hat es dir schon.«
»Es gibt viele Dinge, die mir hätten nutzen können und die ich nicht benutzt habe, das weiß ich«, antwortete der Neffe, »und Weihnachten ist eins von ihnen. Aber ich weiß gewiss, dass ich Weihnachten, abgesehen von der Bescherung, die wir seinem heiligen Namen und Ursprung schuldig sind, immer als eine gute Zeit betrachtet habe, wenn es gekommen ist, als eine liebe Zeit, als die Zeit der Vergebung und Barmherzigkeit, als die einzige Zeit, die ich in dem ganzen langen Jahreskalender kenne, wo die Menschen einträchtig ihre verschlossenen Herzen auftun und die andern Menschen ansehen, als wenn sie wirklich Reisegefährten nach dem Grabe wären und nicht eine ganz andere Art von Geschöpfen, die einen ganz andern Weg gehen. Und daher, Onkel, wenn es mir auch niemals ein Stück Gold oder Silber in die Tasche gebracht hat, daher glaube ich doch, es soll mir Gutes tun, und es wird mir Gutes tun, und ich sage: Gott segne das Weihnachtsfest!«
Der Diener in dem Burgverliese draußen applaudierte unwillkürlich; aber im Augenblick darauf fühlte er auch die Unschicklichkeit seines Betragens, schürte die Kohlen und verlöschte dadurch die letzten kleinen Funken unwiederbringlich.
»Wenn Sie darin mich noch einen einzigen Laut hören lassen«, sagte Scrooge, »so feiern Sie Ihre Weihnachten mit dem Verlust Ihrer Stelle. – Du bist ein ganz gewaltiger Redner«, fügte er dann hinzu, sich zu seinem Neffen wendend. »Es wundert mich, dass du noch nicht ins Parlament gekommen bist!«

»Seien Sie nicht böse, Onkel. Essen Sie morgen mit uns.« Scrooge sagte, dass er ihn erst verdammt sehen wollte; ja wahrhaftig, er sprach sich ganz deutlich aus.
»Aber warum?«, rief Scrooges Neffe, »warum denn?«
»Warum hast du dich verheiratet?«, fragte Scrooge.
»Weil ich mich verliebte.«
»Weil er sich verliebte!«, brummte Scrooge, als ob dies das einzig Ding in der Welt wäre, das noch lächerlicher als eine schöne Weihnacht sei. »Guten Abend!«
»Aber Onkel, Sie haben mich ja auch vorher nie besucht. Warum soll es da ein Grund sein, mich jetzt nicht zu besuchen?«
»Guten Abend!«, sagte Scrooge.
»Ich brauche nichts von Ihnen, ich verlange nichts von Ihnen, warum können wir nicht gute Freunde sein?«
»Guten Abend!« sagte Scrooge.
»Ich bedaure wirklich von Herzen, Sie so hartnäckig zu finden. Wir haben nie einen Zank miteinander gehabt, an dem ich Schuld gewesen wäre. Aber ich habe den Versuch gemacht, Weihnachten zu Ehren, und ich will meine Weihnachtsstimmung bis zuletzt behalten. Fröhliche Weihnachten, Onkel!«
»Guten Abend!«, sagte Scrooge.
»Und ein glücklich Neujahr!«
»Guten Abend!«, sagte Scrooge.
Aber doch verließ der Neffe das Zimmer ohne ein böses Wort. An der Haustür blieb er dann stehen, um mit dem Glückwunsche des Tages den Kommis zu begrüßen, der trotz aller Kälte dennoch wärmer war als Scrooge, denn er gab den Gruß freundlich zurück.
»Das ist auch so ein Kerl!«, brummte Scrooge, der es hörte. »Mein

Kommis, mit fünfzehn Schilling die Woche und Frau und Kindern, spricht von fröhlichen Weihnachten. Ich gehe nach Bedlam.«

Der Kommis hatte, indem er den Neffen hinausließ, zwei andere Personen eingelassen. Es waren zwei behäbige, wohlansehnliche Herren, die jetzt, mit dem Hute in der Hand, in Scrooges Kontor standen. Sie hatten Bücher und Papiere unterm Arm und verbeugten sich.

»Scrooge und Marley, glaube ich«, sagte einer der Herren, indem er auf eine Liste sah. »Hab ich die Ehre, mit Mr Scrooge oder mit Mr Marley zu sprechen?«

»Mr Marley ist seit sieben Jahren tot«, antwortete Scrooge. »Er starb heute vor sieben Jahren.«

»Wir zweifeln nicht, dass sein überlebender Kompagnon ganz seine Freigebigkeit besitzen wird«, sagte der Herr, indem er sein Beglaubigungsschreiben hinreichte.

Er hatte auch ganz recht, denn es waren zwei verwandte Seelen gewesen. Bei dem ominösen Wort Freigebigkeit runzelte Scrooge die Stirn, schüttelte den Kopf und gab das Papier zurück.

»An diesem festlichen Tage des Jahres, Mr Scrooge«, sagte der Herr, eine Feder ergreifend, »ist es mehr als sonst wünschenswert, wenigstens einigermaßen für die Armut zu sorgen, die zu dieser Zeit in großer Bedrängnis lebt. Vielen Tausenden fehlen selbst die notwendigen Bedürfnisse, Hunderttausenden die notdürftigsten Bequemlichkeiten des Lebens.«

»Gibt es keine Gefängnisse?«, fragte Scrooge.

»Überfluss an Gefängnissen«, sagte der Herr, die Feder wieder hinlegend.

»Und die Union-Armenhäuser?«, fragte Scrooge. »Bestehen die noch?«

»Allerdings«, antwortete der Herr, »aber doch wünschte ich, sie brauchten weniger in Anspruch genommen zu werden.«
»Tretmühle und Armengesetz sind in voller Kraft?«, fragte Scrooge.
»Beide haben alle Hände voll zu tun.«
»So? Nach dem, was Sie zuerst sagten, fürchtete ich, es halte sie etwas in ihrem nützlichen Gange auf«, sagte Scrooge. »Ich freue mich, das Gegenteil zuhören.«
»In der Überzeugung, dass sie doch wohl kaum imstande sind, der Seele oder dem Leibe der Armen christliche Stärkung zu geben«, entgegnete der Herr, »sind einige von uns zur Veranstaltung einer Sammlung zusammengetreten, um für die Armen Nahrungsmittel und Feuerung anzuschaffen. Und wir wählen diese Zeit, weil sie vor allen andern eine Zeit ist, wo der Mangel am bittersten gefühlt wird und nur der Reiche sich freut. Welche Summe soll ich für Sie aufschreiben?«
»Nichts«, antwortete Scrooge.
»Sie wünschen ungenannt zu bleiben?«
»Ich wünsche, dass man mich in Ruhe lasse«, sagte Scrooge. »Da Sie mich fragen, meine Herren, was ich wünsche, so ist eben dies meine Antwort. Ich freue mich selbst nicht zu Weihnachten und habe nicht die Mittel, mit meinem Gelde Faulenzern Freude zu machen. Ich trage meinen Teil zu den Anstalten bei, die ich genannt habe; sie kosten genug, und wem es schlecht geht, der mag dorthin gehen!«
»Viele können nicht hingehen, und viele würden eher sterben.«
»Wenn sie eher sterben würden«, sagte Scrooge, »so wäre es gut, wenn sie es täten und die überflüssige Bevölkerung dadurch verminderten. Übrigens, Sie werden es entschuldigen, ich weiß nichts davon.«
»Aber Sie könnten es wissen«, bemerkte der Herr.
»Es kümmert mich nichts«, antwortete Scrooge. »Es genügt wenn ein

Mann sein Geschäft versteht und sich nicht in das anderer Leute mischt. Das meinige nimmt meine ganze Zeit in Anspruch. Guten Abend, meine Herren!«

Da sie deutlich einsahen, wie vergeblich weitere Versuche sein würden, zogen sich die Herren zurück. Scrooge setzte sich wieder an die Arbeit mit einer erhöhten Meinung von sich selbst und in einer besseren Laune als gewöhnlich.

Nebel und Finsternis hatten inzwischen so zugenommen, dass die Leute mit brennenden Fackeln herumliefen, um den Wagen vorzuleuchten. Der alte Kirchturm, dessen brummende alte Glocke unverwandt aus einem alten gotischen Fenster in der Mauer auf Scrooge gar schlau herabsah, wurde unsichtbar in den Wolken und schlug die Stunde und Viertel mit einem zitternden Nachklang, als wenn in dem erfrorenen Kopfe droben die Zähne klapperten. Die Kälte wurde immer schneidender. In der Hauptstraße an der Ecke der Sackgasse wurden die Wasserröhren ausgebessert, und die Arbeiter hatten ein großes Feuer in einer Kohlenpfanne angezündet, um die sich einige zerlumpte Männer und Knaben drängten, sich vor den behaglichen Flammen die Hände wärmend und mit den Augen winkend. Die eiserne Röhre, sich selbst überlassen, strömte ungehindert ihr Wasser aus; aber bald war es zu Eis erstarrt.

Der Schimmer der Läden, in denen Stechpalmenzweige und Beeren in der Lampenwärme der Fenster knisterten, rötete die bleichen Gesichter der Vorübergehenden. Die Gewölbe der Geflügel- und Materialwarenhändler sahen aus wie ein glänzendes, fröhliches Märchen, mit dem es fast unmöglich schien, den Gedanken von einer so ernsten Sache, wie Kauf und Verkauf, zu verbinden. Der Lord-Mayor gab in den innern Gemächern des Mansion-House seinen fünfzig Köchen und

Kellermeistern Befehl, Weihnachten zu feiern, wie es eines Lord-Mayors würdig ist, und selbst der kleine Schneider, den er am Montage vorher wegen Trunkenheit und öffentlich ausgesprochenen Blutdurstes um fünf Schilling gestraft hatte, rührte den Pudding für morgen in seinem Dachkämmerchen um, während sein abgemagertes Weib mit dem Säugling auf dem Arm ausging, um das Roastbeef zu kaufen.
Immer nebliger und kälter wurde es, durchdringend, schneidend kalt. Wenn der gute, heilige Dunst an die Nase des Gott-sei-bei-uns nur mit einem Hauch von diesem Wetter gefasst hätte, anstatt seine gewöhnlichen Waffen zu gebrauchen, dann würde er erst brav gebrüllt haben. Der Inhaber einer kleinen, jungen Nase, benagt und angebissen von der hungrigen Kälte, wie Knochen von Hunden benagt werden, legte sich an Scrooges Schlüsselloch um ihn mit einem Weihnachtsliede zu erfreuen. Aber bei dem ersten Tone des Liedes ergriff Scrooge das Lineal mit einer solchen Heftigkeit, dass der Sänger voll Schrecken entfloh und das Schlüsselloch dem Nebel und der noch verwandteren Kälte überließ.
Endlich kam die Feierabendstunde. Unwillig stieg Scrooge von seinem Sessel und gab dadurch dem harrenden Kommis in dem Verlies stillschweigend die Einwilligung zum Aufbruch, worauf dieser sogleich das Licht auslöschte und den Hut aufsetzte.
»Sie wollen morgen den ganzen Tag frei haben, vermute ich«, sagte Scrooge.
»Wenn es Ihnen recht ist, Sir.«
»Es ist mir durchaus nicht recht«, sagte Scrooge, »und es gehört sich auch nicht. Wenn ich Ihnen eine halbe Krone dafür abzöge, würden Sie denken, es geschähe Ihnen Unrecht, nicht wahr?«
Der Kommis antwortete mit einem gezwungenen Lächeln.

»Und doch«, sagte Scrooge, »denken Sie nicht daran, dass mir Unrecht geschieht, wenn ich einen Tag Lohn bezahle für einen Tag Faulenzen.«
Der Kommis bemerkte, dass es ja nur einmal im Jahre geschähe.
»Eine armselige Entschuldigung, um an jedem fünfundzwanzigsten Dezember eines Mannes Tasche zu bestehlen«, murrte Scrooge, indem er seinen Überrock bis an das Kinn zuknöpfte. »Aber ich vermute, Sie wollen den ganzen Tag freihaben? Sie werden den ganzen Vormittag hier sein!«
Der Kommis versprach, dass er kommen wolle, und Scrooge ging mit einem Brummen fort. Das Kontor war in einem Nu geschlossen, und der Kommis, mit den langen Enden seines weißen Schals über die Brust herabhängend (denn er konnte sich keines Überrocks rühmen), fuhr zu Ehren des Festes als der Letzte einer Reihe von Knaben zwanzigmal auf einem Handschlitten Cornhill hinunter und lief dann so schnell als möglich in seine Wohnung in Camden-Town, um dort Blindekuh zu spielen.
Scrooge nahm sein einsames, trübseliges Mahl in seinem gewöhnlichen, einsamen, trübseligen Gasthause ein, und nachdem er alle Zeitungen gelesen und sich den Rest des Abends mit seinem Bankjournal vertrieben hatte, ging er nach Hause zurück, um zu schlafen.
Er wohnte in den Zimmern, die seinem verstorbenen Kompagnon gehört hatten. Es war eine düstere Flucht von Zimmern in einem niedrigen, finstern Gebäude, das in seinem Hofe so ganz und gar nicht an seinem Platze stand, dass man fast hätte glauben mögen, es habe sich, als es noch ein junges Haus war und mit anderen Häusern Versteck spielte, dorthin verlaufen und sich nicht wieder herausfinden können. Jetzt war es alt und öde genug, weil niemand dort wohnte als Scrooge

und alle andern Örtlichkeiten als Geschäftsräume vermietet waren. Der Hof war so dunkel, dass selbst Scrooge, der dort jeden Pflasterstein kannte, seinen Weg mit den Händen fühlen musste. Der Nebel und der Frost ballten sich so dick und schwer um den schwarzen alten Torweg des Hauses, als hockte der Gott des Wetters in trauerndem Nachsinnen auf der Schwelle.

Nun steht es fest, dass an dem Klopfer der Haustür ganz und gar nichts Besonderes war, als seine Größe. Auch steht es fest, dass ihn Scrooge jeden Abend und jeden Morgen, seitdem er das Haus bewohnte, gesehen hatte – und dass Scrooge so wenig Fantasie besaß, als irgendjemand in der City von London, mit Einschluss des Stadtrats – wenn das zu sagen erlaubt ist –, der Aldermen und der Zünfte. Man vergesse auch nicht, dass Scrooge, außer heute Nachmittag, mit keinem Wörtchen an seinen seit sieben Jahren verstorbenen Kompagnon gedacht hatte. Und kann mir nun jemand erklären, warum Scrooge, als er seinen Schlüssel in das Türschloss steckte, in dem Klopfer, ohne das er sich verändert hätte, keinen Türklopfer, sondern Marleys Gesicht sah?

Ja, Marleys Gesicht. Es war nicht von so undurchdringlichem Dunkel umgeben, wie die andern Gegenstände im Hofe, sondern von einem unheimlichen Lichte, wie ein verdorbener Hummer in einem dunkeln Keller. Es blickte ihm nicht wild entgegen, oder zürnend, sondern sah Scrooge an, wie ihn Marley gewöhnlich ansah, mit der gespenstigen Brille auf die gespenstige Stirn hinaufgeschoben. Das Haar stand ihm seltsamlich zu Berge, wie von Wind oder heftiger Luft gesträubt, und obgleich die Augen weit offen standen, waren sie doch ohne jede Bewegung. Dies und die leichenhafte Farbe machten das Gesicht schrecklich: aber seine Schrecklichkeit schien mehr etwas dem Gesicht Aufgedrungenes zu sein als ein Teil seines Ausdruckes.

Als Scrooge fest auf die Erscheinung blickte, da war es wieder ein Türklopfer! Es wäre eine Unwahrheit zu sagen, dass er nicht erschrocken wäre oder sein Blut nicht ein grausendes Gefühl empfunden hätte, das ihm seit seiner Kindheit unbekannt geblieben war. Aber gewaltsam fasste er sich, fasste mit der Hand abermals nach dem Schlüssel, drehte ihn um, trat in das Haus und zündete sein Licht an. Und doch zögerte er einen Augenblick, bevor er die Tür schloss, und spähte erst vorsichtig dahinter, als fürchte er wirklich, mit dem Anblick von Marleys Kopf erschreckt zu werden. Aber hinter der Tür war nichts als die Schrauben, die den Klopfer festhielten, und so sagte er: »Bah, bah«, und warf sie hinter sich ins Schloss.

Der Schall klang wie ein Donner durch das Haus. Jedes Zimmer oben und jedes Fass in des Weinhändlers Keller unten schien mit seinem besonderen Echo zu antworten. Scrooge war nicht der Mann, der sich durch Echos erschrecken ließ. Er schloss die Tür zu, ging über den Hausflur und die Treppe hinauf, und zwar langsam, langsam und beim Hinaufgehen das Licht heller machend.

Die Treppe war breit genug, um eine Bahre der Quere hinaufzubringen, und das ist vielleicht die Ursache, warum Scrooge glaubte, er sähe eine Bahre vor sich hinaufgetragen. Ein halbes Dutzend Gaslampen von der Straße aus würden den Eingang nicht zu hell gemacht haben, und so kann man sich denken, dass es bei Scrooges kleinem Lichte auch ziemlich dunkel blieb.

Scrooge aber ging hinauf und kümmerte sich keinen Pfifferling um all das. Dunkelheit ist billig, und das billige liebte Scrooge. Aber ehe er seine schwere Tür zumachte, ging er durch die Zimmer, um zu sehen, ob alles in Ordnung sei. Er erinnerte sich des Gesichtes noch gerade genug, um das zu wünschen. Wohnzimmer, Schlafzimmer, Rumpelkammer, alles war, wie es sein sollte. Niemand unter dem Tische, niemand unter dem Sofa; ein kleines Feuer auf dem Roste, Löffel und Teller bereit und das kleine Töpfchen Suppe (Scrooge hatte den Schnupfen) an dem Feuer. Niemand unter dem Bett, niemand in dem Alkoven, niemand in seinem Schlafrock, der auf eine ganz verdächtige Weise an der Wand hing. Die Rumpelkammer wie gewöhnlich. Ein alter Kaminschirm, alte Schuhe, zwei Fischkörbe, ein dreibeiniger Waschtisch und ein Schüreisen. Vollkommen zufriedengestellt machte er die Tür zu, schloss sich ein und schob noch den Riegel vor, was sonst seine Gewohnheit nicht war. So gegen Überraschungen sichergestellt, legte er seine Halsbinde ab, zog seinen Schlafrock an und die Pantoffeln, setzte die Nachtmütze auf und nahm dann vor dem Feuer Platz, um seine Suppe zu essen.

Es war wirklich ein sehr kleines Feuer in einer so kalten Nacht, so gut wie gar keins. Er musste sich dicht daran setzen und sich darüber hinbeugen, um das geringste Wärmegefühl von einer solchen Handvoll Kohlen zu genießen. Der Kamin war vor langen Jahren von einem holländischen Kaufmann gebaut worden und ringsum mit seltsamen holländischen Fliesen mit Bildern aus der biblischen Geschichte belegt. Da sah man Kain und Abel, Pharaos Töchter, die Königin von Saba, Engel durch die Luft auf Wolken gleich Federbetten herabschwebend, Abraham, Belsazar, Apostel in See gehend auf Butterschiffen, Hunderte von Figuren, seine Gedanken zu beschäftigen, und doch kam das Gesicht Marleys wie der Stab des alten Propheten und verschlang alles andere. Wenn jede glänzende Fliese weiß gewesen wäre und die Macht gehabt hätte, aus den vereinzelten Fragmenten seiner Gedanken ein Bild auf seine Fläche zu zaubern, auf jedes wäre ein Abbild von des alten Marley Gesicht erschienen.

»Dummes Zeug!«, brummte Scrooge und schritt durch das Zimmer. Nachdem er einige Male auf und ab gegangen war, setzte er sich wieder. Wie er den Kopf in den Stuhl zurücklegte, fiel sein Auge wie durch Zufall auf eine Klingel, eine alte, nicht mehr gebrauchte Klingel, die zu einem jetzt vergessenen Zwecke mit einem Zimmer im obersten Stockwerk des Hauses in Verbindung stand. Zu seinem großen Erstaunen und mit einem seltsamen, unerklärlichen Schauer sah er, wie die Klingel sich zu bewegen anfing: Erst bewegte sie sich so wenig, dass sie kaum einen Ton von sich gab, aber bald schellte sie laut und mit ihr jede andere Klingel des Hauses.

Das mochte eine halbe Minute gedauert haben, oder eine ganze, aber es schien eine Stunde zu sein. Die Klingeln hörten gleichzeitig auf, wie sie gleichzeitig angefangen hatten. Dann vernahm man ein Klingeln tief unten, als ob jemand über die Fässer in des Weinhändlers Keller eine schwere Kette schleppte. Jetzt erinnerte sich Scrooge, gehört zu haben, dass Gespenster Ketten schleppen sollten. Die Kellertür flog mit einem dumpf dröhnenden Schall auf, und dann hörte er das Klirren viel lauter auf dem Hausflur unten, dann wie es die Treppe heraufkam und dann wie es gerade auf seine Tür zuging.

»Es ist ja dummes Zeug«, sagte Scrooge. »Ich glaube nicht dran.«

Aber er veränderte doch die Farbe, als es nun ohne zu verweilen durch die schwere Tür und in das Zimmer kam. Als es hereintrat, flammte das sterbende Feuer auf, als rief es: »Ich kenne ihn, Marleys Geist!«, und die Glut sank wieder zusammen. Dasselbe Gesicht, ganz dasselbe. Marley mit seinem Zopfe, seiner gewöhnlichen Weste, den engen Hosen und den hohen Stiefeln, deren Öhre in die Höhe standen wie ein Zopf, und ebenso seine Rockschöße und das Haar auf seinem Kopfe. Die Kette, die er hinter sich herschleppte, war um seinen Leib geschlungen. Sie war lang, ringelte sich wie ein Schwanz und war, denn Scrooge betrachtete sie sehr genau, aus Geldkassen, Schlüsseln, Schlössern, Hauptbüchern, Kontrakten und schweren Börsen von Stahl zusammengesetzt. Sein Leib war so durchsichtig, dass Scrooge durch die Weste hindurch die zwei Knöpfe hinten auf seinem Rocke sehen konnte.

Scrooge hatte oft sagen hören, Marley habe kein Herz, aber erst jetzt glaubte er es. Nein, er glaubte es selbst jetzt noch nicht. Obgleich er das Gespenst vor sich stehen sah, obgleich er den erklärenden Schauer seiner toten starren Augen fühlte und selbst den Stoff des Tuches erkannte, das ihm um Kopf und Kinn gebunden war und das er früher nicht bemerkt hatte, war er dennoch ungläubig und sträubte sich gegen das Zeugnis seiner Sinne.

»Nun«, sagte Scrooge, kaustisch und kalt wie immer, »was wollt Ihr?«

»Viel!« Das war Marleys Stimme.

»Wer seid Ihr?«

»Fragt mich, wer ich war.«

»Nun, wer ward Ihr?«, sagte Scrooge lauter.

»Als ich lebte, war ich Euer Kompagnon, Jakob Marley.«

»Könnt Ihr Euch setzen?«, fragte Scrooge, ihn zweifelnd ansehend.

»Ich kann es.«

»So tut's.«

Scrooge fragte nur, weil er nicht wusste, ob sich ein so durchsichtiger Geist werde setzen können, und er fühlte die Notwendigkeit einer unangenehmen Erklärung, wenn es ihm nicht möglich wäre. Aber der Geist setzte sich auf der andere Seite des Kamins nieder, als wenn er es so gewohnt wäre.

»Ihr glaubt nicht an mich?«, sagte der Geist.

»Nein«, sagte Scrooge.

»Welches Zeugnis, außer dem Eurer Sinne, wollt Ihr von meiner Wirklichkeit haben?«
»Ich weiß nicht«, sprach Scrooge.
»Warum glaubt Ihr Euren Sinnen nicht?«
»Weil sie eine Kleinigkeit stört«, entgegnete Scrooge. »Eine kleine Unpässlichkeit des Magens macht sie zu Lügnern. Ihr könnt ein unverdautes Stück Rindfleisch, ein Käserindchen, ein Stück schlechter Kartoffeln sein. Wer Ihr auch sein möget, Ihr habt mehr vom Unterleib als von der Unterwelt an Euch.«
Es war nicht eben Scrooges Gewohnheit, Witze zu machen, auch fühlte er gerade jetzt keine besondere Lust dazu. Die Wahrheit ist, dass er sich bemühte lustig zu sein, um sich zu erleichtern und sein Entsetzen niederzuhalten; denn die Stimme des Geistes machte selbst das Mark seiner Knochen erzittern. Diesen starren, toten Augen nur einen Augenblick schweigend gegenüberzusitzen, wäre halber Tod gewesen, das fühlte Scrooge wohl. Auch dass das Gespenst seine eigene höllische Atmosphäre hatte, war so grauenerregend. Scrooge fühlte sie nicht selbst, aber doch musste es so sein; denn obgleich das Gespenst ganz reglos dasaß, bewegte sich sein Haar, seine Rockschöße und seine Stiefelöhre wie von dem heißen Dunst eines Ofens.
»Ihr seht diesen Zahnstocher«, sprach Scrooge, seinen Angriff aus dem eben angeführtem Grunde sogleich aufs Neue beginnend und von dem Wunsche beseelt, den starren, eisigen Blick des Gespenstes, wenn auch nur für einen Augenblick, von sich abzulenken.
»Ja«, antwortete der Geist.
»Ihr seht ihn ja nicht an«, sagte Scrooge.
»Aber ich sehe ihn trotzdem«, sprach das Gespenst.

»Gut denn«, antwortete Scrooge. »Ich brauch ihn nur hinunterzuschlucken und mein ganzes übriges Leben hindurch verfolgen mich eine Legion Kobolde, die ich selbst erschaffen habe. Dummes Zeug, sag ich, dummes Zeug!«

Bei diesen Worten stieß das Gespenst einen markerschütternden Schrei aus und ließ seine Ketten so grauenerregend und fürchterlich klirren, dass sich Scrooge fest an seinen Stuhl halten musste, um nicht vor Ohnmacht herunterzufallen. Aber wie wuchs sein Entsetzen, als das Gespenst das Tuch von dem Kopfe nahm, als wäre es ihm zu warm im Zimmer, sodass der Unterkiefer auf die Brust herabsank. Scrooge fiel auf die Knie nieder und schlug die Hände vors Gesicht.

»Gnade!«, rief er. »Schreckliche Erscheinung, warum verfolgst du mich?«

»Mensch, mit der irdisch-gesinnten Seele«, entgegnete der Geist, »glaubst du an mich oder nicht?«

»Ich glaube«, sagte Scrooge, »ich muss glauben. Aber warum wandeln Geister auf Erden, und warum kommen sie zu mir?«

»Von jedem Menschen wird verlangt, dass seine Seele unter seinen Mitmenschen wandle, in der Ferne und in der Nähe«, antwortete der Geist, »und wenn diese Seele nicht während des Lebens hinausgeht, so ist sie verdammt, es nach dem Tode zu tun. Man ist verdammt, durch die Welt zu wandern – ach, wehe mir! – und zu sehen, was man nicht teilen kann, was man aber auf Erden hätte teilen können und zu seinem Glücke anwenden sollen.«

Und wieder stieß das Gespenst einen Schrei aus und schüttelte seine Ketten und rang die schattenhaften Hände.

»Du bist gefesselt«, sagte Scrooge zitternd. »Sage mir, warum?«

»Ich trage die Kette, die ich während meines Lebens geschmiedet habe«, sprach der Geist. »Ich habe sie geschmiedet Glied für Glied und Elle für Elle; mit meinem eigenen freien Willen lud ich sie mir auf, und mit meinem eigenen freien Willen trug ich sie. Ihre Glieder kommen dir seltsam vor?« Scrooge zitterte immer mehr. »Willst du wissen«, fuhr der Geist fort, »wie schwer und wie lang die Kette ist, die du selber trägst? Sie war vor sieben Weihnachten gerade so lang und so schwer wie diese hier. Seitdem hast du weiter daran gearbeitet! Es ist eine schwere Kette.« Scrooge sah auf den Boden als erwarte er, sich von fünfzig oder sechzig Klaftern Eisenketten umschlungen zu sehen; aber er sah nichts.

»Jakob«, sagte er flehend. »Jakob Marley, sage mir mehr. Sprich mir Trost ein, Jakob.«

»Ich habe keinen Trost zu geben«, antwortete der Geist. »Er kommt von anderen Regionen, Ebenezer Scrooge, und wird von anderen Boten zu anderen Menschen gebracht. Auch kann ich dir nicht sagen, was ich dir sagen möchte. Ein klein wenig mehr ist alles, was mir erlaubt ist. Nirgends kann ich rasten oder ruhen. Mein Geist ging nie über unser Kontor hinaus – merke wohl auf –, im Leben blieb mein Geist immer in den engen Grenzen unsrer schachernden Höhle; und weite Reisen liegen noch vor mir.«

Scrooge hatte die Gewohnheit, wenn er nachdenklich wurde, die Hand in die Hosentasche zu stecken. Über das nachsinnend, was der Geist sagte, tat er es auch jetzt, aber ohne die Augen zu erheben oder vom Stuhl aufzustehn.

»Du musst dir aber viel Zeit genommen haben, Jakob«, bemerkte er mit dem Tone eines Geschäftsmannes, obgleich mit vieler Demut und Ehrerbietung.

»Viel Zeit!«, sagte der Geist.

»Sieben Jahre tot«, sagte sinnend Scrooge. »Und die ganze Zeit über gereist.«

»Die ganz Zeit«, sagte der Geist. »Ohne Frieden, ohne Ruhe und mit den Qualen ewiger Reue.«

»Du reist schnell«, sagte Scrooge.

»Auf den Schwingen des Windes«, sagte der Geist.

»Du hättest eine große Strecke in sieben Jahren bereisen können«, sagte Scrooge.

Als der Geist dies hörte, stieß er wieder einen Schrei aus und klirrte so grässlich mit seiner Kette durch das Grabesschweigen der Nacht, dass ihn die Polizei mit vollem Rechte wegen Ruhestörung hätte bestrafen können.

»O, gefangen und gefesselt«, rief das Gespenst, »nicht zu wissen, dass Zeitalter von unaufhörlicher Arbeit sterblicher Geschöpfe vergehen, ehe sich das Gute, dessen die Erde fähig ist, entwickeln kann. Nicht zu wissen, dass ein christlicher Geist in diesem Erdenleben sich selbst belohnende Arbeit genug finden kann, und wenn er auch in einem noch so kleinen Kreise von Liebe wirkt. Aber ich wusste es nicht, ach, ich wusste es nicht!«

»Aber du warst immer ein guter Geschäftsmann, Jakob«, stotterte Scrooge zitternd, der jetzt anfing, das Schicksal des Geistes auf sich selbst anzuwenden.

»Geschäft!«, rief das Gespenst, seine Hände abermals ringend. »Der Mensch war mein Geschäft! Das allgemeine Wohlsein war mein Geschäft! Barmherzigkeit, Versöhnlichkeit und Liebe, alles das war mein Geschäft! Alles, was ich in meinem Gewerbe tat, war nur ein kleiner Tropfen Wasser in dem weiten Ozean meines Geschäftes!« Er hielt seine Kette vor sich hin, als ob dies die Ursache seines nutzlosen

Schmerzes gewesen wäre, und warf sie abermals dumpf dröhnend nieder.

»Zu dieser Zeit des schwindenden Jahres«, sagte das Gespenst, »leide ich am meisten. Warum ging ich mit zur Erde gehefteten Augen durch das Gedränge meiner Mitmenschen und wendete meinen Blick nie zu dem gesegneten Stern empor, der die Weisen zur Wohnung der Armut führte? Gab es keine arme Hütte, wohin mich sein Licht hätte leiten können?« Scrooge hörte mit Entsetzen das Gespenst so reden und fing an, gewaltig zu zittern.

»Höre mich«, mahnte der Geist. »Meine Zeit ist bald vorüber.«

»Ich will hören«, hauchte Scrooge. »Aber mache es gnädig mit mir! Werde nicht hitzig, Jakob, ich bitte dich.«

»Wie es kommt, dass ich in einer dir sichtbaren Gestalt vor dich treten kann, dass weiß ich nicht. Viele, viele Tage habe ich unsichtbar neben dir gesessen.« Das war kein angenehmer Gedanke. Scrooge schauderte und wischte sich den Schweiß von der Stirn.

»Es ist kein leichter Teil meiner Buße«, fuhr der Geist fort. »Heute Nacht komme ich zu dir, um dich zu warnen, da noch für dich die Möglichkeit vorhanden ist, meinem Schicksal zu entgehen. Eine Möglichkeit und eine Hoffnung, die du mir zu verdanken hast.«

»Du bist immer mein guter Freund gewesen«, murmelte Scrooge. »Ich danke dir.«

»Drei Geister«, fuhr das Gespenst fort, »werden zu dir kommen.« Bei diesen Worten wurde Scrooges Angesicht noch trauriger als das des Gespenstes.

»Ist das die Möglichkeit und die Hoffnung, die du genannt hast, Jakob?«, fragte er mit bebender Stimme.

»Ja.«

»Ich – ich sollte meinen, das wäre eben keine Hoffnung«, sagte Scrooge.

»Ohne ihr Kommen«, sagte der Geist, »kannst du nicht hoffen, den Pfad zu vermeiden, den ich verfolgen muss. Erwarte den ersten morgen früh, wenn die Uhr eins schlägt.«

»Könnte ich sie nicht alle auf einen Schluck nehmen?«, meinte Scrooge.

»Erwarte den zweiten in der nächsten Nacht um dieselbe Stunde. Den dritten in der nächsten Nacht, wenn der letzte Schlag zwölf ausgeklungen hat. Schau mich an, denn du siehst mich nicht mehr; und schau mich an, dass du dich um deinetwillen an das erinnerst, was zwischen uns vorgefallen ist.«

Als es diese Worte gesprochen hatte, nahm das Gespenst das Tuch vom Tische und band es sich wieder um den Kopf. Scrooge, der die Augen niedergeschlagen hatte, schloss das aus dem Knirschen der Zähne, als die Kinnladen zusammenklappten. Er wagte es, den Blick wieder zu heben und sah seinen übernatürlichen Besuch vor sich stehen, die Kette um Leib und Arme gewunden und die Augen immer noch starr auf Scrooge geheftet. Die Erscheinung entfernte sich rückwärtsgehend, und bei jedem ihrer Schritte öffnete sich das Fenster ein wenig, sodass es weit offen stand, als das Gespenst es erreicht hatte. Es winkte Scrooge, näher zu kommen, und er tat es. Als sie noch zwei Schritte voneinander entfernt waren, hob Marleys Geist die Hand in die Höhe, um ihm damit zu gebieten, nicht näher zu kommen. Scrooge stand still. Mehr aus Überraschung und Furcht, als aus Gehorsam, denn wie sich die gespenstige Hand erhob, hörte er die Luft verwirrte Klänge durchschwirren, unzusammenhängende Töne der Klage und des Leides, unsäglich schmerzensvoll und reuig. Das Gespenst horchte ihnen eine Weile zu und stimmte dann in das Klagelied ein; dann schwebte es in die dunkle, kalte Nacht hinaus.

Scrooge trat an das Fenster, von der Neugier bis zur Verzweiflung getrieben. Er sah hinaus.

Die Luft war mit Schatten angefüllt, die in ruheloser Hast klagend hin und her schwebten. Jeder trug eine Kette wie Marleys Geist; einige wenige waren zusammengeschmiedet (wahrscheinlich schlechte Minister), keines war ganz fessellos. Viele waren Scrooge während ihres Lebens bekannt gewesen. Ganz genau hatte er einen alten Geist in einer weißen Weste gekannt, der einen ungeheuren eisernen Geldkasten hinter sich herschleppte und jämmerlich schrie, einem armen, alten Weibe mit einem Kinde nicht beistehen zu können, das unten auf einer Türschwelle saß. Man sah es deutlich, ihre Pein war, sich umsonst bestreben zu müssen, den Menschen Gutes zu tun und die Macht dazu auf immer verloren zu haben.

Ob diese Wesen in dem Nebel zergingen oder ob sie der Nebel einhüllte, wusste er nicht zu sagen. Aber sie und ihre Gespensterstimmen vergingen zur gleichen Zeit, und die Nacht wurde wieder so, wie sie bei seinem Nachhausegehen gewesen war. Scrooge schloss das Fenster und untersuchte die Tür, durch die das Gespenst eingetreten war. Sie war noch verschlossen und verriegelt, wie vorher. Er versuchte zu sagen: Dummes Zeug, blieb aber bei der ersten Silbe stecken, und da er von der inneren Bewegung oder von den Anstrengungen des Tages oder von seinem Einblick in die unsichtbare Welt oder von der Unterhaltung mit dem Gespenst oder der späten Stunde sehr erschöpft war, so ging er sogleich ins Bett, ohne sich auszuziehen, und sank schnell in Schlaf.

Zweites Kapitel: Der erste der drei Geister

Als Scrooge wieder erwachte, war es so finster, dass er das durchsichtige Fenster kaum von den Wänden seines Zimmers unterscheiden konnte. Er bemühte sich, die Finsternis mit seinen Katzenaugen zu durchdringen, als die Glocke eines Turmes in der Nachbarschaft viertelte. Er lauschte, um die Stunde schlagen zu hören. Zu seinem großen Erstaunen schlug aber die Glocke fort, von sechs zu sieben, von sieben zu acht und so weiter bis zwölf; dann schwieg sie.

Zwölf! Es war zwei vorüber gewesen, als er sich zu Bett gelegt hatte. Das Uhrwerk musste falsch gehen. Ein Eiszapfen musste zwischen die Räder gekommen sein. Zwölf! Er drückte an die Feder seiner Repetieruhr, um die verrückte Glocke zu kontrollieren. Ihr kleiner lebhafter Puls schlug zwölf und schwieg.

»Was! Es ist doch nicht möglich«, sagte Scrooge, »ich sollte den ganzen Tag und tief in die andere Nacht hinein geschlafen haben? Es ist doch nicht möglich, dass der Sonne etwas passiert wäre und dass es mittags um zwölf ist?«

Mit diesen unruhigen Gedanken beschäftigt stieg er aus dem Bett und tappte nach dem Fenster. Er musste das Eis erst wegkratzen und das Fenster mit dem Ärmel seines Schlafrockes abwischen, ehe er etwas sehen konnte, und auch nachher konnte er nur sehr wenig sehen. Alles, was er gewahren konnte, war, dass es noch sehr neblig und sehr kalt war und dass man nicht den Lärm hin und her eilender Leute hörte, wenn Nacht den hellen Tag ganz und gar vertrieben und von der Welt genommen hätte. Das war ein großer Trost, weil »drei Tage nach Sicht bezahlen Sie diesen Primawechsel an Mr Ebenezer Scrooge oder dessen Order und so weiter.« eine bloße Vereinigte-Staaten-

Sicherheit gewesen wäre, wenn es keine Tage mehr gab, um danach zu zählen. Scrooge legte sich wieder ins Bett und dachte darüber hin und her, konnte aber zu keinem Schlusse kommen. Je mehr er nachdachte, desto verwirrter wurde er, und je mehr er sich bestrebte, nicht nachzudenken, desto mehr dachte er nach. Marleys Geist machte ihm viel zu schaffen. Immer, immer, wenn er nach reiflicher Überlegung zu dem festen Entschluss gekommen war, das Ganze nur für einen Traum zu halten, flog sein Geist wie eine starke vom Druck befreite Feder wieder in die alte Lage zurück und legte ihm erneut dieselbe Frage vor, die er schon zehnmal überlegt hatte: War es ein Traum oder nicht?

Scrooge blieb in diesem Zustand liegen, bis es wieder drei Viertel schlug. Da besann er sich plötzlich, dass der Geist ihm eine Erscheinung mit dem Schlage eins versprochen hatte. So beschloss er wach zu bleiben, bis die Stunde vorüber sei, und wenn man bedenkt, dass er ebenso wenig schlafen, als in den Himmel kommen konnte, war dies gewiss der klügste Entschluss, den er fassen konnte. Die Viertelstunde war so lang, dass es ihm mehr als einmal vorkam, er müsste unversehens in Schlaf gefallen sein und die Uhr überhört haben. Endlich vernahm sein lauschendes Ohr die Glocke.

»Bim, baum!«

»Ein Viertel«, sagte Scrooge zählend.

»Bim, baum!«

»Halb«, sagte Scrooge.

»Bim, baum!«

»Drei Viertel«, sagte Scrooge.

»Bim, baum!«

»Voll!«, rief Scrooge freudig, »und weiter nichts!«

Er sprach das, ehe die Stundenglocke schlug, was sie jetzt mit einem tiefen, hohlen, melancholischen Eins tat. In demselben Augenblicke wurde es hell in dem Zimmer, und die Vorhänge seines Bettes wurden geöffnet. Ich sag' es euch, die Vorhänge seines Bettes wurden von einer Hand weggezogen, und sich aufrichtend blickte Scrooge dem unirdischen Gast in das Gesicht, der sie geöffnet hatte. So dicht stand er ihm gegenüber, wie ich jetzt im Geiste bei euch stehe.

Es war eine sonderbare Gestalt, gleich einem Kinde, aber doch eigentlich nicht gleich einem Kinde, sondern mehr wie ein Greis, der durch einen wunderbaren Zauber erschien, als sei er dem Auge entrückt und auf diese Weise so klein geworden wie ein Kind. Sein Haar, das in langen Locken auf die Schultern herabwallte, war weiß, wie vom Alter, und dennoch hatte das Gesicht keine einzige Runzel, und um das Kinn bemerkte man den zartesten Flaum. Die Arme waren lang und muskulös; die Hände ebenso, als läge in ihnen eine ungeheure Kraft. Sein Füße, zart und fein geformt, waren entblößt, gleich den Armen. Der Geist trug einen Talar vom reinsten Weiß; um seinen Leib schlang sich ein Gürtel von wunderbarem Schimmer. Er hielt einen frischgrünen Stechpalmenzweig in der Hand; aber in seltsamem Wiederspruch mit diesem Zeichen des Winters war das Kleid mit Sommerblumen verziert. Das Wunderbarste aber war, dass aus der Krone auf seinem Haupte ein heller Lichtstrahl in die Höhe schoss, der alles ringsum erleuchtete und der gewiss die Ursache war, dass der Geist bei weniger guter Laune einen großen Lichtauslöscher, den er jetzt unter den Armen trug, als Mütze aufsetzte.

Aber selbst dies war nicht seine seltsamste Eigenschaft. Denn wie der Gürtel des Geistes bald an dieser Stelle glänzte und funkelte und bald an jener, und wie das, was im Augenblick hell gewesen war, jetzt dunkel wurde, so verwandelte sich auch die Gestalt selbst, man wusste nicht, wie: Jetzt war es ein Ding mit einem Arm, jetzt mit einem Bein, jetzt mit zwanzig Beinen, jetzt bildete es nur zwei Füße ohne Kopf, jetzt einen Kopf ohne Leib; und wie einer dieser Teile verschwand, blieb seine Spur von ihm in diesem dichten Dunkel zurück, das ihn verschlang. Und das größte Wunder dabei war: die Gestalt blieb immer dieselbe.

»Sind Sie der Geist, dessen Erscheinung mit vorhergesagt wurde?«, fragte Scrooge.
»Ich bin es.« Die Stimme war sanft und wohlklingend und so leise, als käme sie nicht aus dichtester Nähe, sondern aus einiger Entfernung.
»Wer und was sind Sie?«, fragte Scrooge, schon etwas mehr Mut fassend.
»Ich bin der Geist der vergangenen Weihnachten.«
»Der lange vergangenen?«, fragte Scrooge, seiner zwerghaften Gestalt gedenkend.
»Nein, deiner vergangenen.«
Vielleicht hätte Scrooge, wenn ihn jemand befragt hätte, niemandem sagen können, warum, aber doch fühlte er ein ganz besonderes Verlangen, den Geist in seiner Mütze zu sehen; und er bat ihn, sich zu bedecken.
»Was?«, rief der Geist, »willst du sobald mit irdisch gesinnter Hand das Licht, das ich spende, verlöschen? Ist es nicht genug, dass du einer von denen bist, deren Leidenschaften diese Mütze geschaffen haben und mich zwingen, durch lange, lange Jahre meine Stirn damit zu verhüllen?«
Scrooge entschuldigte sich ehrfurchtsvoll: Er habe nicht die Absicht gehabt, ihn zu beleidigen, und behauptete, nicht zu wissen, dass er irgend einmal in seinem Leben dem Geiste Ursache gegeben habe, sich zu bedecken. Dann war er so frei zu fragen, was ihn hierher führe?
»Dein Wohl«, sagte der Geist.
Scrooge drückte ihm seine Dankbarkeit aus, konnte sich aber doch nicht des Gedankens erwehren, dass ihm eine Nacht ungestörten Schlafes mehr genützt haben würde.
Der Geist musste ihn haben denken hören, denn er sagte sogleich:

»Deine Besserung. Nimm dich in Acht!« Er streckte seine starke Hand aus, als er dies sprach, und ergriff sanft seinen Arm. »Steh auf und folge mir.«

Vergebens würde Scrooge eingewendet haben, Wetter und Stunde seien schlecht geeignet zum Spazierengehen, das Bett sei warm und das Thermometer ein gutes Stück unter dem Gefrierpunkte, er sei nur leicht in Pantoffeln, Schlafrock und Nachtmütze gekleidet und habe gerade jetzt den Schnupfen. Dem Griff, war er auch sanft wie der einer Frauenhand, war nicht zu widerstehen. Er stand auf; aber als er sah, dass der Geist nach dem Fenster schwebte, fasste er ihn flehend bei dem Gewande.

»Ich bin ein Sterblicher«, sagte Scrooge, »und könnte fallen.«

»Dulde nur eine Berührung meiner Hand dort«, sagte der Geist, indem er die Hand auf das Herz legte, »und du wirst größere Gefahren überwinden, als diese hier.«

Als er diese Worte gesprochen hatte, schwanden die beiden durch die Wände und standen plötzlich im Freien auf der Landstraße, rings von Feldern umgeben. Die Stadt war ganz verschwunden, denn es war jetzt ein klarer, kalter Wintertag und der Boden mit weißem, reinem Schnee bedeckt.

»Gütiger Himmel!«, rief Scrooge, die Hände faltend, als er um sich blickte. »Hier wurde ich geboren. Hier lebte ich noch als Knabe.«

Der Geist schaute ihn mit milden Blicken an. Seine sanfte Berührung, obgleich sie nur leise und augenblicklich gewesen war, bebte immer noch nach in dem Herzen des alten Mannes. Er fühlte, wie tausend Düfte die Luft durchschwebten, jeder mit tausend Gedanken und Hoffnungen und Freuden und Sorgen verbunden, die lange, lange vergessen waren.

»Deine Lippe zittert«, sagte der Geist. »Und was glänzt auf deiner Wange?«
Scrooge murmelte mit einem ungewöhnlichen Molltone in der Stimme, es sei ein Wärzchen, und bat den Geist, ihn zu führen, wohin er wolle.
»Erinnerst du dich des Weges?«, fragte der Geist.
»Ob ich mich seiner erinnere?«, rief Scrooge mit Innigkeit. »Blindlings könnte ich ihn gehen!«
»Seltsam, dass du ihn so viele Jahre hindurch vergessen hast«, sagte der Geist. »Komm!«
Sie schritten den Weg entlang. Scrooge erkannte jedes Tor, jeden Pfahl, jeden Baum wieder, bis ein kleiner Marktflecken in der Ferne mit seiner Kirche, seiner Brücke und dem hellen Fluss erschien. Jetzt kamen einige Knaben, auf zottigen Ponys reitend, auf sie zu, die anderen Knaben in ländlichen Wagen laut zuriefen. Alle diese Knaben waren gar fröhlich und laut, bis die weiten Felder so voll heiterer Musik waren, dass die kalte, sonnige Luft lachte, sie zu hören.
»Dies sind nur Schatten der Dinge, die da gewesen sind«, meinte der Geist, »sie wissen nichts von uns.«
Die fröhlichen Reisenden kamen näher, und Scrooge erkannte sie jetzt alle und konnte sie jetzt alle bei Namen nennen. Warum freute er sich über alle Maßen, sie zu sehen, warum wurde sein altes Auge feucht, warum frohlockte sein Herz, als sie vorübereilten, warum wurde sein Herz weich, wie sie an den Kreuzwegen voneinander schieden und einander fröhliche Weihnachten wünschten? Was gingen denn Scrooge fröhliche Weihnachten an? Der Henker hole die fröhlichen Weihnachten! Welchen Nutzen hatte er wohl jemals davon gehabt?

»Die Schule ist nicht ganz verlassen«, nahm der Geist wieder das Wort. »Ein Kind, eine verlassene Weise, sitzt noch einsam dort.«
Scrooge sagte, er wisse es. Und er schluchzte.
Sie verließen nunmehr die Heerstraße auf einem wohlbekannten Feldweg und erreichten bald ein Haus von dunkelroten Ziegeln mit einem kleinen Türmchen auf dem Dache und einer Glocke darin. Es war ein großes Haus, aber jetzt vernachlässigt und ziemlich verwahrlost, weil die geräumigen Gemächer wenig gebraucht waren, die Wände feucht und grün, die Fenster zerbrochen, die Türen morsch und halb zerfallen. Hühner gluckten und scharrten in den Ställen, und der Wagenschuppen war mit Gras überwachsen. Auch im Innern war nichts übrig geblieben von seiner alten Pracht, denn als sie in den verödeten Hausflur eintraten und durch die offenen Türen in die vielen Zimmer blickten, sahen sie nur ärmlich ausgestattete, kalte, große Räume. Mit einem erdigen, multrigen Geruch hauchte die Luft, eine frostige Unbehaglichkeit schien um den Ort zu schweben.
Der Geist ging mit Scrooge über den Hausflur nach einer Tür auf der Rückseite des Hauses. Sie öffnete sich vor ihnen und zeigte ihnen einen langen, kahlen, unbehaglichen Saal, noch kahler und unbehaglicher gemacht durch die Reihen von einfachen hölzernen Bänken. Auf ihrer einen saß einsam ein Knabe neben einem schwachen Feuer und las, und Scrooge setzte sich auf eine Bank nieder und weinte, als er sein eignes, vergessenes Selbst sah, wie es in früheren Jahren war.
Kein dumpfer Widerhall in dem Hause, kein Rascheln der Mäuse hinter dem Getäfel, kein Geträpfel des halb gefrorenen Brunnentrogs hinten in dem Hofe, kein Seufzer in den blattlosen Zweigen einer verlassen trauernden Pappel, nicht das Knarren der vom Winde hin- und herbewegten Tür des Vorratshauses im Hofe, selbst nicht das Knistern

des Feuers war für Scrooge verloren. Alles fiel auf sein Herz mit erweichenden Tönen und löste seine Tränen.
Der Geist berührte seinen Arm und wies auf sein jüngeres, in einem Buch vertieftes Abbild. Plötzlich stand draußen vor dem Fenster ein Mann in fremdartiger Tracht, mit einer Axt im Gürtel und einen mit Holz beladenen Esel am Zaume führend.
»Was! Das ist ja Ali Baba!«, rief Scrooge voller Freude aus. »Es ist der alte, liebe, ehrliche Ali Baba. Ja, ja, ich weiß es noch. Einst zur Weihnachtszeit geschah es, dass dieser verlassene Knabe ganz allein hier saß, und er zum ersten Male kam, gerade wie er dort steht. Der arme Junge! Und Valentin«, fuhr Scrooge fort, »und auch sein wilder Bruder Orson, dort gehen sie! Und wie hieß doch der, der mitten im Schlafe vor das Tor von Damaskus niedergesetzt wurde? Siehst du ihn nicht? Und der Stallmeister des Sultans, der von den Genien auf den Kopf gesellt wurde, dort ist er ja auch! Ha, ha, es geschieht ihm schon recht! Wer hieß es ihm auch, die Prinzessin heiraten wollen!«
Scrooge mit vollem Ernst über solche Gegenstände reden zu hören und mit einer zwischen Lachen und Weinen schwankenden Stimme, dann auch sein vor Freude aufgeregtes Gesicht zu sehen: Das wäre für seine Geschäftsfreunde in der City gewiss eine große Überraschung gewesen.
»Da ist ja auch der Papagei«, rief Scrooge, »der mit grünem Leib und gelben Schwanz, da ist er! Der arme Robinson, er rief ihn, als er von seiner Umseglung der Insel wieder nach Hause kam: »Robinson Crusoe, wo bist du gewesen?« Er glaubte, er träumte, aber das war der Papagei. Ha, dort läuft Freitag in der kleinen Bucht. Es gilt das Leben. Hallo, hoch, hallo!«
Dann sagte er mit einem schnellen Wechsel der Gefühle, der seinem

gewöhnlichen Charakter sehr fremd war: »Der arme Knabe!«, und er weinte wieder. Dann wischte er sich mit dem Ärmelaufschlage die Augen, steckte die Hand in die Tasche und murmelte: »Ich wollte, aber es ist jetzt zu spät.«

»Was willst du?«, fragte der Geist.

»Nichts«, sagte Scrooge, »nichts. Gestern Abend sang ein Knabe ein Weihnachtslied vor meiner Türe. Ich wollt, ich hätte ihm etwas gegeben, weiter war es nichts.«

Der Geist lächelte gedankenvoll und winkte mit der Hand. Dann sagte er: »Lass und ein anderes Weihnachtsfest sehen.«

Scrooges früheres Selbst wurde bei diesem Worte größer, und das Zimmer etwas finsterer und schwärzer, das Getäfel warf sich, die Fensterscheiben sprangen, Stücke Kalkbewurf fielen von der Decke und das bloße Lattenwerk zeigte sich: Aber wie das alles geschah, wusste Scrooge ebenso wenig wie ihr. Er wusste nur, alles sei ganz in der Ordnung und habe sich ganz so zugetragen, und er sei es nun wieder, der dort allein sitze, während die andern Knaben nach Hause gereist waren zur fröhlichen Weihnachtsfeier. Er las nicht, sondern ging wie in Verzweiflung im Zimmer auf und ab. Scrooge blickte den Geist an und schaute mit einem traurigen Kopfschütteln und in banger Erwartung nach der Tür. Da ging sie auf, und ein kleines Mädchen, viel jünger als der Knabe, sprang herein, schlang die Arme um seinen Hals, küsste ihn und begrüßte ihn als ihren »lieben, lieben Bruder«.

»Ich komme, um dich mit nach Hause zu nehmen, lieber Bruder!«, sagte das Kind, fröhlich mit den Händen klatschend. »Dich mit nach Hause zu nehmen, nach Hause!«

»Nach Hause liebe Fanny?«, fragte der Knabe.

»Ja!«, antwortete die Kleine in überströmender Lust. »Nach Hause und für immer! Der Vater ist so viel freundlicher als sonst, dass es bei uns wie im Himmel ist. Eines Abends, als ich zu Bett ging, sprach er so freundlich mit mir, dass ich mir ein Herz fasste und ihn fragte, ob du nicht nach Hause kommen dürftest; und er sagte ja und schickte mich im Wagen her, um dich zu holen. Und du sollst jetzt dein freier Herr sein«, sagte das Kind und blickte ihn bewundernd an, »und nicht mehr hierher zurückkehren; aber erst sollen wir alle zusammen das Weihnachtsfest feiern und recht lustig sein.«

»Du bist ja eine ordentliche Dame geworden, Fanny!«, rief der Knabe aus.

Sie klatschte in die Hände und lachte und versuchte, bis an seinen Kopf zu reichen; aber sie war zu klein und lachte wieder und stellte sich auf die Zehen, um ihn zu umarmen. Dann zog sie ihn in kindischer Ungeduld nach der Tür, und er begleitete sie mit leichtem Herzen.

Eine schreckliche Stimme im Hausflur rief: »Bringt Master Scrooges Koffer herunter!« Es war der Schullehrer selbst, der Master Scrooge mit brutal-hochnäsiger Herablassung anstierte und ihn in großen Schrecken setzte, als er ihm die Hand drückte. Dann führte er ihn und seine Schwester in ein feuchtes, fröstelnerregendes Putzzimmer, in dessen Fenster die Erd- und Himmelgloben vor Kälte glänzten. Hier brachte er eine Flasche merkwürdig leichten Wein und ein Stück merkwürdig schweren Kuchen herbei und regalierte die Kinder schonend sparsam mit diesen auserlesenen Leckerbissen. Auch schickte er eine verhungert aussehende Magd hinaus, um dem Postillion ein Gläschen anzubieten, wofür dieser aber mit den Worten dankte, »wenn es von demselben Fass wie das vorige sei, möchte er lieber nicht kosten«.

Während dieser Zeit war Master Scrooges Koffer auf den Wagen gebunden worden, und die Kinder nahmen ohne Rührung von dem Schulmeister Abschied, setzten sich in den Wagen und fuhren so schnell zum Garten hinaus, dass der Reif und der Schnee wie Schaum von den immergrünen Gebüschen hinwegstoben.

»Sie war immer ein zartes Wesen, das von einem Hauch hätte verwelken können«, sagte der Geist. »Aber sie hatte ein reiches Herz.«

»Ja, das hatte sie«, rief Scrooge. »Ich will nicht widersprechen, Geist. Gott verhüte es«.

»Sie starb als Frau«, sagte der Geist, »und hatte Kinder, glaube ich.«

»Ein Kind«, antwortete Scrooge.

»Ja«, sagte der Geist. »Dein Neffe.«

Scrooge schien unruhig zu werden und antwortete kurz: »Ja.«

Obgleich sie die Schule kaum einen Augenblick hinter sich gelassen hatten, befanden sie sich doch plötzlich mitten in den lebendigsten Straßen der Stadt, wo schattenhafte Fußgänger vorübergingen, wo sich gespenstige Wagen und Kutschen um Platz stritten und wo das ganze wirre Leben einer wirklichen Stadt herrschte. An dem Aufputz der Läden sah man, dass auch hier Weihnachten sei; aber es war Abend und die Straßenlaternen brannten.

Der Geist blieb vor einer Gewölbetür stehen und fragte Scrooge, ob er sie kenne.

»Ob ich sie kenne?«, sagte Scrooge. »Hab ich hier nicht gelernt?«

Sie traten hinein. Beim Anblick eines alten Herrn in einer Stutzperücke, der hinter einem so hohen Pulte saß, dass er mit dem Kopf hätte an die Decke stoßen müssen, wenn er zwei Zoll größer gewesen wäre, rief Scrooge in großer Aufregung: »Ha, das ist ja der alte Fezziwig, Gott segne ihn, es ist Fezziwig, wie er leibt und lebt!«

Der alte Fezziwig legte seine Feder hin und sah hinauf zu der Uhr, deren Zeiger auf sieben stand. Er rieb die Hände, zog seine geräumige Weste herunter, lachte über und über von dem Organ der Gutmütigkeit bis zu den Schuhspitzen hinunter und rief mit einer behäbigen, voll und doch mild tönenden heitern Stimme: »Hallo, dort! Ebenezer! Dick!«

Scrooges früheres Selbst, jetzt zu einem Jüngling geworden, trat froheilig herein, begleitet von seinem Mitlehrling.

»Dick Wukins«, wahrhaftig!«, sagte Scrooge zu dem Geist. »Wahrhaftig, er ist es. Er hatte mich sehr lieb, der Dick. Der arme Dick! Gott, Gott!«

»Hallo, meine Burschen«, rief Fezziwig. »Feierabend heute. Weihnachten, Dick! Weihnachten, Ebenezer! Macht die Laden zu, schnell! Ehe ein Mann Jack Robinson sagen kann.« So rief der alte Fezziwig, munter die Hände zusammenklatschend.

Man hätte nicht glauben sollen, wie fröhlich-rasch die beiden Jungen daran gingen. Sie liefen mit den Laden hinaus – eins, zwei, drei – hatten sie eingesetzt – vier, fünf, sechs – sie zugeriegelt und zugeschraubt – sieben, acht, neun – und kamen zurück, ehe man zwölf sagen konnte, außer Atem wie Rennpferde.

»Hussahoh!«, rief der alte Fezziwig, mit wunderbarer Geschicklichkeit von seinem hohen Sessel herunterspringend. »Räumt auf, Jungens, und macht viel Platz! Hussahoh, Dick! Hallo, Ebenezer!«

Aufräumen! Sie würden alles weggeräumt haben und konnten alles wegräumen, wo Fezziwig zuschaute. Es war in einer Minute geschehen. Alles, was nicht niet- und nagelfest war, wurde in die Winkel geschoben, als wenn es für immer aus dem öffentlichen Dienste entlassen worden wäre; der Flur wurde gekehrt und gesprengt, die Lampen geputzt, Kohlen auf das Feuer geschüttet, und der Laden war so behaglich, so warm und hell wie ein Ballzimmer und wie man es nur an einem Winterabend verlangen konnte.

Jetzt trat ein Fiedler mit einem Notenbuche herein und stieg Fezziwigs hohen Stuhl hinauf, dort sein Orchester aufzuschlagen. Dann kam Mrs Fezziwig, ein behagliches Lächeln über und über. Dann kamen die drei Misses Fezziwig, freudestrahlend und liebenswürdig. Dann kamen die sechs Jünglinge, deren Herzen sie brachen. Dann kamen die Burschen und Mädchen, die im Hause einen Dienst hatten: das Hausmädchen mit ihrem Vetter, dem Bäcker, die Köchin mit ihres Bruders vertrautem Freunde, dem Milchmann. Dann kam der Bursche von gegenüber, von dem man sagte, er habe bei seinem Herren knappe Kost; er versuchte, sich hinter dem Mädchen aus dem Nachbarhause zu verstecken, der man bewies, sie sei von ihrer Herrschaft ausgescholten worden. Sie kamen alle, einer nach dem andern; einige blöde, andere keck, einige mit Geschick, andere mit Ungeschick, die zerrend und jene stoßend.

Dann ging es los, zwanzig Paare auf einmal, eine halbe Runde hin und zurück, dann die Mitte des Zimmers hinauf und wieder herab, dann in verschiedenen Kreisen sich drehend: das alte erste Paar immer an der falschen Stelle stehen bleibend, das neue erste Paar immer wieder anfangend, wenn es stehen bleiben sollte, bis alle Paare erste waren und kein einziges mehr das letzte. Als sie so weit gekommen waren, klatschte der alte Fezziwig zum Zeichen, dass der Tanz aus sei, in die Hände und rief »Bravo!«, und der Fiedler senkte sein glühendes Gesicht in einen Krug Porter, der besonders zu diesem Zweck neben ihm stand. Aber kaum war er wieder herausgestiegen, als er, obgleich noch keine Tänzer dastanden, wieder aufzuspielen anfing, als wenn der alte Fiedler erschöpft nach Hause getragen worden wäre und ein ganz frischer sei, entschlossen, ihn vergessen zu machen oder zu sterben.

Dann folgten noch mehrere Tänze und Pfänderspiele und wieder Tänze. Dann kamen Kuchen und Glühwein und ein großes Stück Rindfleisch und Fleischpasteten und Überfluss von Bier. Aber der Glanzpunkt des Abends kam nach dem Rindfleisch, als der Fiedler (ein pfiffiger Kopf, er kannte sein Geschäft besser, als ihr oder ich es ihn hätten lehren können) den Großvatertanz »Sir Roger de Coverley« zu spielen begann. Da trat der alte Fezziwig mit Mrs Fezziwig an, und zwar als das erste Paar. Sie hatten ein gutes Stück Arbeit vor sich, drei- oder vierundzwanzig Paar Tänzer, Leute, mit denen nicht zu spaßen war, Leute die tanzen wollten und keinen Begriff vom Gehen hatten. Aber wenn es auch zweimal, ja viermal so viel gewesen wären, doch hätte es der alte Fezziwig mit ihnen aufgenommen und auch Mrs Fezziwig. Sie war im vollen Sinne des Wortes würdig, seine Tänzerin zu sein. Wenn das kein großes Lob ist, so sagt mir ein größeres und ich will es aussprechen. Fezziwigs Waden schienen wirklich zu leuchten. Sie glänzten in jedem Teil des Tanzes wie ein Paar Monde. Ihr hättet zu irgendeiner Minute nicht voraussagen können, was aus ihnen in der nächsten werden würde. Und als der alte Fezziwig und Mrs Fezziwig alle Touren des Tanzes durchgemacht hatten, wirbelte Fezziwig so geschickt, dass es war, als zwinkerte er mit den Beinen, und er kam, ohne zu wanken, wieder auf die Füße.

Mit dem Glockenschlag elf war dieser häusliche Ball zu Ende. Mr und Mrs Fezziwig stellten sich zu beiden Seiten der Tür auf, schüttelten jedem einzelnen der Gäste die Hand zum Abschied und wünschten ihm oder ihr fröhliche Weihnachten. Als alles, außer den zwei Lehrlingen, fort war, taten sie diesen das Gleiche. So waren die heitern Stimmen verklungen, und die Burschen gingen in ihr Bett, das sich unter einem Ladentisch im hintersten Lagerraum befand.

Während dieser ganzen Zeit hatte sich Scrooge wie ein Verrückter benommen. Sein Herz und seine Seele waren bei dem Ball und seinem früheren Selbst. Er bestätigte alles, erinnerte sich an alles, freute sich über alles und befand sich in der seltsamsten Aufregung. Nicht eher als bis die fröhlichen Gesichter seines früheren Selbst und das Antlitz Dicks verschwunden waren, dachte er daran, dass der Geist neben ihm stehe und ihn anschaue, während das Licht auf seinem Haupte in voller Klarheit brannte.

»Eine Kleinigkeit war's doch«, meinte der Geist, »diesen närrischen Leuten solche Dankbarkeit einzuflößen.«

»Eine Kleinigkeit!«, gab Scrooge zurück.

Der Geist gab ihm ein Zeichen, den beiden Lehrlingen zuzuhören, die ihr Herz in Lobpreisungen Fezziwigs ausschütteten, und als Scrooge das getan hatte, sprach der Geist: »Nun, ist es nicht so? Er hat nur ein paar Pfund Eures irdischen Mammons hingegeben; vielleicht drei oder vier. Ist das so der Rede wert, dass er solches Lob verdient?«

»Das ist's nicht«, sagte Scrooge, von dieser Bemerkung gereizt und wie sein früheres, nicht wie sein jetziges Selbst sprechend. »Das ist's nicht, Geist. Er hat die Macht, und glücklich oder unglücklich, unsern Dienst zu einer Last oder zu einer Würde, zu einer Freude oder zu einer Qual zu machen. Du magst sagen, seine Macht liege in Worten und Blicken, in so unbedeutenden und kleinen Dingen, dass es unmöglich ist, sie herzuzählen: Was schadet das? Das Glück, das er bereitet, ist so groß, als wenn es sein ganzes Vermögen kostete.« Er fühlte des Geistes Blick und schwieg.

»Was gibt's?«, fragte der Geist.
»Nichts, nichts«, sagte Scrooge.
»Etwas, sollt ich meinen«, drängte der Geist.
»Nein«, sagte Scrooge, »nein. Ich möchte nur eben jetzt ein paar Worte mit meinem Kommis sprechen. Das ist alles.« Sein früheres Selbst löschte die Lampen aus, als er diesen Wunsch aussprach, und Scrooge und der Geist standen wieder im Freien.
»Meine Zeit geht zu Ende«, sagte der Geist. »Schnell!«
Dieses letzte Wort war nicht zu Scrooge oder zu jemand, den er sprechen konnte, gesprochen, aber es wirkte sofort. Denn wieder sah Scrooge sich selbst. Er war jetzt älter geworden: ein Mann in der Blüte seiner Jahre. Sein Gesicht hatte noch nicht die schroffen, rauen Züge seiner späteren Jahre, aber schon begann es, die Anzeichen der Sorge und des Geizes anzunehmen. In seinem Auge brannte ein ruheloses, habsüchtiges Feuer, das Zeugnis gab von der Leidenschaft, die dort Wurzel geschlagen hatte, und zeigte, wohin der Schatten des wachsenden Baumes fallen würde.
Er war nicht allein, sondern saß neben einem schönen jungen Mädchen in Trauerkleidern. In ihrem Auge standen Tränen, die in dem Licht glänzten, das von dem Geist vergangener Weihnachten ausströmte.
»Es ist ohne Bedeutung«, sagte sie sanft, »und für Sie von gar keiner. Ein anderes Götzenbild hat mich verdrängt; und wenn es Sie in späterer Zeit trösten und aufrecht erhalten kann, wie ich es versucht haben würde, so habe ich keine gerechte Ursache zu klagen.«
»Welches Götzenbild hätte Sie verdrängt?«, erwiderte er.
»Ein goldenes.«
»Dies ist die Gerechtigkeit der Welt!«, sagte er. »Gegen nichts ist sie so

hart als gegen die Armut; und nichts tadelt sie unnachsichtiger als das Streben nach Reichtum.«

»Sie fürchten das Urteil der Welt zu sehr«, antwortete sie sanft. »Alle Ihre andern Hoffnungen sind in der einen aufgegangen, vor diesem engherzigen Vorwurf gesichert zu sein. Ich habe Ihre edleren Bestrebungen eine nach der anderen verschwinden sehen, bis Sie ganz die eine Leidenschaft, die Gier nach Gold, erfüllte. Ist es nicht so?«

»Und was nun weiter?«, antwortete er. »Selbst wenn ich so viel klüger geworden bin, was nun weiter? Gegen Sie bin ich nie anders geworden.«

Sie schüttelte den Kopf.

»Bin ich anders?«

»Unser Bund ist aus alter Zeit. Er wurde geschlossen, als wir beide arm und zufrieden waren, bis wir unser Los durch ausdauernden Fleiß würden verbessern können. Sie haben sich aber verändert! Damals, als er geschlossen wurde, waren Sie ein anderer Mensch.«

»Ich war ein Knabe«, sagte er ungeduldig.

»Ihr eigenes Gefühl sagt Ihnen, dass Sie nicht so waren, wie Sie jetzt sind«, antwortete sie. »Ich bin noch dieselbe. Das, was unser Glück versprach, als wir noch ein Herz und eine Seele waren, muss uns Unglück bringen, da wir im Geiste nicht mehr eins sind. Wie oft ich und wie bitter dies gefühlt habe, will ich nicht sagen; es ist genug, dass ich es gefühlt habe und dass ich Ihnen Ihr Wort zurückgeben kann.

»Habe ich dies jemals verlangt?«

»In Worten? Nein. Niemals.«

»Womit dann?«

»Durch ein verändertes Wesen, durch einen anderen Sinn, durch andere Bestrebungen des Lebens und durch eine andere Hoffnung als sein Ziel. In allem, was meiner Liebe in Ihren Augen einigen Wert gab. Wenn alles Frühere nicht zwischen uns geschehen wäre«, sagte das Mädchen, ihn mit sanftem, aber festem Blicke ansehend, »würden Sie mich jetzt aufsuchen und um mich werben? Gewiss nicht!«

Er schien die Wahrheit dieser Voraussetzung wider seinen Willen zuzugeben. Aber er tat seinen Gefühlen Gewalt an und sagte: »Sie glauben es nicht?«

»Gern glaubte ich es, wenn ich könnte«, sagte sie, »Gott weiß es. Wenn ich eine Wahrheit erkannt habe gleich dieser, weiß ich, wie unwiderstehlich sie sein muss. Aber soll ich glauben, dass Sie ein armes Mädchen wählen würden, wenn Sie heute oder morgen oder gestern frei wären, Sie, der selbst in den vertrautesten Stunden alles nach dem Gewinn abmisst? Oder soll ich mir verhehlen, dass Sie gewiss einst Täuschung und bittere Reue fühlen würden, selbst wenn Sie für einen Augenblick Ihrem einzigen leitenden Grundsatze untreu werden könnten? Nein, und deswegen gebe ich Ihnen Ihr Wort zurück: willig und um der Liebe dessen, der Sie einst waren.«

Er wollte sprechen, aber mit abgewendetem Gesicht fuhr sie fort: »Vielleicht – der Gedanke an die Vergangenheit lässt es mich fast hoffen – wird es Sie schmerzen. Eine kurze, sehr kurze Zeit, und Sie werden dann die Erinnerungen daran fallen lassen, freudig, wie die Gedanken an einen nichtigen Traum, von dem zu erwachen ein Glück für Sie war. Möge Sie alles Glück auf dem erwählten Lebenswege begleiten!« Sie schieden.

»Geist«, sagte Scrooge, »zeige mir nichts mehr, führe mich nach Hause. Warum erfreust du dich daran, mich zu quälen?«

»Noch ein Gesicht«, rief der Geist aus.

»Nein«, rief Scrooge. »Nein. Ich mag keins mehr sehen. Zeige mir keins mehr.«

Aber der erbarmungslose Geist hielt ihn mit den beiden Händen fest und zwang ihn zu betrachten, was zunächst geschah. Sie befanden sich an einem andern Ort, in einem Zimmer, nicht sehr groß oder schön, aber voller Behaglichkeit. Neben dem Kamin saß ein schönes junges Mädchen, das der, die Scrooge soeben gesehen hatte, so ganz ähnlich war, dass er glaubte, es sei dieselbe, bis er sie, jetzt eine stattliche Matrone, der Tochter gegenübersitzen sah. In dem Zimmer war ein wahrer Aufruhr, denn es befanden sich mehr Kinder darin, als Scrooge in seiner Aufregung zählen konnte; und hier betrugen sich nicht vierzig Kinder wie eins, sondern jedes Kind wie vierzig. Die Folge davon war ein Lärm sondergleichen; aber niemand schien sich darum zu kümmern: Im Gegenteil, Mutter und Tochter lachten herzlich und freuten sich darüber, und die Letztere, die sich bald in die Spiele mischte, wurde von den kleinen Schelmen gar grausam mitgenommen.

Was hätte ich darum gegeben, eines dieser Kinder zu sein, obgleich ich nimmer so ungezogen gewesen wäre! Nein, nein! Für alle Schätze der Welt hätte ich nicht diese Locken zerdrückt und zerwühlt; und diesen lieben, kleinen Schuh hätte ich nicht entwendet, um mein Leben zu retten. Im Scherz ihre Taille zu messen, wie die kecke junge Brut tat, hätte ich nicht gewagt; ich hätte geglaubt, mein Arm würde zur Strafe krumm werden und nie wieder gerade wachsen. Und doch, wie gern, ich gestehe es, hätte ich ihre Lippen berührt; wie gern hätte ich sie gefragt, damit sie sich geöffnet hätten, wie gern hätte ich diese Wimpern dieser niedergeschlagenen Augen betrachtet, ohne ein Erröten hervorzurufen; wie gern hätte ich dieses wogende Haar gelöst, von dem eine Strähne ein Schatz über allen Preis gewesen wäre: Kurz, wie gern hätte ich das kleinste Vorrecht eines dieser Kinder gehabt, mit der Bedingung, Mann genug zu sein, um seinen Wert zu fühlen.

Aber jetzt wurde ein Klopfen an der Tür gehört, was einen so allgemeinen Sturm dahin hervorrief, dass sie mit lachendem Gesicht und verwirrtem Anzug in der Mitte eines lärmenden Haufens nach der Tür gedrängt wurde, dem Vater entgegen, der nach Hause kam in Begleitung eines mit Weihnachtsgeschenken beladenen Mannes. Aber nun das Geschrei und das Gedränge und der Sturm auf den verteidigungslosen Träger! Wie sie an ihm auf Stühlen hinaufstiegen, in seine Taschen guckten, die Papierpäckchen raubten, an seiner Halsbinde zupften, an seinem Halse hingen, ihm auf den Rücken trommelten oder an die Beine stießen – alles in unwiderstehlicher Freude! Dann die Ausrufe der Verwunderung und des Frohlockens, mit denen der Inhalt jedes Päckchens begrüßt wurde! Die schreckliche Kunde, dass das Wickelkind ertappt worden sei, wie es die Bratpfanne der Puppe in den Mund gesteckt oder wohl gar das hölzerne Huhn samt der Schüssel hinuntergeschluckt habe! Die große Beruhigung, als man entdeckte, dass es ein falscher Lärm gewesen sei! Die Freude und die Dankbarkeit und das Entzücken! Dies alles ist über alle Beschreibung. Es muss genügen zu wissen, dass die Kinder und ihre Freuden endlich aus dem Zimmer kamen und über eine Treppe auf einmal in den obersten Stock hinaufgingen, wo sie zu Bett gebracht wurden und dort blieben.

Und als Scrooge jetzt sah, wie sich der Herr des Hauses, die Tochter zärtlich an seine Seite geschmiegt, mit ihr und ihrer Mutter an seinem eigenen Herd niedersetzte, und wie er dachte, dass ihn ein solches Wesen ebenso lieblich und hoffnungsreich hätte Vater nennen und wie

Frühlingszeit in dem öden Winter seines Lebens hätte sein können, da wurden seine Augen wirklich trübe.
»Bella«, sagte der Mann, sich lächelnd zu seiner Gattin wendend, »ich sah heute Nachmittag einen alten Freund von dir.«
»Wer war es?«
»Rate einmal.«
»Wie kann ich das? Ach, jetzt weiß ich schon«, fügte sie sogleich hinzu, lachend, wie er lachte. »Mr Scrooge.«
»Ja, Mr Scrooge. Ich ging an seinem Kontorfenster vorüber; und da kein Laden davor war und er Licht darin hatte, musste ich ihn wohl sehen. Sein Kompagnon liegt im Sterben, hörte ich, und er saß allein dort. Ganz allein in der weiten Welt, glaube ich.«
»Geist«, rief Scrooge mit bebender Stimme, »führe mich weg von diesem Orte.«
»Ich sagte dir, dass dieses Schatten gewesener Dinge wären«, sagte der Geist. »Gib mir nicht die Schuld, dass sie so sind, wie sie sind.«
»Führe mich weg«, rief Scrooge aus. »Ich kann es nicht ertragen.« Er wandte sich gegen den Geist, und wie er sah, dass er ihn mit einem Gesicht anblickte, in dem sich auf eine seltsame Weise all die Gesichter zeigten, die er bisher gesehen hatte, rang er mit ihm.
In dem Kampfe, wenn das ein Kampf genannt werden kann, wo der Geist, ohne sichtbaren Widerstand seinerseits, von den Anstrengungen seines Gegners ungestört blieb, bemerkte Scrooge, dass das Licht auf seinem Haupte hoch und hell brenne, und in einem dunklen instinktiven Gefühl jenes Licht mit des Geistes Einfluss auf sich verbindend, ergriff er den Lichtauslöscher und stülpte ihn auf des Geistes Haupt. Der Geist sank darunter zusammen, sodass der Lichtauslöscher seine ganze Gestalt bedeckte; aber sogleich Scrooge ihn mit sei-

ner ganzen Kraft niederdrückte, konnte er das Licht nicht verbergen, das darunter hervor und mit hellem Schimmer über den Boden strömte.
Er fühlte, dass er erschöpft sei und von einer unüberwindlichen Schläfrigkeit befallen werde, und wusste, dass er in seinem eignen Schlafzimmer sei. Er gab dem Lichtauslöscher zum Abschiede noch einen Druck und fand kaum Zeit, in das Bett zu wanken, bevor er in tiefen Schlaf sank.

Drittes Kapitel: Der zweite der drei Geister

Scrooge erwachte mitten in einem tüchtigen Geschnarche und setzte sich in dem Bette in die Höhe, um seine Gedanken zu sammeln. Diesmal hatte niemand nötig, ihm zu sagen, dass es gerade eins sei. Er fühlte, dass er just zu der rechten Zeit und zu dem ausdrücklichen Zwecke erwacht sei, um eine Zusammenkunft mit dem zweiten an ihn durch Jakob Marleys Vermittlung abgesandten Boten zu haben. Aber bei dem Gedanken, welche seiner Bettgardinen das neue Gespenst wohl zurückschlagen würde, wurde es ihm ganz unheimlich kalt, und so schlug er sie mit seinen eigenen Händen zurück. Dann legte er sich wieder zurück und beschloss, genau aufzupassen, denn er wollte den Geist in dem Augenblick seiner Erscheinung anrufen, und wünschte nicht, überrascht und erschreckt zu werden.
Leute von keckem Mute, die sich schmeicheln, es schon mit etwas aufnehmen zu können und immer an ihrem Platze zu sein, drücken den weiten Bereich ihrer Fähigkeiten mit den Worten aus: Sie wären gut für alles, vom Brot essen bis zum Menschenverschlingen, da zwischen

beiden Extremen ohne Zweifel ziemlich viel Gelegenheit zur Betätigung ihrer Kräfte liegt. Ohne gerade zu behaupten, dass es Scrooge so weit gebracht hätte, muss ich doch von dem Leser den Glauben fordern, dass er auf eine recht schöne Auswahl von Erscheinungen gefasst war, und dass ihn nichts zwischen einem Wickelkind und einem Rhinozeros allzu sehr in Verwunderung gesetzt hätte.

Eben weil er beinahe auf alles gefasst war, war er nicht vorbereitet, nichts zu sehen; und daher überfiel ihn ein heftiges Zittern, als die Glocke eins schlug und keine Gestalt erschien. Fünf Minuten, zehn Minuten, eine Viertelstunde vergingen, aber es kam nichts. Die ganze Zeit über lag er auf seinem Bette recht in der Mitte eines Stromes rötlichen Lichtes, das sich über ihn ausgoss, als die Glocke die Stunde verkündigte, und das, weil es nur ein Licht war, viel beunruhigender als ein Dutzend Geister war, da es ihn unmöglich erraten ließ, was es bedeute oder was es wolle. Ja, er fürchtete zuweilen, er möchte in diesem Augenblick ein merkwürdiger Fall von Selbstentzündung sein, ohne den Trost zu haben, es zu wissen.

Endlich jedoch fing er an zu begreifen, dass die Quelle dieses geisterhaften Lichtes wohl in dem anliegenden Zimmer sein möge, aus dem es bei näherer Betrachtung zu strömen schien. Wie dieser Gedanke die Herrschaft über seine Seele bekommen hatte, stand er leise auf, und schlich in den Pantoffeln nach der Tür. In demselben Augenblick, wo sich Scrooges Hand auf die Klinke legte, rief ihn eine fremde Stimme bei Namen und hieß ihn eintreten. Er gehorchte.

Es war sein eignes Zimmer. Daran ließ sich nicht zweifeln. Aber eine wunderbare Umwandlung war mit ihm vorgegangen. Wände und Decken waren ganz mit grünen Zweigen bedeckt, dass es wirklich aussah wie eine Laube, in der überall glänzende Beeren schimmerten.

Die glänzenden, starren Blätter der Stechpalme, der Mistel und des Efeus warfen das Licht zurück und erschienen wie ebenso viele kleine Spiegel. Eine so gewaltige Flamme loderte die Esse hinauf, wie dieses Spottbild eines Kamines zu Scrooges oder Marleys Zeit seit vielen, vielen Wintern nicht gekannt hatte. Auf dem Fußboden waren zu einer Art von Thron Truthähne, Gänse, Wildbret, große Braten, Spanferkel, lange Reihen von Würsten, Pasteten, Plumpuddings, Austerfässchen, glühende Kastanien, rotbäckige Äpfel, faltige Orangen, appetitliche Birnen, ungeheure Stollen und siedende Punschbowlen aufgehäuft, die das Zimmer mit köstlichem Geruch erfüllten. Auf diesem Thron saß behaglich und mit fröhlichem Angesicht ein Riese, gar herrlich anzuschauen. In der Hand trug er eine brennende Fackel, fast wie ein Füllhorn gestaltet, und hielt sie steil in die Höhe, um Scrooge damit zu beleuchten, wie er in das Zimmer guckte.

»Nur herein«, rief der Geist. »Nur herein, und lerne mich besser kennen.«

Scrooge trat schüchtern ein und senkte das Haupt vor dem Geiste. Er war nicht mehr der hartfühlende, nichtsscheuende Scrooge wie früher, und obgleich des Geistes Augen hell und mild glänzten, wünschte er ihnen doch nicht zu begegnen.

»Ich bin der Geist der heurigen Weihnachtsnacht«, sagte die Gestalt. »Sieh mich an.«

Scrooge tat es mit ehrfurchtsvollem Blick. Der Geist war gekleidet in ein einfaches, dunkelgrünes Gewand, mit weißem Pelz verbrämt. Die breite Brust war entblößt, als verschmähe sie, sich zu verstecken. Auch die Füße waren bloß und schauten unter den weiten Falten des Gewandes hervor; und das Haupt hatte keine andere Bedeckung als einen Stechpalmenkranz, in dem hie und da Eiszapfen glänzten. Seine dunkelbraunen Locken wallten fessellos auf die Schultern. Sein munteres Gesicht, sein glänzendes Auge, seine fröhliche Stimme, sein ungezwungenes Benehmen, alles sprach von Offenheit und heiterem Sinn. Um den Leib trug er eine alte Degenscheide gegürtet; aber sie war von Rost zerfressen und kein Schwert steckte darin.

»Du hast meinesgleichen nie vorher gesehen«, rief der Geist.

»Niemals«, entgegnete Scrooge.

»Hast dich nie mit den jüngeren Gliedern meiner Familie abgegeben; ich meine (denn ich bin sehr jung) meine älteren Brüder, die in den letzten Jahren geboren worden sind?«, fuhr das Phantom fort.

»Ich glaube nicht«, sagte Scrooge. »Doch es tut mit leid, es nicht getan zu haben. Hast du viele Brüder gehabt, Geist?«

»Mehr als achtzehnhundert«, sagte dieser.

»Eine schrecklich große Familie, wenn man für sie zu sorgen hat«, murmelte Scrooge.

Der Geist der heurigen Weihnacht erhob sich.

»Geist«, sagte Scrooge demütig, »führe mich wohin du willst. Gestern Nacht wurde ich durch Zwang hinausgeführt, und mir wurde eine Lehre gegeben, die jetzt im Wirken ist. Heute bin ich bereit zu folgen, und wenn du mich etwas zu lehren hast, will ich gern hören.«

»Berühre denn mein Gewand.«

Scrooge tat wie ihm geheißen worden und hielt es fest. Stechpalmen, Mistel, rote Beeren, Efeu, Truthähne, Gänse, Spanferkel, Braten, Würste, Austern, Pasteten, Puddings, Früchte und Punsch, alles verschwand blitzschnell. Auch das Zimmer verschwand, das Feuer, der rötliche Schimmer, die nächtliche Stunde, und sie standen in den Straßen der Stadt, am Morgen des Weihnachtstages, wo die Leute – denn es war sehr kalt – eine raue, aber fröhliche und nicht unangenehme Musik machten, indem sie den Schnee von den Straßenpflastern und den Dächern der Häuser zusammenfegten. Und daneben standen die Kinder und freuten sich und kreischten, wenn die Schneelawinen von den Dächern herunterstürzten und in künstliche Schneetürme zerstoben.

Die Häuser erschienen schwarz und die Fenster noch schwärzer, verglichen mit der faltenlosen, weißen Schneedecke auf den Dächern und dem schmutzigen Schnee auf den Straßen. In den Letztern war er von den schweren Rädern der Wagen und Karren in tiefe Furchen eingepflügt; Furchen, die sich hundert- und aber hundertmal kreuzten, wo eine Nebenstraße ausging, und die in dem dicken, gelben Schmutz und halb erstarrten Wasser labyrinthische Gerinnsel bildeten. Der Himmel war trübe, und selbst die kürzesten Straßen schienen sich in einem dicken Nebel zu verlieren, dessen schwere Teile in einem rußigen Regen niederfielen, als wenn alle Essen von England sich auf einmal entzündet hätten und jetzt nach Herzenslust qualmten. Es war in der ganzen Umgebung nichts Heiteres, und doch lag etwas in der Luft, was die klarste Sommerluft und die hellste Sommersonne nicht hätte verbreiten können.

Denn die Leute, die den Schnee von den Dächern schaufelten, waren lustig und mutwilliger Laune voll. Sie riefen von den Dächern einander zu und wechselten dann und wann einen Schneeball – ein Pfeil, der harmloser war als manches Wort – und lachten herzlich, wenn er traf, und nicht minder herzlich, wenn er fehlging. Die Läden der Geflügelhändler waren noch halb offen und die der Fruchthändler strahlten in heller Freude. Da sah man – als wären es die Westen lustiger, alter Herren – große, runde, dickbäuchige Körbe voll Kastanien an den Türen lehnen oder im apoplektischen Überfluss auf die Straße rollen. Da sah man braune, umfangreiche, spanische Zwiebeln, in ihrer Fettigkeit spanischen Mönchen gleichend und mutwillig den Mädchen winkend, die vorübergingen und verschämt nach dem Mistelzweige schielten. Da sah man Birnen und Äpfel zu Pyramiden aufeinandergepackt: Trauben, die der Kaufmann in seiner Gutmütigkeit recht augenfällig im Gewölbe hängen ließ, dass den Vorübergehenden der Mund gratis wässerte, Haufen von Haselnüssen, bemoost und braun, mit ihrem frischen Duft vergangener Streifereien in den Wald durch das raschelnde, fußhohe, welke Laub zurückrufend, Norfolk – Biffins, fett und kraus, mit ihrer Bräune von den gelben Orangen abstechend und gar dringlich bittend, dass man sie nach Hause tragen und nach Tische essen möge. Ja, selbst die Gold- und Silberfische, die in einem Glase mitten unter den erlesenen Früchten standen, schienen zu wissen, dass etwas Besonderes los sei, obgleich sie von einem dick- und kaltblütigen Geschlechte waren, und schwammen um ihre kleine Welt in langsamer und leidenschaftsloser Bewegung.

Ach die Materialwarenläden! Fest geschlossen waren sie, vielleicht ein oder zwei Laden vorgesetzt: Aber welche Herrlichkeiten sah man durch diese Öffnungen! Nicht allein, dass die Wagschalen mit fröhlichem Klingklang auf dem Ladentische rumorten, oder dass der Bindfaden so munter von seiner Rolle schnurrte, oder dass die Büchsen blitzschnell hin und her fuhren wie durch Zauberei, oder dass der Mischgeruch von Kaffee und Tee der Nase so wohltat, nicht dass die Rosinen so wunderschön, die Mandeln so außerordentlich weiß, die Zimtstängel so lang und gerade, die andern Gewürze so köstlich, die eingemachten Früchte so dick mit geschmolzenem Zucker belegt waren, dass der kälteste Zuschauer entzückt wurde; nicht allein, dass die Feigen so saftig und fleischig waren, oder dass die Brignolen in bescheidener Koketterie in ihren verzierten Büchsen erröteten, oder dass alles so gut zu essen oder so schön in seinem Weihnachtskleid war: Das war es nicht allein.

Die Kaufenden waren auch alle so eifrig und eilig in der Hoffnung des Festes, dass sie in der Türe einander anrannten, wie von Sinnen mit ihren Körben zusammenstießen und ihre Einkäufe vergaßen und wieder zurückliefen, um sie zu holen, und tausend ähnliche Irrtümer in der bestmöglichen Laune so frisch und froh waren, dass die blanken Herzen, die ihre Schürzen hinten zusammenhielten, ihre eigenen hätten sein können. Aber bald riefen die Glocken nach den Kirchen und den Kapellen, und die Leute gingen in ihren besten Kleidern und mit ihren feiertäglichsten Gesichtern durch die Straßen. Und zu derselben Zeit strömten aus den Nebenstraßen und Gässchen und namenlosen Winkeln zahllose Leute, die ihr Mittagessen zu den Bäckern trugen.

Der Anblick dieser Armen und doch so Glücklichen schien des Geistes Teilnahme am meisten zu erregen, denn er blieb mit Scrooge neben eines Bäckers Tür stehen, und während er die Decken von den Schüsseln nahm, indem die Träger vorübergingen, bestreute er ihr Mahl mit Weihrauch von seiner Fackel. Und das war eine gar wunderbare Fackel, denn ein paarmal, als einige von den Leuten zusammengerannt waren und darüber einige heftige Worte fielen, besprengte er sie mit etlichen Tropfen Tau von seiner Fackel, und ihre gute Laune war augenblicklich wieder hergestellt. Denn sie sagten, es sei eine Schande, sich am Weihnachtstage zu zanken.

Jetzt schwiegen die Glocken, und die Läden der Bäcker wurden geschlossen: Und doch schwebte noch ein Schattenbild von allen diesen Mittagessen und dem Fortgang ihrer Zubereitung in dem getauten, nassen Fleck über jedem Ofen; und vor ihnen rauchte das Pflaster, als kochten selbst die Steine.

»Ist eine besondere Kraft in dem, was deine Fackel ausstreut?«, fragte Scrooge.

»Ja. Meine eigene.«

»Und wirkt sie auf jedes Mittagsmahl an diesem Tage?«, fragte Scrooge.

»Auf jedes, sofern es gern gegeben wird. Auf ein ärmliches am meisten. Weil das meiner Kraft am meisten bedarf.«

»Geist«, sagte Scrooge nach kurzem Nachdenken, »mich wundert's, dass du von allen Wesen auf den vielen Welten um uns herum wünschen solltest, diesen Leuten die Gelegenheit eines unschuldigen Genusses zu rauben.«

»Ich?«, rief der Geist.

»Du willst ihnen die Mittel nehmen, jeden siebenten Tag zu Mittag zu essen, und doch ist das der einzige Tag, wo sie überhaupt zu Mittag essen können«, sagte Scrooge.

»Ich?«, rief der Geist.

»Verzeihe mir, wenn ich unrecht habe. Es ist in deinem Namen geschehen oder wenigstens in dem deiner Familie«, sprach Scrooge.

»Es gibt Menschen auf Eurer Erde«, entgegnete der Geist, »die uns kennen wollen und die ihre Taten des Stolzes, der Missgunst, des Hasses, des Neides, des Fanatismus und der Selbstsucht in unserm Namen tun; die uns in allem, was zu uns gehört, so fremd sind, als wenn sie nie gelebt hätten. Bedenke dies und schreibe ihre Taten ihnen selbst zu und nicht uns.«

Scrooge versprach es, und sie gingen weiter in die Vorstadt, unsichtbar wie bisher. Es war eine wunderbare Eigenschaft des Geistes

(Scrooge hatte sie bei dem Bäcker bemerkt), dass er, bei seiner riesenhaften Gestalt, doch überall leicht Platz fand, und dass er unter einem niedrigen Dach ebenso schön und gleich einem übernatürlichen Wesen dastand, wie in einem geräumigen, hohen Saale.

Vielleicht war es die Freude, die der gute Geist darin fühlte, diese Macht zu zeigen, vielleicht auch seine warmherzige, freundliche Natur und seine Teilnahme mit allen Armen, was ihn gerade zu Scrooges Kommis führte: Denn er ging wirklich hin und nahm Scrooge mit, der sich an seinem Gewande festhielt. Auf der Schwelle stand der Geist lächelnd still und segnete Bob Cratchits Wohnung mit dem Tau seiner Fackel. Denkt doch! Bob hatte nur fünfzehn Schillinge die Woche; er steckte Sonnabends nur fünfzehn seiner Namensvettern in die Tasche, und doch segnete der Geist der heurigen Weihnacht sein Haus.

Im Zimmer stand und deckte den Tisch Mr Cratchits Frau, in einem ärmlichen, zweimal gewendeten Kleid, schön aufgeputzt mit Bändern, die billig sind, aber für sechs Pence hübsch aussehen. Belinda, ihre zweite Tochter, half ihr, während Master Peter mit der Gabel in eine Schüssel voll Kartoffeln stach und die Spitzen seines ungeheueren Hemdkragens (Bobs Privateigentum, seinem Sohn und Erben zu Ehren des Festes geliehen) in den Mund nahm, voller Stolz, so schön angezogen zu sein, und voll Sehnsucht, sein weißes Hemd in den fashionablen Parks zur Schau zu tragen. Jetzt kamen die zwei kleinen Cratchits, ein Mädchen und ein Knabe, hereingesprungen und schrien, dass sie an des Bäckers Tür die gebratene Gans gerochen und gewusst hätten, es sei ihre eigene, und in freudigen Träumen von Salbei und Zwiebeln tanzten sie um den Tisch und erhoben Master Peter Cratchit bis in den Himmel, während er (aber gar nicht stolz, obgleich ihn der Hemdkragen fast erstickte) in das Feuer blies, bis die

Kartoffeln hochquollen und an den Topfdeckel klopften, dass man sie herauslassen und schälen möge.

»Wo nur der Vater bleibt?«, fragte Mrs Cratchit. »Und dein Bruder Tiny Tim, und Martha kam vorige Weihnachten eine halbe Stunde früher.«

»Hier ist Martha, Mutter«, sagte ein Mädchen, zur Tür hereintretend.

»Hier ist Martha, Mutter«, riefen die beiden kleinen Cratchits. »Hurra, das ist eine Gans, Martha!«

»Gott grüße dich, liebes Kind! Wie spät du kommst!«, sagte Mrs Cratchit, sie ein Dutzend Mal küssend und ihr mit zutulichem Eifer Schal und Hut abnehmend.

»Wir hatten gestern Abend viel zurecht zu machen«, antwortete das Mädchen, »und mussten heute mit allem fertig werden, Mutter.«

»Nun, es schadet nichts, da du doch da bist«, sagte Mrs Cratchit. »Setze dich ans Feuer, liebes Kind, und wärme dich.«

»Nein, nein, der Vater kommt«, riefen die beiden kleinen Cratchits, die überall zur gleichen Zeit waren. »Versteck dich, Martha, versteck dich!«

Martha versteckte sich, und jetzt trat Bob herein, der Vater. Wenigstens drei Fuß, ungerechnet der Fransen, hing der Schal auf seiner Brust herab, und die abgetragenen Kleider waren geflickt und gebürstet, um ihnen ein Ansehen zu geben. Tiny Tim saß auf seiner Schulter. Der arme Tiny Tim! Er trug eine kleine Krücke, und seine Glieder wurden von eisernen Schienen gestützt.

»Nun, wo ist unsere Martha?«, rief Bob Cratchit, im Zimmer herumschauend.

»Sie kommt nicht«, sagte Mrs Cratchit.

»Sie kommt nicht?«, fragte Bob mit einer plötzlichen Abnahme seiner fröhlichen Laune; denn er war den ganzen Weg von der Kirche Tims Pferd gewesen und im vollen Laufe nach Hause gerannt.

»Sie kommt nicht zum Weihnachtsabend?« Martha wollte ihm keinen Schmerz verursachen, selbst nicht aus Scherz, und so trat sie hinter der Tür hervor und schlang die Arme um seinen Hals, während die beiden kleinen Cratchits sich Tiny Tims bemächtigten und ihn nach dem Waschhause trugen, damit er den Pudding im Kessel singen höre.

»Und wie hat sich der kleine Tim aufgeführt?«, fragte Mrs Cratchit, als sie Bob wegen seiner Leichtgläubigkeit geneckt und Bob seine Tochter nach Herzenslust geküsst hatte.

»Wie ein Goldkind«, sagte Bob, »und noch besser. Ich weiß nicht, wie es kommt, aber er wird jetzt so träumerisch vom Alleinsitzen und sinnt sich die seltsamsten Dinge zurecht. Heute, als wir nach Hause gingen, sagte er, er hoffe, die Leute sähen ihn in der Kirche, denn er sei ein Krüppel, und es wäre vielleicht gut für sie, sich am Christtag an den zu erinnern, der einst Lahme gehen und Blinde sehen machte.« Bobs Stimme zitterte, als er dies sagte, und zitterte noch mehr, als er hinzufügte, dass Tiny Tim stärker und gesünder werden würde.

Man hörte jetzt seine kleine Krücke auf dem Fußboden, und ehe noch mehr gesprochen ward, war Tim wieder da und wurde von seinem Bruder und seiner Schwester nach seinem Stuhl neben dem Feuer geführt. Während jetzt Bob, seine Rockaufschläge zur Schonung in die Höhe krempelnd – als ob es möglich gewesen wäre, sie noch mehr abzutragen –, in einer Bowle aus Cognac und Zitronen eine heiße Mischung zubereitete und sie umrührte und sie wieder an das Feuer setzte, damit sie sich warm halten möge, gingen Master Peter und die zwei sich überall befindenden kleinen Cratchits, um die Gans zu holen, mit der sie bald in feierlichem Zuge zurückkehrten.

Darauf erhob sich ein solcher Lärm, als wäre eine Gans der seltenste aller Vögel, ein gefiedertes Wunder, gegen das ein schwarzer Schwan etwas ganz Gewöhnliches wäre: Und wirklich war sie das auch in diesem Hause. Mrs Cratchit ließ die Bratenbrühe aufwallen, Master Peter schmorte die Kartoffeln mit unglaublichem Eifer, Miss Belinda machte die Apfelsauce süß, Martha wischte die gewärmten Teller ab, Bob trug Tiny Tim neben sich in eine behagliche Ecke am Tisch, die beiden kleinen Cratchits stellten die Stühle zurecht, wobei sie sich nicht vergaßen, und nahmen ihren Posten ein, den Löffel in den Mund steckend, um nicht nach Gans zu schreien, ehe die Reihe an sie kam.

Endlich wurde das Gericht aufgetragen und das Tischgebet gesprochen. Darauf folgte eine atemlose Pause, als Mrs Cratchit das Vorschneidemesser langsam von der Spitze bis zum Heft betrachtete und sich anschickte, es der Gans in die Brust zu stoßen. Aber als sie es tat und sich der lang erwartete Strom des Gefüllsels ergoss, ertönte um den ganzen Tisch ein freudiges Murmeln, und selbst Tiny Tim, durch die beiden kleinen Cratchits in Feuer gebracht, schlug mit dem Heft seines Messers auf den Tisch und rief ein schwaches Hurra. Nie hatte es so eine Gans gegeben. Bob sagte, er glaube nicht, dass jemals eine solche Gans gebraten worden wäre. Ihre Zartheit und ihr Fett, ihre Größe und ihre Billigkeit waren der Gegenstand allgemeiner Bewunderung.

Mit Hilfe der Apfelsauce und der geschmorten Kartoffeln gab sie ein hinreichendes Mahl für die ganze Familie. Und als Mrs Cratchit einen einzigen kleinen Knochen noch auf der Schüssel liegen sah, sagte sie mit großer Freude, sie hätten doch nicht alles aufgegessen! Aber jeder von ihnen hatte genug, und die kleinen Cratchits waren bis an die Augenbrauen mit Salbei und Zwiebeln eingesalbt. Jetzt wurden die Teller von Miss Belinda gewechselt, und Mrs Cratchit verließ das Zimmer allein, denn sie war zu unruhig, Zeugen dulden zu können, um den Pudding herauszunehmen und hereinzubringen. Wenn er nicht ausgebacken wäre! Wenn er beim Herausnehmen in Stücke zerfiele! Wenn jemand über die Mauer des Hinterhauses geklettert wäre und ihn gestohlen hätte, während sie sich an der Gans erquickten! – ein Gedanke, bei dem die beiden kleinen Cratchits bleich vor Schrecken wurden.

Hallo, eine Wolke Rauch! Der Pudding war aus dem Kessel genommen. Ein Geruch wie an einem Waschtag! Das war die Serviette. Ein Geruch wie in einem Speisehause, mit einem Pastetenbäcker auf der einen und einer Wäscherei auf der andern Seite! Das war der Pudding. In einer halben Minute trat Mrs Cratchit herein, aufgeregt, aber stolz lächelnd und vor sich den Pudding haltend, hart und fest wie eine gefleckte Kanonenkugel, in einem Viertelquart Rum flammend und in der Mitte mit der festlichen Stechpalme geschmückt.

O, welch wunderbarer Pudding! Bob Cratchit erklärte mit ruhiger und sicherer Stimme, er halte das für das größte Kochkunststück, das Mrs Cratchit seit ihrer Heirat geliefert habe. Mrs. Cratchit meinte, jetzt, da die Last von ihrem Herzen sei, wolle sie nur gestehen, dass sie wegen der Menge des Mehls gar sehr in Angst gewesen sei. Jeder hatte darüber etwas zu sagen, aber keiner sagte oder dachte, es sei doch ein zu kleiner Pudding für eine so große Familie. Das wäre offenbare Ketzerei gewesen. Jeder Cratchit würde sich geschämt haben, an so etwas nur zu denken.

Endlich waren sie mit dem Essen fertig, der Tisch war abgedeckt, der Herd gesäubert und das Feuer aufgeschürt. Das Gemisch in der Bowle wurde gekostet und für fertig erklärt, Äpfel und Apfelsinen auf den Tisch gesetzt und ein paar Hände voll Kastanien auf das Feuer geschüttet. Dann setzte sich die ganze Familie Cratchit um den Kamin in einem Kreise, wie es Bob Cratchit nannte, obgleich es eigentlich nur ein Halbkreis war, Bob in der Mitte und neben ihm der Gläservorrat der Familie: zwei Fassgläser und ein Milchkännchen ohne Henkel. Diese Gefäße aber hielten das heiße Gemisch aus der Bowle so gut, als wären es goldene Pokale gewesen, und Bob schenkte mit strahlenden Blicken ein, während die Kastanien auf dem Feuer spuckten und platzten. Dann schlug Bob den Toast vor.

»Uns allen eine fröhliche Weihnacht, meine Lieben! Gott segne uns!«

Die ganze Familie wiederholte den Toast.

»Gott segne jeden von uns!«, sagte Tiny Tim, der Letzte von allen.

Er saß dicht neben dem Vater auf seinem Stühlchen, Bob hielt seine kleine welke Hand in der seinigen, als wenn er das Kind liebe und wünsche, es bei sich zu behalten, und fürchtete, es möge ihm bald genommen werden.

»Geist«, sprach Scrooge mit einer Teilnahmen, wie er sie noch nie empfunden hatte, »sage mir, wird Tiny Tim leben bleiben?«

»Ich sehe einen leeren Stuhl in der Kaminecke«, antwortete der Geist, »und eine Krücke ohne ihren Besitzer sorgfältig aufbewahrt. Wenn die Zukunft diese Schatten nicht ändert, wird das Kind sterben.«

»Nein, nein«, drängte Scrooge. »Ach nein, guter Geist, sage, dass es leben bleiben wird.«

»Wenn die Zukunft diese Schatten nicht verändert«, antwortete er abermals, »wird kein anderes meines Geschlechtes das Kind noch hier

finden. Was tut es auch? Wenn es sterben muss, ist es besser, es tue es gleich und vermindere die überflüssige Bevölkerung.«
Scrooge senkte das Haupt, da er seine eigenen Worte von dem Geist hörte, und fühlte sich überwältigt von Reue und Schmerz.
»Mensch«, sprach der Geist, »wenn du ein menschliches Herz hast und kein steinernes, so hüte dich, so heuchlerisch zu reden, bis du weißt, was und wo dieser Überfluss ist. Willst du entscheiden, welche Menschen leben, welche Menschen sterben sollen? Vielleicht bist du in den Augen des Himmels unwürdiger und unfähiger zu leben als Millionen gleich dieses armen Mannes Kind. O Gott! Solch Gewürme auf einem Blättlein reden zu hören über die Zuviellebenden unter seinen hungrigen Brüdern im Staube!«
Scrooge nahm des Geistes Vorwurf demütig hin und schlug die Augen nieder, aber er blickte schnell wieder in die Höhe, als er seinen Namen hörte.
»Es lebe Mr Scrooge!«, sagte Bob, »Mr Scrooge, der Schöpfer dieses Festes!«
»Der Schöpfer diese Festes, wahrhaftig!«, rief Mrs. Cratchit mit glühendem Gesicht. »Ich wollte, ich hätte ihn hier. Ich wollte ihm ein Stück meiner Meinung zu kosten geben, und ich hoffe, sie würde ihm schmecken.«
»Liebe Frau«, sagte Bob beschwichtigend, »die Kinder! – Es ist Weihnachten.«
»Ich will auf seine Gesundheit trinken, dir und dem Feste zu Gefallen«, sagte Mrs Crachit, »nicht seinetwegen. Möge er lange leben! Ein fröhliches Weihnachten und ein glückliches neues Jahr! – Er wird sehr fröhlich und sehr glücklich sein, das glaub ich.«
Die Kinder tranken auf die Gesundheit nach ihr. Es war das Erste, was

sie an diesem Abend ohne Herzlichkeit und Wärme taten. Tiny Tim trank auf sie zuletzt, aber er gab keinen Pfifferling darum. Scrooge war das Schreckbild der Familie. Die Erwähnung seines Namens warf über alle einen düsteren Schatten, der volle fünf Minuten zum Verschwinden brauchte.

Als er weg war, waren sie zehnmal lustiger als vorher, schon weil sie Scrooge los waren, den Schrecklichen. Bob Cratchit erzählte, dass er eine Stelle für Master Peter in Aussicht habe, die diesem ganze fünf und einen halben Schilling wöchentlich eintragen werde. Die beiden kleinen Cratchits lachten fürchterlich bei dem Gedanken, Peter als Geschäftsmann zu sehen; und Peter selbst blickte gedankenvoll zwischen seinen Halskragen hervor in das Feuer, als überlegte er, in welchen Aktien er wohl am besten seine Ersparnisse anlegen würde, wenn er in Besitz dieser unglaublichen Summe käme. Martha, die bei einer Putzmacherin Gehilfin war, erzählte ihnen, was für Arbeit sie jetzt mache und wie viel Stunden sie in der guten Zeit arbeiten müsse und wie sie morgen früh auszuschlafen gedenke; denn morgen war für sie ein Feiertag. Auch erzählte sie, wie sie vor einigen Tagen eine Gräfin und einen Lord gesehen, und dass der Lord fast so groß wie Peter gewesen sei; bei diesen Worten zupfte Peter seinen Hemdkragen so in die Höhe, dass sein Kopf dazwischen verschwand. Während dieser ganzen Zeit gingen Punsch und reife Kastanien um, und dazwischen sang Tiny Tim mit seiner klagenden Stimme ein Lied von einem Kinde, das sich im Schnee verlaufen: und sang es recht hübsch.

In alle dem war nichts Besonderes. Es waren keine hübschen Gesichter in der Familie: Sie waren nicht schön angezogen, ihre Schuhe waren nichts weniger als wasserdicht, ihre Kleider waren ärmlich, und Peter mochte wohl das Innere eines Pfandleiherladens kennen. Aber sie waren glücklich, voller Dank für ihre bescheidenen Freuden, einig untereinander und zufrieden: Und als ihre Gestalten verblichen und in dem scheidenden Lichte der Fackel des Geistes noch glücklicher aussahen, verweilte Scrooge Auge immer noch auf ihnen und hing vor allem an Tiny Tim.

Es war jetzt ganz dunkel geworden, und es fiel ein starker Schnee; und als Scrooge und der Geist durch die Straßen gingen, leuchtete der Glanz der lodernden Feuer in Küchen, Putzstuben und aller Art Gemächern über alle Maßen wundervoll. Hier zeigte die flackernde Flamme die Vorbereitungen zu einem traulichen Mahl, die heißen Teller, wie sie sich vor dem Feuer durch und durch wärmten, und die dunkelroten Gardinen, bereit, Kälte und Nacht auszuschließen. Dort liefen alle Kinder des Hauses auf die beschneite Straße hinaus, ihren verheirateten Schwestern, Brüdern, Vettern, Basen, Onkeln und Tanten entgegen, um sie zuerst zu begrüßen. Hier zeigten sich an den Fenstern Schatten versammelter Gäste; dort eine Gruppe hübscher Mädchen in Pelzkragen und Pelzstiefeln, alle zugleich redend und mit leichten Schritten in eines Nachbars Haus eilend. Wehe dem Junggesellen, der sie dort eintreten sah! Wenn man nach der Zahl der Leute hätte urteilen wollen, die zu freundschaftlichen Besuchen eilten, hätte man glauben mögen, es sei niemand da, sie zu begrüßen. Aber stattdessen erwartete jedes Haus Gäste, und in jedem Kamin loderte die Flamme.

Wie sich der Geist freute! Wie er seine breite Brust entblößte und seine volle Hand auftat und dahinschwebte, freigebig seine heitere und harmlose Lust über alles in seinem Bereiche ausschüttend! Selbst der Laternenanzünder, der durch die dunklen Straßen rannte, um ihre trüben Nebel mit Flecken Licht zu erhellen, und der bereits angeputzt war, um den Abend irgendwo zuzubringen, lachte laut auf, als er den Geist vorüberschweben fühlte.

Und jetzt, ohne dass der Geist etwas gesagt hätte, standen sie auf einer kahlen, öden Heide, wo ungeheure Felsblöcke umhergestreut waren, als wäre hier eine Begräbnisstätte von Riesen. Und Wasser breitete sich aus, wo es nur Lust hatte – oder würde es getan haben, wenn es der Frost nicht gefangen hielte; und nichts wuchs dort als Moos und Gestrüpp und hartes, spitziges Gras. Tief im Westen hatte die untergehende Sonne einen Streifen glühenden Rotes gelassen, der einen Augenblick auf die öde Steppe niederschaute, wie ein zürnendes Auge, und immer tiefer und tiefer sank, bis er sich im Dunkel der tiefsten Nacht verlor.

»Was ist das für ein Ort?«, fragte Scrooge.

»Ein Ort, wo Bergleute in den Tiefen der Erde arbeiten«, antwortete der Geist. »Aber sie kennen mich. Sieh!«

Ein Licht strahlte aus dem Fenster einer Hütte, und sie schwebten schnell darauf zu. Hier fanden sie eine fröhliche Gesellschaft um ein wärmendes Feuer sitzen: ein alter Mann und eine greise Frau mit ihren Kindern und Enkeln und Urenkeln, alle in festlichen Kleidern. Der Alte sang ein Weihnachtslied mit einer Stimme, die nur selten das Heulen des Windes auf der Einöde übertönte: Es war schon ein sehr altes Lied gewesen, als er noch ein Knabe war, und von Zeit zu Zeit fielen alle im Chore ein. Und stets, wie ihre Stimmen ertönten, wurde der Alte lebendig und laut; und immer wie sie aufhörten, sank seine Kraft wieder.

Der Geist verweilte hier nicht, sondern befahl Scrooge, sich an sein Gewand zu halten. Sie schwebten über die Öde, aber wohin? Doch nicht aufs Meer? Aufs Meer! Zu seinem Schrecken sah Scrooge eine

Reihe grausig steiler Klippen und hinter sich das Land verschwinden, und sein Ohr wurde betäubt von dem Donner der Wogen, wie sie unten in den grausenden Höhlen, die sie genagt hatten, heulten und brüllten und wüteten und mit wildem Grimm die Erde zu unterwühlen trachteten.

Auf einer öden, halb im Wasser versunkenen Klippe, gewiss eine Weile vom Lande entfernt, stand ein einsamer Leuchtturm. Das ganze trostlose Jahr hindurch umschäumten und umtosten ihn die Wogen. Große Haufen von Seekraut umgaben seinen Fuß, und Sturmvögel – man konnte glauben, dass sie vom Winde geboren waren wie das Seekraut von den Wellen –, Sturmvögel hoben und senkten sich um seine Spitze, wie die wogenden Wellen unten.

Aber selbst hier hatten die zwei Turmwächter ein Feuer angezündet, das durch das Guckloch in der dicken, steinernen Mauer einen hellglänzenden Streifen in die nächtliche See hinauswarf. Die harten Hände sich über den Tisch hinreichend, an dem sie saßen, wünschten sie einander fröhliche Weihnachten und stießen mit den Groggläsern darauf an. Und einer der beiden, der Ältere noch dazu, mit einem Gesicht von Sturm und Wetter gebräunt und gefurcht, wie das Galionsbild eines alten Schiffes, stimmte ein mächtiges Lied an, das wie ein Sturmwind erdröhnte.

Immer noch schwebte der Geist über die dunkel wogende See dahin, immer weiter und weiter, bis sie, wie der Geist zu Scrooge sagte, fern von jeder Küste, auf einem Schiffe niedersanken. Sie standen neben dem Steuermann an dem Rade, dem Ausgucker vorn, neben den Offizieren, die gerade die Wache hatten. Wie dunkle gespenstige Gestalten standen diese auf ihrem Posten, aber jeder von ihnen summte ein Weihnachtslied oder hatte einen Weihnachtsgedanken oder sprach leise zu seinem Kameraden von einem früheren Weihnachtsabend und heimatlichen Hoffnungen, die sich daran knüpften. Und jeder Einzelne an Bord, wachend oder schlafend, gut oder schlecht, hatte an diesem Tage ein herzlicheres Wort für seine Kameraden gehabt als an jedem andern Tage des Jahres und ihn wenigstens so einigermaßen gefeiert: und hatte an die gedacht, die sich jetzt in der Ferne seiner erinnerten, und hatte gewusst, dass sie jetzt seiner freundlich gedächten.

Eine große Überraschung war es für Scrooge – während er dem Stöhnen des Windes lauschte und darüber nachdachte, wie schauerlich es doch sei, in der Nacht über einen unbekannten Abgrund, der Geheimnisse barg, so tief wie der Tod, zu segeln –, eine große Überraschung war es für Scrooge, sage ich, plötzlich ein herzliches Lachen zu vernehmen. Noch größer war Scrooges Überraschung, als er darin das Lachen seines eigenen Neffen erkannte und sich in einem hellen, behaglich warmen Zimmer wiederfand, während der Geist an seiner Seite stand und mit beifälligem, mildem Lächeln auf diesen Neffen herabblickte.

»Haha!«, lachte Scrooges Neffe. »Hahaha!«

Wenn jemand durch einen sehr unwahrscheinlichen Zufall einen Menschen weiß, der sich glücklicher fühlt zu lachen als Scrooges Neffe, so kann ich nur sagen, ich möchte ihn auch kennen. Stellt mich ihm vor, und ich werde mit ihm Freundschaft pflegen. Es ist doch eine gerechte und schöne Anordnung, dass, wie Krankheit und Kummer, auch in der ganzen weiten Welt nichts so unwiderstehlich ansteckend ist als Lachen und Fröhlichkeit. Wie Scrooges Neffe lachte und sich den Bauch hielt und mit dem Kopfe wackelte und die allermerkwürdigsten Gesichter schnitt, lachte Scrooges Nichte so herzlich wie er. Und die versammelten Freunde, nicht faul, fielen in den Lachchor ein. »Haha! Haha! Haha!«

»Er sagte, Weihnachten wäre dummes Zeug, so wahr ich lebe«, rief Scrooges Neffe. »Und er glaubt es auch.«

»Die Schande ist um so größer für ihn, Fritz«, sagte Scrooges Nichte entrüstet. Gott segne die Frauen! Sie tun nie etwas halb. Sie sind immer im vollen Ernste.

Sie war hübsch, sehr hübsch. Sie hatte ein liebliches, schelmisches Gesicht, einen frischen kleinen Mund, der zum Küssen gemacht schien – wie er es ohne Zweifel auch war –, alle Arten lieber kleiner Grübchen um das Kinn, die ineinanderflossen, wenn sie lachte, und das sonnenhellste Paar Augen, das je erblickt werden konnte. Ja, sie war reizend, liebenswürdig, bezaubernd.

»Er ist ein komischer alter Herr«, sagte Scrooges Neffe, »das ist wahr; und nicht so angenehm, wie er sein könnte. Doch seine Fehler bestrafen sich selbst, und ich habe keinen Grund, ihn zu tadeln.«

»Er muss doch sehr reich sein, Fritz«, meinte Scrooges Nichte. »Wenigstens sagst du es immer.«

»Was geht das uns an, Liebste!«, sprach Scrooges Neffe. »Sein Reichtum nützt ihm nichts. Er tut nichts Gutes damit. Er macht sich selbst nicht einmal das Leben damit angenehm. Er hat nicht das Vergnügen, zu denken – hahaha –, dass er uns am Ende damit eine Freude machen wird.«

»Ich habe keine Geduld mit ihm«, bemerkte Scrooges Nichte. Die Schwester von Scrooges Nichte und alle die anderen Damen waren derselben Meinung.

»O, ich habe Geduld«, sagte Scrooges Neffe. »Mir tut er leid; ich könnte nicht böse auf ihn werden, selbst wenn ich's versuchte. Wer leidet unter seiner bösen Laune? Er selber allein, sonst niemand. Jetzt hat er sich's in den Kopf gesetzt, uns nicht leiden zu können, und will unsere Einladung zum Mittagessen nicht annehmen. Was ist die Folge davon? Er verliert nicht viel an unserem Essen.«

»Nun, ich meine, er verliert ein sehr gutes Essen«, unterbrach ihn Scrooges Nichte. Die andern sagten dasselbe, und man konnte ihr Urteil darüber nicht bestreiten, weil sie eben zu essen aufgehört hatten und jetzt mit dem Dessert bei Lampenlicht um den Kamin saßen.

»Nun, es freut mich, das zu hören«, sagte Scrooges Neffe, »weil ich kein großes Vertrauen in diese jungen Hausfrauen setze. Was sagen Sie dazu, Topper?«

Ganz klärlich war's, Topper hatte ein Auge auf eine der Schwestern von Scrooges Nichte geworfen, denn er antwortete, ein Hagestolz sei ein unglücklicher, heimatloser Mensch, der kein Recht habe, eine Meinung über diesen Gegenstand auszusprechen: Worte, bei denen die Schwester von Scrooges Nichte – die Runde mit dem Spitzkragen, nicht die mit der Rose im Haar – rot wurde.

»Weiter, weiter, Fritz!«, sagte Scrooges Nichte und klatschte in die Hände. »Nie bringt er zu Ende, was er zu sagen hat – ein komischer Kauz, mein Alfred.«

Scrooges Neffe wiederum brach in lautes Gelächter aus, und weil man dem nicht widerstehen konnte, folgten die anderen allesamt seinem Beispiel.

»Ich wollte vorhin nur sagen«, begann Scrooges Neffe erneut, »dass die Folge seines Missfallens an uns und seiner Weigerung, mit uns fröhlich zu sein, die ist, dass er einige angenehme Augenblicke verliert, die ihm nichts schaden würden. Gewiss verliert er angenehmere Unterhaltung, als ihm seine eigenen Gedanken in seinem dumpfigen alten Kontor oder in seiner Wohnung bereiten. Ich denke ihm jedes Jahr die Gelegenheit dazu zu geben, mag es ihm nun gefallen oder nicht, denn er dauert mich. Er mag auf Weihnachten schimpfen, bis er stirbt, aber er muss doch endlich besser davon denken, wenn er mich jedes Jahr in guter Laune zu ihm kommen sieht, mit den Worten: Onkel Scrooge, wie befinden Sie sich? – Wenn es ihm nur den Gedanken einflößt, seinem armen Handlungsdiener fünfzig Pfund zu hinterlassen, so ist das doch wenigstens etwas: und ich glaube, ich packte ihn gestern.«

Jetzt war an ihnen die Reihe zu lachen bei dem Gedanken, dass er Scrooge gepackt hätte. Aber da er durch und durch gutmütig war und sich nicht viel darum kümmerte, worüber sie lachten, wenn sie überhaupt lachten, so stimmte er in ihre Fröhlichkeit mit ein und ließ die Flasche wacker herumgehen.

Nach dem Tee kam Musik an die Reihe. Denn es war eine musikalische Familie, und sie wussten, was sie taten, wenn sie eine Glee oder Catch sangen, darauf könnt ihr euch verlassen, namentlich Tropper, der den Bass nach Noten brummen konnte, ohne dass die großen Adern auf der Stirn anschwollen oder sich sein Gesicht rötete. Scrooges Nichte spielte die Harfe recht gut und spielte unter anderen Stücken auch ein kleines Liedchen (ein bloßes Nichts, ihr hättet es in zwei Minuten pfeifen gelernt), das jenes Kind oft gesungen hatte, von dem Scrooge aus der Schule geholt worden war, wie ihm der Geist der vergangenen Weihnachten gezeigt hatte. Als Scrooge dies Liedchen hörte, trat alles, was ihm der Geist gezeigt hatte, abermals vor seine Seele: Er wurde weicher und weicher und dachte, wenn er es vor Jahren hätte oft hören können, so hätte er die gemütlichen Seiten des Lebens genießen können, ohne erst zu Marleys Geist seine Zuflucht um Belehrung nehmen zu müssen.

Aber sie widmeten nicht den ganzen Abend der Musik. Nach einer Weile fingen sie Pfänderspiele an, denn es ist gut, zuweilen Kind zu sein, und vorzüglich zu Weihnachten, wo der Urheber dieses Festes selbst ein Kind war. Doch halt, erst spielten sie noch Blindekuh. Und ich glaube ebenso wenig, dass Topper wirklich blind war, als ich glaube, er hätte Augen in seinen Stiefeln gehabt. Ich vermute, die Sache war zwischen ihm und Scrooges Neffen abgekartet und der Geist der heurigen Weihnachten wusste es wohl! Die Art, wie er die runde Schwester in dem Spitzenkragen verfolgte, war eine Beleidigung aller menschlichen Leichtgläubigkeit. Wo sie ging, ging auch er, die Feuereisen umstoßend, über Stühle stolpernd, an das Piano anrennend, sich in den Gardinen verwickelnd. Immer wusste er, wo die runde Schwester war. Wenn jemand gegen ihn gefallen wäre, wie es einige machten, oder sich vor ihn hingestellt hätten, würde er getan haben, als bemühe er sich, ihn zu ergreifen, wäre aber augenblicklich umgekehrt, der runden Schwester nach. Sie rief oft, das sei nicht ehrlich, und das war es auch in der Tat nicht. Aber endlich hatte er sie gefunden, und ungeachtet ihres Sträubens zwängte er sie in eine Ecke, aus der keine Flucht möglich war; und da wurde seine Aufführung ganz abscheulich. Denn sein Vorgehen, er kenne sie nicht, er müsse erst ihren Kopfputz anfassen und, um sie zu erkennen, einen gewissen Ring auf ihrem Finger und eine gewisse Kette um ihren Hals befühlen, war ganz, ganz abscheulich! Und gewiss sagte sie ihm auch tüchtig ihre Meinung darüber, denn als ein anderer Blinder an der Reihe war, tuschelten sie hinter der Gardine sehr vertraut miteinander.

Scrooges Nichte nahm nicht Teil an dem Blindekuhspiele, sondern saß gemütlich in einer traulichen Ecke in einem Lehnstuhle mit einem Fußbänkchen davor, und der Geist und Scrooge standen dicht hinter ihr. Aber bei den Pfänderspielen tat sie mit und liebte ihre Liebe mit allen Buchstaben des Alphabets zur allgemeinen Verwunderung. Auch in dem Spiele: Wie, Wo und Warum, war sie sehr tüchtig und stellte zur geheimen Freude von Scrooges Neffen ihre Schwestern gar sehr in den Schatten, obgleich sie auch ganz gescheite Mädchen waren, wie es uns Topper hätte versichern können. Es mochten ungefähr zwanzig Personen da sein, junge und alte, aber sie spielten alle, und auch Scrooge spielt mit; denn in seiner Teilnahme an den Vorgängen ganz vergessend, dass ihnen seine Stimme nicht hörbar war, gab er oft seine Antwort auf die Frage ganz laut und riet auch oft ganz richtig.

Dem Geist gefiel es sehr gut, ihn in dieser Laune zu sehen, und er blickte ihn so freundlich an, dass ihn Scrooge wie ein Knabe bat, noch warten zu dürfen, bis die Gäste fortgingen. Aber der Geist sagte, dies könne nicht geschehen.

»Es fängt ein neues Spiel an«, sagte Scrooge. »Nur eine einzige halbe Stunde, Geist.«

Es war ein Spiel, das man Ja und Nein nennt, bei dem Scrooges Neffe sich etwas denken und die andern erraten mussten, was. Auf ihre Fragen durfte er nur mit Ja oder Nein zu antworten. Die schnell aufeinanderfolgenden Fragen, die ihm vorgelegt wurden, ergaben denn endlich, dass er sich ein Tier gedacht hatte: ein lebendiges Tier, ein hässliches Tier, ein wildes Tier, ein Tier, das zuweilen brumme und zuweilen spreche und sich in London aufhalte und in den Straßen herumlaufe und nicht für Geld gezeigt und nicht herumgeführt werde und nicht in einer Menagerie sei und nicht geschlachtet werde, und weder ein Pferd, noch ein Esel, noch eine Kuh, noch ein Ochs, noch ein Tiger, noch ein Hund, noch ein Schwein, noch eine Katze noch ein Bär sei. Bei jeder neuen Frage, die ihm gestellt wurde, brach Scrooges Neffe erneut in ein Gelächter aus und konnte gar nicht wieder herauskommen, sodass er vom Sofa aufstehen und mit den Füßen stampfen musste.

Endlich rief die runde Schwester mit einem ebenso unauslöschlichen Gelächter: »Ich habe es, Fritz, ich weiß, ich weiß es.«

»Was ist es?«, rief Fritz.

»Es ist Onkel Scrooge.«

Und der war es auch. Verwunderung war das allgemeine Gefühl, obgleich einige meinten, die Frage: »Ist es ein Bär?« Hätte mit Ja beantwortet werden müssen, denn eine verneinende Antwort sei schon hinreichend gewesen, ihre Gedanken von Scrooge abzubringen, selbst wenn sie auf dem Wege zu ihm gewesen wären.

»Nun, er hat uns Freude genug gemacht«, sagte Fritz, »und so wäre es undankbar, nicht auf seine Gesundheit zu trinken. Hier ist ein Glas Glühwein dazu bereit. Es lebe Onkel Scrooge!«

»Es lebe Onkel Scrooge!«, stimmten alle ein.

»Fröhliche Weihnachten und ein glückliches Neujahr dem Alten, sei er, wie er wolle!«, sagte Scrooges Neffe. »Er wollte meinen Wunsch nicht annehmen, aber er soll ihn dennoch haben.«

Dem Onkel Scrooge war es unmerklich so fröhlich und leicht zu Sinnen geworden, dass er der von seiner Gegenwart nichts ahnenden Gesellschaft ihren Toast erwidert und mit einer unhörbaren Rede gedankt haben würde, wenn ihm der Geist Zeit dazu gelassen hätte. Aber alles verschwand in dem Hauche von dem letzten Worte des Neffen, und Scrooge und der Geist waren schon wieder unterwegs.

Sie gingen weit und sahen viel und besuchten manchen Herd, aber immer spendeten sie Glück. Der Geist stand neben Kranken, und sie wurden heiter und hoffend: neben Wanderern in fernen Ländern, und sie träumten von der Heimat: neben solchen, die mit dem Leben rangen, und sie harrten geduldig aus: neben Armen, und sie wurden reich. Im Armenhause und im Lazarett, im Kerker und in jedem Zufluchtsort des Elends, wo der Mensch in seiner kurzen ärmlichen Herrschaft dem Geiste die Tür verschlossen hatte, spendete er seinen Segen und lehrte Scrooge seine Weise.

Es war eine lange Nacht, wenn es nur eine Nacht war; aber Scrooge zweifelte daran, denn die Weihnachtsfeiertage schienen in die Zeit, in der sie miteinander verrannen, zusammengedrängt zu sein. Es war auch sonderbar, dass der Geist offenbar älter wurde, während Scrooge äußerlich ganz unverändert blieb. Scrooge hatte diese Veränderung zwar bemerkt, sprach aber nie davon, bis sie von einer Kinderweihnachtsgesellschaft weggingen, wo er bemerkte, dass des Geistes Haar schnell grau geworden war.

»Ist das Leben der Geister so kurz?«, fragte Scrooge.

»Mein Leben ist sehr kurz auf dieser Erde«, sagte der Geist, »es endet noch in dieser Nacht.«

»In dieser Nacht noch!«, rief Scrooge. »Heute um Mitternacht. Horch, die Zeit nahet schon.«

Die Glocke schlug drei Viertel auf zwölf.

»Vergib mir, wenn ich nicht recht tue zu fragen«, sagte jetzt Scrooge, scharf auf des Geistes Gewand blickend, »aber ich sehe etwas Seltsames unter deinem Mantel hervorblicken, was nicht zu dir zu gehören scheint. Ist es ein Fuß oder eine Klaue?«

»Nach dem wenigen Fleisch, was darauf sitzt, könnte es schon eine Klaue sein«, gab der Geist traurig zur Antwort und fuhr fort: »Sieh hier.«

Aus den weiten Falten seines Gewandes hervor erschienen jetzt zwei Kinder, elend, abgemagert, hässlich und mitleiderregend. Sie knieten vor dem Greise nieder und hielten sich festgeklammert an dem Saum seines Gewandes.

»O Mensch, sieh hier«, rief der Geist. »Sieh hier, sieh hier!«

Es waren ein Knabe und ein Mädchen. Fahlen Gesichtes, elend, zerlumpt und mit wildem, tückischem Blicke; aber doch auch ängstlich und gedrückt in ihrer Demut. Wo die Schönheit die Jugend ihre Züge hätte durchleuchten und mit ihren frischesten Farben kleiden sollen, hatte sie eine runzlige, abgelebte Hand, gleich der des Alters, berührt und versehrt. Wo Engel hätten thronen können, lauerten Teufel mit grimmigem, drohendem Blick. Keine Veränderung, keine Entwürdigung der Menschheit in allen Geheimnissen der Schöpfung hat so schreckliche und so grauenerregende Ungeheuer aufzuweisen.

Entsetzt fuhr Scrooge zurück. Da sie ihm der Geist auf solche Weise gezeigt hatte, versuchte er zu sagen, es wären schöne Kinder, aber die Worte erstickten ihm von selber, um nicht teilzuhaben an einer so ungeheuren Lüge.

»Geist, sind das deine Kinder?« Weiter konnte Scrooge nichts sagen.

»Es sind des Menschen Kinder«, erwiderte der Geist, auf sie herabschauend. »Und sie hängen sich an mich, vor mir ihre Väter anklagend. Dieses Mädchen ist die Unwissenheit. Dieser Knabe ist der Mangel. Schau sie beide wohl an, und vor allem diesen Knaben; denn auf seiner Stirn sehe ich geschrieben, was Verhängnis ist, wenn die Schrift nicht verlöscht wird. Leugnet es«, rief der Geist, seine Hand nach der Stadt ausstreckend. »Verleumdet alle, die es euch sagen! Gebt es zu um Eurer Parteizwecke willen und macht es noch schlimmer! Und erwartet das Ende!«

»Haben sie keine Stütze, keinen Zufluchtsort?«, rief Scrooge.

»Gibt es keine Gefängnisse?«, sagte der Geist, das letzte Mal die eigenen Worte von Scrooge gegen ihn gebrauchend. »Gibt es keine Armenhäuser?«

Die Glocke schlug zwölf. Scrooge sah sich um nach dem Geiste, aber er war verschwunden. Als der letzte Schlag verklungen war, erinnerte er sich an die Vorhersagung des alten Jakob Marley und sah, die Augen erhebend, ein grauenerregendes, tief verhülltes Gespenst auf sich zukommen, wie ein Nebel auf dem Boden dahinzurollen pflegt.

Viertes Kapitel: Der letzte der drei Geister

Die Erscheinung kam langsam, feierlich, schweigend auf ihn zu. Als sie herangekommen war, fiel Scrooge auf die Knie nieder, denn selbst die Luft, durch die sich der Geist bewegte, schien geheimnisvolles Grauen um sich zu verbreiten.

Die Erscheinung war verhüllt in einem schwarzen, weiten Mantel, der nichts von ihr sehen ließ, als eine ausgestreckte Hand. Wenn diese nicht gewesen wäre, würde es einem schwer angekommen sein, die Gestalt von der Nacht zu trennen, die sie umgab! Als sie neben ihm stand, fühlte er, dass sie groß und stattlich wäre und dass ihn ihre geheimnisvolle Gegenwart mit einem feierlichen Grauen erfüllte. Er wusste weiter nichts, denn der Geist sprach und bewegte sich nicht.

»Ich stehe vor dem Geist der zukünftigen Weihnachten?«, fragte Scrooge.

Der Geist antwortete nicht, sondern wies mit der Hand zur Erde hinab.

»Du willst mir die Schatten der Dinge zeigen, die noch nicht geschehen sind, aber noch geschehen werden?«, fuhr Scrooge fort. »Willst du das, Geist?«

Der obere Teil der Verhüllung bauschte sich auf einen Augenblick in

Falten, als ob der Geist sein Haupt neige; dies war die einzige Antwort, die Scrooge erhielt.

Obgleich schon so ziemlich an gespenstische Gesellschaft gewöhnt, bangte Scrooge vor der stummen Erscheinung doch so sehr, dass seine Knie wankten und er kaum noch stehen konnte, als er sich ihr zu folgen bereit machte. Der Geist stand für einen Augenblick still, als bemerkte er die Furcht seines Begleiters und als wolle er ihm Zeit lassen, sich zu erholen.

Aber Scrooge befand sich dadurch noch schlechter. Ein fremdes, unbestimmtes Grausen durchbebte ihn bei dem Gedanken, dass sich hinter diesem schwarzen Schleier gespenstische Augen fest auf ihn heften könnten, während er, obgleich er seine Augen aufs Äußerste anstrengte, doch nichts sehen konnte als die gespenstische Hand und eine große, schwarze Faltenmasse.

»Geist der Zukunft, ich fürchte dich mehr als die Geister, die ich schon gesehen habe. Aber da ich weiß, dass es dein Zweck ist, mir Gutes zu tun, und da ich noch zu leben hoffe, um ein anderer Mensch zu werden, als ich bisher war, bin ich willens, dich zu begleiten und tue es mit einem dankerfüllten Herzen. – Willst du nicht zu mir sprechen?«

Die Gestalt gab ihm keine Antwort. Die Hand wies gerade vor ihm hin in die Ferne.

»Führe mich«, bat Scrooge. »Führe mich, die Nacht schwindet schnell, und die Zeit ist für mich kostbar. Führe mich, Geist.«

Die Erscheinung bewegte sich ebenso von ihm weg, wie sie auf ihn zugekommen war. Scrooge folgte dem Schatten ihres Gewandes, der ihn aufhob und von dannen trug. Kaum war es, als ob sie in die City träten; denn die City schien rings um sie her mehr in die Höhe zu wachsen und sie zu umdrängen. Aber sie waren doch mitten in ihrem Herzen, auf der Börse unter den Kaufleuten, die geschäftig hin und her eilten, mit dem Gelde in ihren Taschen klimperten, in Gruppen miteinander sprachen, nach der Uhr sahen und gedankenvoll mit den großen, goldenen Petschaften an den Uhrketten spielten, wie Scrooge es schon so oft gesehen hatte.

Der Geist blieb bei einer Gruppe von Kaufleuten stehen, und Scrooge sah, dass die Hand der Erscheinung darauf hinwies; daher näherte er sich ihnen, um ihr Gespräch zu belauschen.

»Nein, ich weiß nicht viel davon zu sagen«, sagte ein großer fetter Mann mit einem ungeheuren Unterkinn. »Ich weiß nur, dass er tot ist.«

»Wann starb er denn?«, fragte ein anderer.

»Vorige Nacht, glaub ich.«

»Mein Gott, was ist denn dem eingefallen?«, mischt sich ein Dritter ein, der dabei eine große Prise aus einer sehr großen Dose nahm. »Ich glaubte, der würde nie sterben.«

»Weiß Gott, wie es zugeht«, sagte der Erste und gähnte. »Was hat er mit seinem Gelde angefangen?«, fragte ein Herr mit einem roten Gesicht und einem Auswuchs an der Nasenspitze, der wie der Lappen eines Truthahns wackelte.

»Ich habe nichts davon gehört«, sagte der Mann mit dem fetten Unterkinn und gähnte abermals. »Hat es wahrscheinlich seiner Gilde hinterlassen. Mir hat er's nicht vermacht. Das weiß ich.« Dieser reizende Scherz wurde mit einem allgemeinen Gelächter begrüßt.

»Es wird wohl ein sehr billiges Begräbnis werden«, fuhr der Dicke mit dem Unterkinn fort, »denn so wahr ich lebe, ich kenn niemanden, der mitgehen sollte. Wenn wir nun zusammenträten und freiwillig mitgingen?«

»Ich tue mit, wenn für ein Lunch gesorgt wird«, bemerkte der Herr

mit dem Truthahnlappen an der Nasenspitze. »Aber ich muss traktiert werden, wenn ich dabei sein soll.« Ein neues Gelächter.
»Nun, da bin ich doch wohl der Uneigennützigste von euch«, meinte der erste Sprecher, »denn ich trage nie schwarze Handschuhe und esse nie Lunch. Aber ich gehe mit, wenn sich noch andere finden. Wenn ich mir's recht überlege, war ich am Ende sein vertrautester Freund; denn wir blieben stehen und sagten einander, wenn wir uns auf der Straße trafen: Guten Morgen, guten Morgen!«
Sprecher und Zuhörer gingen fort und mischten sich unter andere Gruppen. Scrooge kannte die Leute und sah den Geist mit einem fragenden Blicke an. Die Erscheinung schwebte weiter hinaus auf die Straße. Ihre Hand wies auf zwei sich begegnende Personen. Wieder hörte Scrooge zu, in der Hoffnung, jetzt die Erklärung zu finden. Denn er kannte auch diese Leute gut. Es waren Kaufleute, sehr reich und von großem Ansehen. Er hatte sich immer bestrebt, in ihrer Achtung zu bleiben, das heißt in Geschäftssachen, rein in Gechäftssachen.
»Wie geht's«, sagte der eine.
»Wie geht's Ihnen?«, der andere.
»Gut«, erwiderte der Erste. »Der alte Knauser ist endlich tot, wissen Sie es schon?«
»Ich hörte es«, antwortete der Zweite. »Es ist kalt heute, nicht wahr?«
»Wie sich's zu Weihnachten schickt. Sie sind wohl kein Schlittschuhläufer?«
»Nein, nein. Habe an andere Sachen zu denken. Guten Morgen!«
Kein Wort weiter. So trafen sie sich, so trennten sie sich. Scrooge war erst zu Staunen geneigt, dass der Geist auf anscheinend so unbedeutende Gespräche ein Gewicht zu legen schien; aber sein Gefühl sagte ihm, dass sie eine verborgene Bedeutung haben müssten, und er zer-

brach sich den Kopf, welcher Art diese sein möge. Die Gespräche konnten sich nicht auf den Tod Jakobs, seines alten Kompagnons, beziehen, denn der gehörte der Vergangenheit an, und sein Führer war doch der Geist der Zukunft. Auch konnte er sich niemanden von den ihn näher Angehenden vorstellen, auf den er sie hätte beziehen können. Aber in der Gewissheit, dass für ihn doch eine wichtige Lehre darin liege, auf wen sie sich auch beziehen möchten beschloss er, jedes Wort, das er hörte, und jede Szene, die er sah, treu in seinem Herzen aufzubewahren, und vorzüglich seinen Schatten zu beobachten, wenn er erschien. Denn er erwartete von dem Benehmen seines zukünftigen Selbst die noch fehlende Aufklärung und die Lösung der Rätsel, die ihm jetzt so schwierig vorkamen.

Schon auf der Börse hatte er sich nach seinem Selbst umgesehen; aber ein anderer stand in seiner gewohnten Ecke, und obgleich die Uhr die Stunde zeigte, wo er gewöhnlich dort war, bemerkte er sich auch nicht unter den Scharen, die sich durch den Eingang drängten. Das überraschte ihn aber weniger, da er schon lange daran gedacht hatte, sein Geschäft aufzugeben; und nun glaubte und hoffte er, in dieser Erscheinung schon die einstige Verwirklichung seines Planes zu erblicken.

Regungslos und schwarz stand neben ihm das Gespenst mit seiner starr ausgestreckten Hand. Als er wieder von seiner nachdenklichen Stellung aufblickte, glaubte er (nach der Richtung der Hand zu urteilen), dass sich die unsichtbaren Augen fest auf ihn hefteten. Bei diesem Gedanken überlief ihn ein kalter Schauer. Sie verließen darauf die geschäftige Umgebung und gingen in einen abgelegenen Teil der Stadt, wo Scrooge nie vorher gewesen war, dessen Lage und schlechten Ruf er aber kannte. Die Straßen waren schmutzig, eng und krumm, die Läden und Häuser ärmlich, die Menschen halb nackt, betrunken, barfuß, hässlich. Gässchen und Torwege strömten, wie ebenso viele Kloaken, abscheuerregende Gerüche und Schmutz und Menschen in die Straßen, und das ganze Viertel schien erfüllt von Verbrechen, von Unrat und von Elend.

In einem dieser tristen Winkel dieses Zufluchtsortes der Sünde und des Verbrechens befand sich ein niedriger, dunkler Laden unter einem Wetterdache, in dem Eisen, Lumpen, Flaschen, Knochen und Fleischabfälle verkauft wurden. Auf dem Fußboden lag ein Haufen verrosteter Schlüssel, Nägel, Ketten, Türangeln, Feilen, Wagen, Gewichte und altes Eisen aller Art. Geheimnisse, nach deren Enträtselung wenige verlangen würden, entstanden und verbargen sich in Bergen widriger Lumpen, unter Massen verdorbenen Fettes und ganzen Beinhäusern von Knochen. Mitten unter seinen Waren saß neben einem aus alten Kacheln zusammengesetzten Ofen ein grauhaariger, fast siebzigjähriger Schelm, der sich von der Kälte draußen durch einen bauschigen Vorhang von allerlei, auf eine Leine gehängten Lumpen geschützt hatte und seine Pfeife im Vollgenusse des Behagens rauchte.

Scrooge und die Erscheinung traten neben diesen Mann, als eine Frau mit einem schweren Bündel in den Laden schlich. Aber kaum war sie eingetreten, als ihr eine zweite Frau, auch mit einem Bündel, nachkam; und dieser folgte dicht auf den Fersen ein Mann in einem alten, schwarzen, abgetragenen Anzuge, der nicht weniger von ihrem Anblick erschrak, als sie voreinander erschrocken waren. Nach einigen Augenblicken wortlosen Staunens, an dem sich auch der Alte mit der Pfeife beteiligt hatte, brachen sie alle drei in ein lautes Gelächter aus.

»Sag mir einer, die Leichenwäscherin würde die Erste sein«, sagte die zuerst Eingetretene. »Sag mir einer, die Wärterin würde die Zweite sein; und nenne mir einer des Leichenbesorgers Gehilfen den Dritten!

Schau, alter Joe, wie das klappt! Sage, ob wir uns nicht alle drei hier getroffen haben, ohne dass wir's wollten.«

»Ihr hättet euch an keinem besseren Orte treffen können«, sagte der alte Joe, die Pfeife aus dem Mund nehmend. »Kommt in das gute Zimmer. Ihr habt schon lange das Bürgerrecht dort, das wisst ihr ja, und die andern zwei sind dort auch keine Fremden. Wartet, bis ich die Ladentür zugemacht habe. O, wie sie knarrt! Ich glaube, es gibt kein so rostiges Stück Eisen in dem ganzen Laden, als die Türangeln; und ich weiß, es gibt keine so alten Knochen hier wie meine. Haha, wir passen alle zu unserm Geschäft. Kommt ins gute Zimmer!«

Das gute Zimmer war der Raum hinter dem Lumpenvorhange. Der Alte setzte das Feuer mit einem alten Rouleaustabe zusammen, schob den Docht seiner qualmigen Lampe, denn es war Abend, mit dem Stiele seiner Pfeife in die Höhe und steckte diese dann wieder in den Mund.

Während er damit beschäftigt war, warf die zuerst eingetretene Frau ihr Bündel auf den Boden und setzte sich mit kokettierender Frechheit auf einen Stuhl; dann legte sie die Hände auf die Knie und sah die beiden andern mit herausfordernden Trotz an.

»Nun, was gibt's da für einen Unterschied, Mrs Dilber? Jeder hat das Recht, für sich zu sorgen. Und er tat es immer.«

»Das ist wahr«, sagte die Wärterin. »Keiner tat es eifriger.«

»Na, warum gafft ihr euch da einander an, als hättet ihr Bange? Wer ist der Schlauere? Wir wollen doch nicht einander die Augen aushacken, denk' ich.«

»Nein, gewiss nicht«, sagten Mrs Dilber und der Mann wie aus einem Munde. »Wir wollen es nicht hoffen.«

»Na, gut«, rief die Frau, »das ist genug! Wem schadet's, wenn wir so ein paar Sachen mitnehmen, wie die hier? Einer Leiche gewiss nicht.«

»Nein, gewiss nicht«, lachte Mrs Dilber.

»Wenn er sie noch nach dem Tode behalten wollte, wie ein alter Geizhals«, fuhr die Frau fort, »warum war er nicht besser während seines Lebens? Wäre er's gewesen, dann würde auch jemand um ihn gewesen sein, als er starb, statt dass er mutterseelenallein seinen letzten Atem fahren lassen musste.«

»Es ist das wahrste Wort, das je gesprochen wurde«, bestätigte Mrs Dilber. »Es ist ein Gottesgericht.«

»Ich wollte, es wäre etwas schwerer ausgefallen«, meinte die Frau, »und das wär's auch, verlasst euch darauf, wenn ich hätte mehr bekommen können. Mach das Bündel auf, Joe, und sag mir, was es wert ist. Sprich dreist heraus. Ich fürchte mich nicht, die Erste zu sein, noch es die hier sehen zu lassen. Wir wussten ganz gut, dass wir für uns sorgten, ehe wir uns hier trafen. Das ist keine Sünde. Mach das Bündel auf, Joe.«

Aber die Galanterie ihrer Freunde wollte das nicht erlauben; und der Mann in dem abgetragenen schwarzen Rock brachte seine Beute zuerst. Es war nicht viel los damit: ein oder zwei Petschafte, ein silberner Bleistift, ein Paar Hemdknöpfe und eine Brosche von geringem Wert: Das war alles. Die Gegenstände wurden von dem alten Joe untersucht und abgeschätzt, worauf er die Summe, die er für das einzelne bezahlen wollte, an die Wand schrieb und zusammenrechnete, als er fand, dass nichts mehr dazukam.

»Das ist eure Rechnung«, sagte Joe, »und ich gebe keinen Sixpence mehr und sollte ich in Stücke gehauen werden. Wer kommt jetzt?«

Mrs Dilber war die Nächste. Sie hatte Bett- und Handtücher, einige Kleidungsstücke, zwei altmodische silberne Teelöffel, eine Zuckerzange und einige Paar Stiefel. Ihre Rechnung wurde von Joe auf dieselbe Weise an die Wand geschrieben.

»Damen gebe ich immer zu viel. Es ist meine Schwäche, und ich richte mich damit zugrunde«, greinte der alte Joe. »Hier ist Eure Rechnung. Wenn ihr einen Pfennig mehr dafür haben wolltet, und Ihr ließet es darauf ankommen, so täte es mir leid, so nobel gewesen zu sein, und ich ziehe Euch eine halbe Krone ab.«

»Und nun mach mein Bündel auf, Joe«, drängte die Erste. Joe kniete nieder, um bequemer das Bündel öffnen zu können, und nachdem er viele, viele Knoten aufgemacht hatte, zog er eine große schwere Rolle von einem dunklen Stoffe heraus.

»Was ist das?«, staunte Joe. »Bettgardinen!«

»Ach«, rief das Weib lachend und sich vorbeugend. »Bettgardinen!«

»Ihr wollt doch nicht sagen, Ihr hättet sie heruntergenommen, wie er dort lag?«, sagte Joe.

»Ich, freilich«, sagte das Weib. »Warum auch nicht?«

»Ihr seid geboren, Euer Glück zu machen, und Ihr werdet's auch.«

»Ich werde doch wahrhaftig meine Hand nicht leer einstecken, wenn ich sie nur auszustrecken brauche, um was zu kriegen, um so eines Mannes willen, wie der war. Wahrhaftig nicht, Joe«, antwortete das Weib ruhig. »Lasst kein Öl auf die Bettdecke fallen.«

»Seine Bettdecke?«, fragte Joe.

»Von wem soll sie denn sonst sein?«, entgegnete das Weib. »Er wird auch ohne die nicht frieren, das behaupte ich.«

»Er starb doch nicht etwa an etwas Ansteckendem?«, fragte der alte Joe bedenklich, seine Beschäftigung unterbrechend und sie anblickend.

»Das braucht ihr nicht zu befürchten«, antwortete die Frau. »Ich hatte ihn nicht so lieb, dass ich dann bei ihm geblieben wäre um solcher Lumpen willen. Ha, Ihr könnt durch das Hemd gucken, bis Euch Eure Augen wehe tun: Ihr findet kein Loch darin und keine dünne Stelle. Es ist das Beste, was er hatte, und fein ist's auch. Sie hätten's verdorben, wenn ich nicht gewesen wäre.«

»Was wollt Ihr mit dem Verderben sagen?«, fragte der alte Joe.
»Nun, ihm das Hemd in das Grab mitgeben, was sonst?«, erwiderte die Frau lachend. »Es war da einer dumm genug, es ihm anzuziehen, aber ich zog's ihm wieder aus. Wenn Kattun zu so etwas nicht gut genug ist, weiß ich nicht, zu was er sonst gut wäre. Er steht einer Leiche ebenso gut. Er kann nicht hässlicher aussehen, als er in dem aussah.«
Scrooge hörte das Gespräch mit Grausen an. Wie sie da um ihren Raub herum in dem kärglichen Lampenlicht des Alten saßen, betrachtete er sie mit einem Ekel und einem Abscheu, der nicht größer hätte sein können, wenn es scheußliche Dämonen gewesen wären, die um die Leiche selbst feilschten.
»Haha!«, lachte dieselbe Frau, als der alte Joe, einen alten flanellnen Geldbeutel herauslangte und jedem den Preis des Raubes auf den Fußboden hinzählte. »Das ist das Ende von der Geschichte, seht Ihr! Er scheuchte jeden von sich, solange er lebte, um uns zu nützen, da er tot ist! Hahaha!«
»Geist«, sagte Scrooge, vom Fuß bis zum Scheitel zitternd. »Ich verstehe dich. Das Los dieses Unglücklichen könnte das meinige sein. Mein Leben geht jetzt auf dieses Ziel zu. Gnädiger Himmel, was ist das?«
Er fuhr entsetzt zurück, denn die Szene hatte sich verändert, und er stand dicht vor einem Bett, einem einsamen, unverhängten Bett, in dem unter einer groben Decke etwas Verhülltes lag, was in seiner grausenerregenden Stummheit nur ein Toter sein konnte.
Das Zimmer war sehr finster, zu finster, um etwas sicher erkennen zu können, obgleich sich Scrooge, einem geheimen Gefühle folgend, voll Begier umsah, um zu wissen, was für ein Zimmer es sei. Ein bleiches Licht, das von draußen einströmte, fiel gerade auf das Bett: und auf

diesem, geplündert und beraubt, unbewacht und unbeweint, lag die Leiche eines Mannes.

Scrooge blickte die Erscheinung an. Ihre regungslose Hand wies auf das Haupt des Leichnams. Die Decke war so sorglos zurechtgelegt, dass das geringste Verschieben, die leiseste Berührung von Scrooges Fingern das Antlitz enthüllt hätten. Er dachte daran, empfand, wie leicht es geschehen könnte, und sehnte sich, es zu tun; aber er hatte nicht größere Kraft, die Hülle wegzuziehen, als den Geist von seiner Seite zu entlassen.

O, kalter, starrer, schrecklicher Tod, hier richte deinen Altar auf und umgib ihn mit den Schrecken, über die du verfügst, denn dies ist dein Reich! Aber dem geliebten und verehrten Haupt kannst du kein Haar krümmen, von ihm kannst du keinen Zug widerlich machen. Nicht weil die Hand schwer ist und herabsinkt, wenn man sie fallen lässt, nicht weil das Herz und der Puls schweigen; sondern weil die Hand offen war und warm und gut und der Puls ein menschlicher. Töte, Schatten, töte! Und sieh, wie seine guten Taten aus der Todeswunde hervorströmen, um in der Welt ein unsterbliches Leben zu gewahren!

Es war nicht etwa eine Stimme, die diese Worte in Scrooges Ohren flüsterte, aber doch hörte er sie, wie er auf das Bett starrte. Er dachte, wenn dieser Mann jetzt wieder erweckt werden könnte, was würde wohl sein erster Gedanke sein? Nur Geiz, Hartherzigkeit, habgierige Sorge. – Ein schönes Ziel haben sie ihm bereitet!

Er lag in dem düstern leeren Hause, und kein Mann, kein Weib, kein Kind war da, um zu sagen: Er war gütig gegen mich in dem und in jenem, und dieses einen gütigen Wortes gedenkend will ich seiner warten. Eine Katze kratzte an der Tür, und die Ratten nagten und raschelten unter dem Kamin. Was sie in dem Gemach des Todes wollten und warum sie so unruhig waren, wagte Scrooge nicht auszudenken.

»Geist«, sagte er, »dies ist ein schrecklicher Ort. Wenn ich ihn verlasse, werde ich nicht seine Lehre vergessen, glaube mir. Lass uns gehen.«

Immer noch wies der Geist mit reglosem Finger auf das Haupt der Leiche.

»Ich verstehe dich«, antwortete Scrooge, »und ich täte es, wenn ich könnte. Aber ich habe die Kraft nicht dazu, Geist. Ich habe die Kraft nicht dazu.«

Wieder schien ihn der Geist anzublicken.

»Wenn irgendjemand in der Stadt ist, der bei dieses Mannes Tod etwas fühlt«, bat Scrooge ganz erschüttert, »so zeige mir ihn, Geist, ich flehe dich darum an.«

Die Erscheinung breitete ihren dunklen Mantel einen Augenblick vor ihm aus wie einen Fittich; und wie sie ihn wieder wegzog, sah er ein taghelles Zimmer, in dem sich eine Mutter mit ihren Kindern befand. Sie wartete auf jemandes Kommen in ängstlicher Hoffnung, denn sie ging im Zimmer auf und ab, erschrak bei jedem Geräusch, sah zum Fenster hinaus, blickte nach der Uhr, versuchte umsonst, sich etwas zu schaffen zu machen, und konnte kaum die Stimme der spielenden Kinder ertragen. Endlich vernahm sie das lang ersehnte Klopfen an der Haustür, und als sie hinausgehen wollte, begegnete sie ihrem Gatten. Sein Gesicht war bekümmert und sorgenvoll, obgleich er noch jung war! Es zeigte sich jetzt ein merkwürdiger Ausdruck darin: eine Art ernster Freude, deren er sich schämte und die er zu verbergen bestrebt war.

Er setzte sich zum Essen nieder, das man ihm am Feuer aufgehoben hatte; und als die Gattin ihn erst nach langem Schweigen fragte, was

er für Nachrichten bringe, schien er um die Antwort verlegen zu sein.
»Sind es gute«, fragte sie, »oder schlechte?«
»Schlechte«, gab er zur Antwort.
»Sind wir ganz zugrunde gerichtet?«
»Nein, noch ist Hoffnung vorhanden, Karoline.«
»Wenn er sich erweichen lässt«, rief sie erstaunt, »dann ist noch Hoffnung da! Überall ist sie noch vorhanden, wo ein solches Wunder geschehen ist.«
»Für ihn ist es zu spät, Erbarmen zu zeigen«, sagte der Gatte. »Er ist tot.«
Wenn ihr Gesicht Wahrheit sprach, so war sie ein mildes und geduldiges Wesen; aber sie war dankbar dafür in ihrem Herzen und sagte es mit gefalteten Händen. Doch schon im nächsten Augenblick bat sie zu Gott, dass er ihr verzeihen möge, und bereute es; aber das erste Gefühl war die Stimme ihres Herzens gewesen.
»Was mir die halb betrunkene Frau gestern meldete, als ich ihn sprechen und um eine Woche Aufschub bitten wollte, und was ich für einen bloßen Vorwand hielt, um mich abzuweisen, zeigt sich jetzt als die reine Wahrheit. Er war nicht nur sehr krank, er lag schon im Sterben.«
»Auf wen wird unsere Schuld übergehen?«
»Ich weiß es nicht. Aber noch vor dieser Zeit werden wir das Geld haben, und selbst wenn dies nicht einträfe, wäre es ein großes Missgeschick, in seinem Erben einen so unbarmherzigen Gläubiger zu finden. Wir können heut Nacht leichteren Herzens schlafen, Karoline.«
Ja, ob sie es auch verhehlen mochten, wie sie wollten: Ihre Herzen waren leichter. Die Gesichter der Kinder, die sich still um die Eltern drängten, um zu hören, was sie so wenig verstanden, erhellten sich, und alle wurden glücklicher durch dieses Mannes Tod. Das einzige al-

so von diesem Ereignis hervorgerufene Gefühl, das ihm der Geist zeigen konnte, war eins der Freude.

»Lass mich ein zärtliches, ein mit dem Tode verwandtes Gefühl sehen«, bat Scrooge, »oder mir wird dies dunkle Zimmer, das wir soeben verlassen haben, immer vor Augen bleiben.«

Nun führte ihn der Geist durch mehrere Straßen, die er oft gegangen war; und indem sie vorüberschwebten, hoffte Scrooge, sich hier und da zu erblicken, aber nirgends war er zu sehen. Sie traten in Bob Cratchits Haus, dessen Wohnung sie schon früher besucht hatten, und fanden dort die Mutter mit den Kindern um das Feuer sitzen.

Alles war ruhig, alles war still, sehr still. Die lärmenden kleinen Cratchits saßen stumm, wie steinerne Bilder, in einer Ecke und sahen auf Peter, der ein Buch vor sich hatte. Mutter und Töchter nähten. Aber auch sie waren still, sehr still.

»Und er nahm ein Kind und stellte es in ihre Mitte.«

Wo hatte Scrooge diese Worte gehört? Der Knabe musste sie gelesen haben, als er und der Geist über die Schwelle traten. Warum fuhr der Leser nicht fort?

Die Mutter legte ihre Arbeit auf den Tisch und führte die Hand gegen das Auge.

»Die Farbe blendet mich«, sagte sie.

Die Farbe? Ach, der arme Tiny Tim!

»Sie sind jetzt wieder besser«, sagte Cratchits Frau. »Die Farbe blendet sie bei Licht, und ich möchte den Vater, wenn er heimkommt, nicht sehen lassen, dass ich schwache Augen habe. Es muss bald seine Zeit sein.«

»Fast schon vorüber«, erwiderte Peter, das Buch schließend. »Aber ich glaube, Mutter, er geht jetzt etwas langsamer als früher.«

Sie waren wieder still. Endlich sagte sie mit einer ruhigen, heiteren Stimme, die nur ein einziges Mal zitterte: »Ich weiß, dass er mit – ich weiß, dass er mit Tiny Tim auf der Schulter sehr schnell ging.«

»Und ich auch«, rief Peter. »Oft.«

»Und ich auch«, stimmten die andern ein.

»Aber er war sehr leicht zu tragen«, fing sie wieder an, fest auf ihre Arbeit sehend, »und der Vater liebte ihn so, dass es keine Last für ihn war – keine Last. Doch horch: Da kommt der Vater.«

Sie eilten ihm entgegen, und Bob mit dem Schal – der arme Kerl hatte ihn nötig – trat herein. Sein Tee stand bereit und sie drängten sich alle herbei, wer ihm am meisten helfen könne. Dann kletterten die beiden kleinen Cratchits auf seine Knie, und jedes Kind legte eine Wange an die seine, als wollten sie sagen: Gräme dich nicht so sehr, lieber Vater.

Bob war sehr heiter und sprach sehr munter mit der ganzen Familie. Er besah die Arbeit auf dem Tische und lobte den Fleiß und den Eifer seiner Frau und der Töchter. Sie würden lange vor Sonntag fertig sein, meinte er.

»Sonntag!«, wiederholte seine Frau. »Du warst also heute dort, Robert?«

»Ja, meine Liebe«, antwortete Bob. »Ich wollte, du hättest auch hingehen können. Es würde dein Herz erfreut haben, zu sehen, wie grün die Stelle ist. Aber du wirst sie oft sehen. Ich versprach ihm, Sonntag hinzugehen. Mein liebes, liebes Kind!«, meinte Bob. »Mein liebes Kind!«

Er brach auf einmal zusammen. Er konnte nichts dafür. Wenn er dafür gekonnt hätte, so wären er und sein Kind wohl weiter voneinander getrennt gewesen. Er verließ die Stube und ging die Treppe hinauf in ein Zimmer, das hell erleuchtet und weihnachtsmäßig aufgeputzt war. Ein Stuhl stand dicht neben dem Kinde, und man sah, dass vor Kurzem jemand da gewesen war. Der arme Bob setzte sich nieder, und als er ein wenig nachgedacht und sich gefasst hatte, küsste er das kleine kalte Gesicht. Er war versöhnt mit dem Geschehenen und ging wieder hinunter ganz glücklich.

Sie setzten sich um das Feuer und unterhielten sich; die Mädchen und die Mutter arbeiteten fort. Bob erzählte ihnen von Scrooges Neffen und seiner außerordentlichen Freundlichkeit, obwohl er ihn kaum ein einziges Mal gesehen hätte. Er habe ihn heute auf der Straße getroffen, und als er bemerkte, dass er ein wenig niedergeschlagen aussähe, habe er ihn gefragt, was ihn bekümmere.

»Hierauf«, sagte Bob, »erzählte ich es ihm, denn er ist der leutseligste junge Herr, den ich nur kenne. »Ich bedauere Sie herzlich, Mr. Cratchit«, sagte er, »und auch Ihre Frau«. – »Übrigens, wie er das wissen kann, möchte ich wissen.«

»Was soll er wissen, mein Lieber.«

»Nun, dass du eine gute Frau bist«, antwortete Bob.

»Jedermann weiß das«, meinte Peter.

»Sehr gut bemerkt, mein Junge«, rief Bob. »Ich hoffe, es ist so.«

»Herzlich bedaure ich Ihre Frau«, sagte er. »Wenn ich Ihnen in irgendeiner Weise behilflich sein kann«, setzte er hinzu, indem er mir seine Karte gab, »hier ist meine Adresse. Kommen Sie nur zu mir.«

»Nun, ist es nicht gerade darum«, sprach Bob, »weil er etwas für uns tun könnte, sondern mehr wegen seiner herzlichen Weise, dass ich mich darüber so freute. Es schien wirklich, als hätte er unsern Tiny Tim gekannt und fühlte mit uns.«

»Er ist gewiss eine gute Seele«, sagte Mrs Cratchit.

»Du würdest das doch sicher glauben, meine Liebe«, antwortete Bob,

»wenn du ihn sähest und mit ihm sprächest. Es sollte mich gar nicht wundern, wenn er Peter eine bessere Stelle verschaffte. Denket an meine Worte.«

»Nun höre nur, Peter«, sagte Mrs Cratchit.

»Und dann«, rief eins der Mädchen, »wird sich Peter nach einer Frau umsehen.«

»Ach, sei still«, antwortete Peter lachend.

»Nun, das kann schon kommen«, sagte Bob, »doch bis dahin hat er noch Zeit in Menge. Aber wie und wann wir uns auch voneinander trennen sollten, so bin ich doch überzeugt, dass keiner von uns den armen Tiny Tim vergessen wird oder diese erste Trennung, die wir erfuhren.«

»Niemals, Vater«, riefen alle.

»Und ich weiß«, sagte Bob, »ich weiß, meine Lieben, wenn wir daran denken werden, wie geduldig und wie sanft er war, obgleich er nur ein kleines, kleines Kind war, werden wir uns nicht so leicht zanken und den guten Tiny Tim vergessen, wenn wir's tun.«

»Nein, niemals, Vater«, riefen wieder alle.

»Ich bin sehr glücklich«, sagte Bob, »sehr glücklich.«

Mrs Cratchit küsste ihn, seine Töchter küssten ihn, die beiden kleinen Cratchits küssten ihn, und Peter und er drückten sich die Hand. »Seele Tiny Tims, du warst ein Hauch von Gott.«

»Geist«, sprach Scrooge, »ein Etwas sagt mir, dass wir uns bald trennen werden. Ich weiß es, aber ich weiß nicht, wie. Sage mir, wer war es, den wir auf dem Totenbett sahen?«

Obgleich zu verschiedener Zeit, wie es ihm vorkam, und obgleich in den letzten abwechselnden Gesichtern keine Zeitfolge stattzufinden schien, führte ihn der Geist der zukünftigen Weihnachten wie vorher an die Zusammenkunftsorte der Geschäftsleute, aber er sah sich selber nicht. Der Geist hielt sich nirgends auf, sondern schwebte immer weiter, wie nach dem Orte zu, wo Scrooge die gewünschte Lösung des Rätsels finden würde, bis ihn dieser bat, einen Augenblick zu verweilen.

»Ja, dieser Hof, durch den wir jetzt eilen«, sagte Scrooge, »war einst mein Geschäft und war es lange Jahre hindurch. Ich erkenne das Haus. Lass mich nun sehen, was ich in den kommenden Tagen sein werde.«

Der Geist stand still; die Hand zeigte anderswohin.

»Das Haus ist dort«, rief Scrooge. »Warum zeigst du anderswohin?«

Der unerbittliche Finger nahm keine andere Richtung an. Scrooge eilte nach dem Fenster seines Kontors und schaute hinein. Es war noch ein Kontor, aber nicht das seinige. Die Möbel waren nicht dieselben, und die Gestalt in dem Stuhl war nicht die seine. Die Erscheinung zeigte nach derselben Richtung wie früher. Er trat wieder zu ihr hin und nachsinnend, warum und wohin sie gingen, begleitete er sie, bis sie eine eiserne Gitterpforte erreichten. Er stand still, um sich vor dem Eintreten umzusehen.

Es war ein Kirchhof. Hier also lag der Unglückliche unter der Erde, dessen Namen er noch erfahren sollte. Der Ort war seiner würdig. Rings von hohen Häusern umgeben, überwuchert von Unkraut, entsprossen dem Tod, nicht dem Leben der Vegetation, vollgepfropft von zu vielen Leichen, genährt von übersättigtem Genuss.

Der Geist stand inmitten der Gräber still und deutete auf eins hinab. Scrooge näherte sich ihm bebend. Die Erscheinung war noch ganz so wie früher, aber ihm war es immer, als sähe er eine neue Bedeutung in der düsteren Gestalt.

»Ehe ich mich dem Stein nähere, den du mir zeigst«, sagte Scrooge,

»beantworte mir eine Frage. Sind dies die Schatten der Dinge, die da sein werden, oder nur deren, die einst geschehen können?«
Immer noch wies der Geist auf das Grab hin, vor dem sie standen.
»Die Wege des Menschen tragen ihr Ziel in sich«, murmelte Scrooge. Aber schlägt er einen anderen Weg ein, so ändert sich das Ziel. Sage, ist es so mit dem, was du mir zeigen wirst?«
Der Geist blieb so unbeweglich wie immer.
Scrooge näherte sich schlotternd dem Grabe, und wie er der Richtung des Fingers folgte, las er auf dem Stein seinen eigenen Namen.
»Ebenezer Scrooge.«
»Bin ich es, der auf jenem Bett lag?«, rief er, in die Knie sinkend.
Der Finger zeigte von dem Grabe fort auf ihn und wieder zurück.
»Nein, Geist, o nein!«
Der Finger wies unveränderlich dorthin.
»Geist«, rief Scrooge, sich fest an sein Gewand klammernd, »ich bin nicht mehr der Mensch, der ich ehedem war. Ich will ein anderer Mensch werden, als ich vor diesen Tagen gewesen bin. Warum zeigst du mir dies, wenn alle Hoffnung geschwunden ist?«
Zum ersten Male schien des Geistes Hand zu zittern.
»Guter Geist«, fuhr er fort, »dein eigenes Herz legt sich bittend für mich ins Mittel und dauert mich. Sage mir, dass ich durch ein verändertes Leben die Schattenbilder, die du mir gezeigt hast, ändern kann!«
Die gütige Hand zitterte.
»Ich will Weihnachten in meinem Herzen ehren, ich will versuchen, es zu feiern. Ich will in der Vergangenheit, in der Gegenwart und in der Zukunft leben. Die Geister von allen dreien sollen in mir lebendig sein. Ich will ihren Lehren mein Herz nicht verschließen. O, sage mir, dass ich die Schrift auf diesem Stein austilgen kann!«

In seiner Angst griff Scrooge die gespenstige Hand. Sie versuchte, sich von ihm loszumachen, aber er war stark in seinem Flehen und hielt sie fest. Der Geist, noch stärker, stieß ihn zurück.
Wie Scrooge die bebenden Hände zu einem letzten Flehen um Änderung seines Schicksals in die Höhe hielt, sah er die Erscheinung sich verändern. Sie wurde kleiner und kleiner und schwand zu einem Bettpfosten zusammen.

Fünftes Kapitel: Das Ende

Ja, und es war sein eigener Bettpfosten. Es waren sein Bett und sein Zimmer. Und was das Glücklichste und Beste war: Die Zukunft gehörte ihm, um sich zu bessern.
»Ich will in der Vergangenheit, in der Gegenwart und in der Zukunft leben«, wiederholte Scrooge, als er aus dem Bette kletterte. »Die Geister von allen dreien sollen in mir lebendig sein. O, Jakob Marley! Der Himmel sei dafür gepriesen und die Weihnachtszeit! Ich sage es auf meinen Knien, alter Jakob, auf meinen Knien.«
Er war von seinen guten Vorsätzen so durchflammt und außer sich, dass seine bebende Stimme auf seinen Ruf kaum antworten wollte. Während seines Ringens mit dem Geiste hatte er bitterlich geweint, und sein Gesicht war noch nass von den Tränen.
»Sie sind nicht herabgerissen«, rief Scrooge, eine der Bettgardinen an die Brust drückend, »sie sind nicht herabgerissen. Sie sind da, ich bin da, die Schatten der Dinge, die da kommen, können vertrieben werden. Ja, ich weiß es, ich weiß es gewiss.«
Während dieser ganzen Zeit beschäftigten sich seine Hände mit den

Kleidungsstücken: Er zog sie verkehrt an, zerriss sie, verlegte sie und machte damit allerhand tolle Sprünge.

»Ich weiß nicht, was ich tue«, rief Scrooge in einem Atem weinend und lachend und mit seinen Strümpfen einen wahren Laokoon aus sich machend. – »Ich bin leicht wie eine Feder, selig wie ein Engel, vergnügt wie ein Schulknabe, schwindlig wie ein Trunkener. Fröhliche Weihnachten allen Menschen! Ein glückliches Neujahr der ganzen Welt! Hallo! Hussa! Hurra!«

Er war in das Wohnzimmer gesprungen und blieb jetzt darinnen ganz außer Atem stehen.

»Da ist die Schüssel, in der die Suppe war!«, rief Scrooge, indem er um den Kamin herumsprang. »Da ist die Tür, durch die Jakob Marleys Geist hereinkam, da ist die Ecke, wo der Geist der heurigen Weihnachten saß, da ist das Fenster, wo ich die ruhelosen Geister sah! Es ist alles richtig, es ist alles wahr, es ist alles geschehen. Hahahaha!«

Für einen Mann, der so lange Jahre aus der Gewohnheit war, musste man es wirklich ein vortreffliches Lachen nennen, ein herrliches Lachen. Es war der Vater einer langen, langen Reihe herrlicher Lachsalven!

»Ich weiß nicht, den wievielten wir heute haben«, rief Scrooge. »Ich weiß nicht, wie lange ich unter den Geistern gewesen bin. Ich weiß gar nichts. Ich bin wie ein neugeborenes Kind. Es schadet nichts. Ist mir einerlei. Ich will lieber ein Kind sein. Hallo! Hussa! Hurra!«

Er wurde in seinen Freudenausbrüchen von dem Geläute der Kirchenglocken unterbrochen, die ihm so lustiglich zu klingen schienen wie nie vorher. Bim-baum, kling -klang, bim-baum. Nein, es war zu herrlich, zu herrlich! Er lief zum Fenster, öffnete es und steckte den Kopf hinaus. Kein Nebel: ein klarer, lustig-heller, frisch-froher Morgen, eine Kälte, die dem Blute einen Tanz vorpfiff, goldenes Sonnenlicht, ein himmlischer Himmel, lieblich-erquickende Luft, fröhliche Glocken. O, wie herrlich, wie herrlich!

»Was ist denn heute für ein Tag, mein Junge?«, fragte Scrooge.

»Heute?«, antwortete der Knabe. »Nun, Christtag.«

»Heute ist Christtag«, sagte Scrooge zu sich selber. »Ich habe ihn also nicht versäumt. Die Geister haben alles in einer Nacht erledigt. Sie können alles, was sie wollen. Natürlich, natürlich. – Heda, mein Junge!«

»Was denn!«, antwortete der Knabe.

»Weißt du des Geflügelhändlers Laden in der zweitnächsten Straße an der Ecke?«, fragte Scrooge.

»Ei, warum denn nicht?«, antwortete der Junge.

»Ein gescheiter Junge«, nickte Scrooge. »Ein merkwürdiger Junge! Weißt du nicht, ob der Preistruthahn, der dort hing, verkauft ist? Nicht der kleine Preistruthahn, sondern der große.«

»Was, der so groß ist wie ich?«, entgegnete der Junge.

»Was für ein lieber Junge!«, lächelte Scrooge. »Es ist eine Freude, mit ihm zu sprechen. Freilich wohl, mein Prachtjunge.«

»Der hängt noch dort«, antwortete der Junge.

»Ist's wahr?«, sagte Scrooge. »Na, dann lauf und kaufe ihn.«

»Hat sich was«, spottete der Junge.

»Nein, nein«, sagte Scrooge, »es ist mein Ernst. Geh hin und kaufe ihn und sage, sie sollen ihn hierher bringen, dass ich ihnen die Adresse geben kann, wohin sie ihn tragen sollen. Komm mit dem Träger wieder her und ich gebe dir einen Schilling. Komm rascher als in fünf Minuten zurück, und du bekommst eine halbe Krone.«

Der Bengel verschwand wie ein Blitz.

»Ich will ihn Bob Cratchit schicken«, flüsterte Scrooge, sich die Hände reibend und fast vor Lachen platzend. »Er soll nicht wissen, wer ihn schickt. Er ist zweimal so groß wie Tiny Tim. Joe Miller hat niemals einen Witz gemacht wie den.«

Als er die Adresse schrieb, zitterte seine Hand, aber er schrieb so gut es gehen wollte und ging die Treppe hinab, um die Haustür zu öffnen und den Truthahn zu erwarten. Wie er dastand, fiel sein Auge auf den Türklopfer.

»Ich werde ihn lieb haben, solange ich lebe«, rief Scrooge, ihn streichelnd. »Früher habe ich ihn kaum angesehen. Was er für ein ehrliches Gesicht hat! Es ist ein wunderbarer Türklopfer!«

Da, der Truthahn! Er hätte nicht mehr lange lebendig auf seinen Füßen stehen können. Sie wären – knix – zerbrochen wie eine Stange Siegellack.

»Was, das ist ja fast unmöglich, den nach Camden-Town zu tragen!« sagte Scrooge. »Ihr müsst einen Wagen nehmen.«

Das Lachen, mit dem er dies sagte, und das Lachen, mit dem er den Truthahn bezahlte, und das Lachen, mit dem er den Wagen bezahlte, und das Lachen, mit dem er dem Jungen ein Trinkgeld gab, wurde nur von dem Lachen übertroffen, mit dem er sich atemlos in seinen Stuhl niedersetzte und lachte, bis ihm die Tränen an den Backen herunterliefen.

Das Rasieren war keine Kleinigkeit, denn seine Hand zitterte immer noch sehr, und Rasieren verlangt große Aufmerksamkeit, auch wenn man nicht gerade währenddessen tanzt. Aber selbst wenn er sich die Nasenspitze weggeschnitten hätte, würde er ein Stückchen englisches Pflaster darauf geklebt haben und damit zufrieden gewesen sein.

Er zog seine besten Kleider an und trat endlich auf die Straße. Die Leute strömten gerade aus ihren Häusern, wie er es gesehen hatte, als er den Geiste der heurigen Weihnacht begleitet; und mit auf dem Rücken zusammengeschlagenen Händen durch die Straßen gehend, blickte Scrooges jeden mit einem freundlichen Lächeln an. Er sah so unwiderstehlich freundlich aus, dass drei oder vier lustige Leute zu ihm sagten: »Guten Morgen, Sir, fröhliche Weihnachten!«, und Scrooge sagte oft nachher, dass von allen lieblichen Klängen, die er je gehört, dieser seinem Ohr am liebsten geklungen hätte.

Er war nicht weit gegangen, als er denselben stattlichen Herrn auf sich zukommen sah, der am Tage vorher in sein Kontor getreten war mit den Worten: »Scrooge und Marley, wenn ich nicht irre.« Es gab ihm förmlich einen Stich ins Herz, als er dachte, wie ihn wohl der alte Herr beim Vorübergehen ansehen würde; aber er wusste, welchen Weg er zu gehen hatte, und ging ihn.

»Lieber Herr«, rief Scrooge, schneller laufend und den alten Herrn an beiden Händen ergreifend. »Wie geht es Ihnen? Ich hoffe, Sie hatten gestern einen guten Tag? Es war sehr freundlich von Ihnen. Ich wünsche Ihnen fröhliche Weihnachten, Sir.«

»Mr Scrooge?«

»Ja«, sagte Scrooge. »So ist mein Name, und ich fürchte, er klingt Ihnen nicht sehr angenehm. Erlauben Sie, dass ich Sie um Verzeihung bitte! Und wollen Sie mir die Güte haben« – hier flüsterte ihm Scrooge etwas in das Ohr.

»Himmel!«, rief der Herr, als ob ihm der Atem ausgeblieben wäre. »Mein lieber Mr Scrooge, ist das Ihr Ernst?«

»Wenn es Ihnen beliebt«, sagte Scrooge. »Keinen Penny weniger. Es sind viele Rückstände dabei, ich versichere es Ihnen. Wollen Sie die Güte haben?«

»Bester Herr«, sagte der andere, ihm die Hand schüttelnd. »Ich weiß nicht, was ich zu einer solchen Freigebigkeit sagen soll.«

»Ich bitte, sagen Sie gar nichts dazu«, antwortete Scrooge. »Besuchen Sie mich. – Wollen Sie mich besuchen?«

»Herzlich gern«, rief der alte Herr. Und man sah, es war ihm Ernst mit dieser Versicherung.

»Ich danke Ihnen sehr«, sagte Scrooge. »Ich bin Ihnen sehr verbunden. Ich danke ihnen tausendmal. Leben Sie recht wohl!«

Er ging in die Kirche, ging durch die Straßen, sah die Leute hin und her laufen, klopfte Kindern die Wange, fragte Bettler und spähte hinab in die Küchen und lugte hinauf zu den Fenstern der Häuser: Und er fand, dass ihm alles das Vergnügen bereiten könne. Er hatte es sich nie träumen lassen, dass ihn ein Spaziergang oder sonst etwas so glücklich hätte machen können. Nachmittags lenkte er seine Schritte nach der Wohnung seines Neffen.

Er ging wohl ein Dutzend Mal an der Tür vorüber, ehe er den Mut hatte anzuklopfen. Endlich fasste er sich ein Herz und klopfte.

»Ist dein Herr zu Hause, liebes Kind?«, sagte Scrooge zu dem Mädchen. »Ein hübsches Mädchen, wahrhaftig!«

»Ja, Sir.«

»Wo ist er, liebes Kind?«, fragte Scrooge.

»Er ist in dem Speisezimmer, Sir, mit Madame. Ich will sie hinaufführen, wenn Sie erlauben.«

»Danke, danke. Er kennt mich«, sagte Scrooge, mit der Hand schon auf der Klinke der Tür.

»Ich will hier eintreten, liebes Kind.«
Er machte die Tür leise auf und steckte den Kopf hinein. Sie betrachteten den Speisetisch (der mit großem Aufwand von Pracht gedeckt war): Denn solche jungen Leute sind immer sehr unruhig über solche Punkte und sehen gern alles in hübschester Ordnung.
»Fritz«, rief Scrooge.
Heiliger Himmel, wie seine Nichte erschrak! Scrooge hatte in dem Augenblick vergessen, dass sie mit dem Fußbänkchen in der Ecke gesessen hatte, sonst hätte er es um keinen Preis getan.
»Potztausend!«, rief Fritz. »Wer kommt da?«
»Ich bin's. Dein Onkel Scrooge. Ich komme zum Essen. Willst du mich hereinlassen, Fritz?«
Ihn hereinlassen! Es war nur gut, dass er ihm nicht den Arm abriss. Er war in fünf Minuten wie zu Hause. Nichts konnte herzlicher sein, als die Begrüßung seines Neffen. Und auch seine Nichte empfing ihn nicht minder herzlich. Auch Tropper, als er kam. Auch die runde Schwester, als sie kam. Und alle, wie sie nach der Reihe kamen. Wundervolle Gesellschaft, wundervolle Spiele, wundervolle Eintracht, wundervolle Glückseligkeit!
Aber am andern Morgen war Scrooge früh in seinem Kontor. O, er war gar früh da. Wenn er nur zuerst dort hätte sein können und Bob Cratchit beim Zuspätkommen erwischen! Das war's, worauf sein Sinn stand. Und es gelang ihm wahrhaftig! Die Uhr schlug neun. Kein Bob. Ein Viertel auf zehn. Kein Bob. Er kam volle achtzehn und eine halbe Minute zu spät. Scrooge hatte seine Türe weit offen stehen lassen, damit er ihn in das Verlies eintreten sähe.
Bobs Hut war vom Kopfe, ehe er die Tür öffnete, auch der Schal von seinem Halse. In einem Nu saß er auf seinem Stuhle und jagte mit der

Feder über das Papier, als wollte er versuchen, neun Uhr einzuholen.
»Heda«, rief Scrooge, so gut es ging seine gewohnte Stimme nachahmend. »Was soll das heißen, dass Sie so spät kommen?«
»Es tut mir sehr leid, Sir«, sagte Bob. »Ich habe mich verspätet.«
»Nun, Sie gestehen's wenigstens«, wiederholte Scrooge. »Ich meine es auch. Hier herein, wenn's gefällig ist.«
»Es ist nur einmal im Jahre, Sir«, sagte Bob, aus dem Verlies hereintretend. »Es soll nicht wieder vorkommen. Ich war ein bisschen lustig gestern, Sir.«
»Nun, ich will Ihnen etwas sagen, Freundchen«, sagte Scrooge, »ich kann das nicht länger so mit ansehen. Und daher«, fuhr er fort, von seinem Stuhl springend und Bob einen solchen Stoß vor die Brust gebend, dass er wieder in das Verlies zurückstolperte, »und daher will ich Ihr Salär erhöhen!«
Bob zitterte und trat dem Lineal etwas näher. Er hatte einen augenblicklichen Gedanken, Scrooge damit eins auf den Kopf zu geben, ihn festzuhalten und die Leute im Hofe um Beistand und um eine Zwangsjacke anzurufen.
»Fröhliche Weihnachten, Bob!«, sagte Scrooge mit einem Ernst, der nicht missverstanden werden konnte, indem er ihm auf die Achsel klopfte. »Fröhlichere Weihnachten, Bob, als ich Sie so manches Jahr habe feiern lassen. Ich will Ihr Salär erhöhen und mich bemühen, Ihrer Familie unter die Arme zu greifen. Wir wollen heut Nachmittag bei einer dampfenden Weihnachtspunsch-Bowle über Ihre Angelegenheiten sprechen, Bob! Schüren sie das Feuer an und kaufen Sie eine andere Kohlenschaufel, ehe Sie wieder einen Punkt auf ein i machen, Bob Cratchit!«
Scrooge war besser als sein Wort. Er tat nicht nur alles, was er verspro-

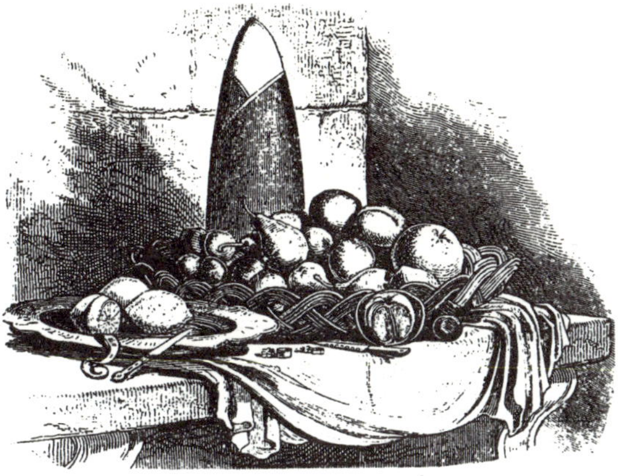

chen hatte, sondern noch mehr, und für Tiny Tim, der nicht starb, wurde er ein zweiter Vater. Er wurde ein so guter Freund und ein so guter Mensch, wie nur die liebe alte City oder jedes andere liebe Städtchen oder Dorf in der lieben alten Welt je einen Freund und Menschen gesehen hat. Einige Leute lachten, als sie ihn so verändert sahen; aber er ließ sie lachen und kümmerte sich wenig darum, denn er war klug genug zu wissen, dass nichts Gutes in dieser Welt geschehen kann, worüber nicht von vornherein einige Leute lachen müssen: Und da er wusste, dass solche Leute doch blind bleiben würden, so dachte er bei sich, es wäre besser, sie legten ihre Gesichter durch Lachen in Falten, als dass sie es auf weniger anziehende Weise täten. Sein eigenes Herz lachte, und damit war er vollauf zufrieden.

Er hatte keinen ferneren Verkehr mit Geistern, sondern lebte von jetzt an nach dem Grundsatz gänzlicher Enthaltsamkeit; und immer sagte man von ihm, er wisse Weihnachten recht zu feiern, wenn es überhaupt ein Mensch wisse. Möge dies auch in Wahrheit von uns allen gesagt werden können. Und so schließen wir mit Tiny Tims Worten: Gott segne jeden von uns.

LUDWIG THOMA

Die Heilige Nacht

So war der Herr Jesus geboren
im Stall bei der kalten Nacht.
Die Armen, die haben gefroren,
den Reichen war's warm gemacht.

Sein Vater ist Schreiner gewesen,
die Mutter war eine Magd,
sie haben kein Geld besessen,
sie haben sich wohl geplagt.

Kein Wirt hat ins Haus sie genommen;
sie waren von Herzen froh,
dass sie noch in Stall sind gekommen.
Sie legten das Kind auf Stroh.

Die Engel, die haben gesungen,
dass wohl ein Wunder geschehn.
Da kamen die Hirten gesprungen
und haben es angesehn.

Die Hirten, die will es erbarmen,
wie elend das Kindlein sei.
Es ist eine G'schicht für die Armen,
kein Reicher war nicht dabei.

PETER ROSEGGER

Als ich Christtagsfreude holen ging

In meinem zwölften Lebensjahr wird es auch gewesen sein, als am Frühmorgen des heiligen Christabends mein Vater mich an der Schulter rüttelte: Ich solle aufwachen und zu Besinnung kommen, er habe mir etwas zu sagen. Die Augen waren bald offen, aber die Besinnung! Als ich unter Mithilfe der Mutter angezogen war und bei der Frühsuppe saß, verlor sich die Schlaftrunkenheit allmählich, und nun sprach mein Vater:

»Peter, jetzt höre, was ich dir sage. Da nimm meinen Stecken, denn es liegt viel Schnee, und da nimm eine Laterne, denn der Pfad ist schlecht, und die Stege sind vereist. Du musst hinab gehen nach Langenwang. Den Holzhändler Spreitzegger zu Langenwang, den kennst du, der ist mir noch immer Geld schuldig, zwei Gulden und sechsunddreißig Kreuzer für den Lärchenbaum. Ich lass ihn bitten darum; schön höflich anklopfen und den Hut abnehmen, wenn du in sein Zimmer trittst. Mit dem Geld gehst nachher zum Kaufmann Doppelreiter und kaufest zwei Maßel Semmelmehl und zwei Pfund Rindschmalz und um zwei Groschen Salz, und das tragst heim.«

Jetzt war aber auch meine Mutter zugegen, ebenfalls schon angekleidet, während meine sechs jüngeren Geschwister noch ringsum an der Wand in ihren Bettchen schliefen. Die Mutter, die redete drein wie folgt:

»Mit Mehl und Schmalz und Salz allein kann ich kein Christtagsessen richten. Ich brauch dazu noch Germ (Hefe) um einen Groschen,

Weinbeerln um fünf Kreuzer, Zucker um fünf Groschen, Safran um zwei Groschen und Neugewürz um zwei Kreuzer. Etliche Semmeln werden auch müssen sein.«

»So kaufest es!«, setzte der Vater ruhig bei. »Und wenn dir das Geld zu wenig wird, so bitte den Herrn Doppelreiter, er möchte die Sachen derweil borgen und zu Ostern, wenn die Kohlenraitung ist, wollte ich schon fleißig zahlen. Eine Semmel kannst unterwegs selber essen, weil du vor Abend nicht heimkommst. Und jetzt kannst gehen, es wird schon fünf Uhr, und dass du noch die Achte-Messe erlangst zu Langenwang.«

Das war alles gut und recht. Den Sack band mein Vater mir um die Mitte, den Stecken nahm ich in die rechte Hand, die Laterne mit der frischen Unschlittkerze in die linke, und so ging ich davon, wie ich in jener Zeit in Wintertagen oft davongegangen war. Der durch wenige Fußgeher ausgetretene Pfad war holprig im tiefen Schnee, und es ist nicht immer leicht, nach den Fußstapfen unserer Vorderen zu wandeln, wenn diese zu lange Beine gehabt haben.

Noch nicht dreihundert Schritte war ich gegangen, so lag ich im Schnee, und die Laterne, hingeschleudert, war ausgelöscht. Ich suchte mich langsam zusammen, und dann schaute ich die wunderschöne Nacht an. Anfangs war sie ganz grausam finster, allmählich hub der Schnee an, weiß zu werden und die Bäume schwarz und in der Höhe war helles Sternengefunkel. In den Schnee fallen kann man auch ohne Laterne, so stellte ich sie seithin unter einen Strauch und ohne Licht ging's nun besser als vorhin.

In die Talschlucht kam ich hinab, das Wasser des Fresenbaches war eingedeckt mit glattem Eise, auf welchem, als ich über den Steg ging, die Sterne des Himmels gleichsam Schlittschuh liefen. Später war ein

Berg zu übersteigen; auf dem Passe, genannt der »Höllkogel«, stieß ich zur wegsamen Bezirksstraße, die durch Wald und Feld hinab führt in das Mürztal. In diesem lag ein weites Meer von Nebel, in welches ich sachte hineinkam, und die feuchte Luft fing an, einen Geruch zu haben, sie roch nach Steinkohle; und die Luft fing an, fernen Lärm an meine Ohren zu tragen, denn im Tal hämmerten die Eisenwerke, rollte manchmal ein Eisenbahnzug über dröhnende Brücken.

Nach langer Wanderung ins Tal gekommen zur Landstraße, klingelte Schlittengeschelle, der Nebel ward grau und lichter, sodass ich die Fuhrwerke und Wandersleute, die für die Feiertage nach ihren Heimstätten reisten, schon auf kleine Strecken weit sehen konnte. Nachdem ich eine Stunde lang im Tale fortgegangen war, tauchte links an der Straße im Nebel ein dunkler Fleck auf, rechts auch einer, links mehrere, rechts eine ganze Reihe – das Dorf Langenwang.

Alles, was Zeit hatte, ging der Kirche zu, denn der Heilige Abend ist voller Vorahnung und Gottesweihe. Noch bevor die Messe anfing, schritt der hagere gebückte Schulmeister durch die Kirche, musterte

die Andächtigen, als ob er jemanden suche. Endlich trat er an mich und fragte leise, ob ich ihm nicht die Orgel melken wolle, es sei der Messnerbub krank. Voll Stolz und Freude, also zum Dienste des Herrn gewürdigt zu sein, ging ich mit ihm auf den Chor, um bei der heiligen Messe den Blasebalg der Orgel zu ziehen. Während ich die zwei langen Lederriemen abwechselnd aus dem Kasten zog, in welchen jeder derselben allemal wieder langsam hineinkroch, orgelte der Schulmeister, und seine Tochter sang also:

»Tauet, Himmel, den Gerechten,
Wolken, regnet ihn herab!
Also rief in bangen Nächten
einst die Welt, ein weites Grab.
In von Gott verhassten Gründen
herrschten Satan, Tod und Sünden,
fest verschlossen war das Tor
zu dem Himmelreich empor.«

Ferner erinnere ich mich, an jenem Morgen nach dem Gottesdienst in der dämmerigen Kirche vor ein Heiligenbild hingekniet zu sein und gebetet zu haben um Glück und Segen zur Erfüllung meiner bevorstehenden Aufgabe. Das Bild stellte die vierzehn Nothelfer dar – einer wird doch dabei sein, der zur Eintreibung von Schulden behilflich ist. Es schien mir aber, als schiebe während meines Gebetes auf dem Bild einer sich sachte hinter den anderen zurück.
Trotzdem ging ich guten Mutes hinaus in den nebligen Tag, wo alles emsig war in der Vorbereitung zum Feste, und ging dem Hause des Holzhändlers Spreitzegger zu.

Als ich daran war, zur vorderen Tür hineinzugehen, wollte der alte Spreitzegger, soviel ich mir später reimte, durch die hintere Tür entwischen. Es wäre ihm gelungen, wenn mir nicht im Augenblicke geschwant hätte: Peter, geh nicht zur vorderen Tür ins Haus wie ein Herr, sei demütig, geh zur hinteren Tür hinein, wie es dem Waldbauernbuben geziemt. Und knapp an der hinteren Tür trafen wir uns.

»Ah, Bübel, du willst dich wärmen gehen«, sagte er mit geschmeidiger Stimme und deutete ins Haus, »na, geh dich nur wärmen. Ist kalt heut!« Und wollte davon.

»Mir ist nicht kalt«, antwortete ich, »aber mein Vater lässt den Spreitzegger schön grüßen und bitten ums Geld.«

»Ums Geld? Wieso?«, fragte er, »ja, richtig, du bist der Waldbauernbub. Bist früh aufgestanden heut, wenn du schon den weiten Weg kommst. Rast nur ab. Und ich lass deinen Vater auch schön grüßen und glückliche Feiertage wünschen; ich komm ohnehin ehzeit einmal zu euch hinauf, nachher wollen wir schon gleich werden.«

Fast verschlug's mir die Rede, stand doch unser ganzes Weihnachtsmahl in Gefahr vor solchem Bescheid. »Bitt wohl von Herzen schön ums Geld, muss Mehl kaufen und Schmalz und Salz, und ich darf nicht heimkommen mit leerem Sack.«

Er schaute mich starr an. »Du kannst es!«, brummte er, zerrte mit zäher Gebärde seine große, rote Brieftasche hervor, zupfte in den Papieren, die wahrscheinlich nicht pure Banknoten waren, zog einen Gulden heraus und sagte: »Na, so nimm derweil das, in vierzehn Tagen wird dein Vater den Rest schon kriegen. Heut hab ich nicht mehr.« Den Gulden schob er mir in die Hand, ging davon und ließ mich stehen.

Ich blieb aber nicht stehen, sondern ging zum Kaufmann Doppelreiter. Dort begehrte ich ruhig und gemessen, als ob nichts wäre, zwei

Maßel Semmelmehl, zwei Pfund Rindschmalz, um zwei Groschen, um einen Groschen Germ, um fünf Kreuzer Weinbeerlen, um fünf Groschen Zucker, um zwei Groschen Safran und um zwei Kreuzer Neugewürz. Der Herr Doppelreiter bediente mich selbst und machte mir alles hübsch zurecht in Päckchen und Tütchen, die er dann mit Spagat zusammen in ein einzelnes Paket band und an den Mehlsack so hing, dass ich das Ding über der Achsel tragen konnte, vorne ein Bündel und hinten ein Bündel.

Als das geschehen war, fragte ich mit einer nicht minder tückischen Ruhe als vorhin, was das alles zusammen ausmache. »Das macht drei Gulden fünfzehn Kreuzer«, antwortete er mit Kreide um den Mund.

»Ja, ist schon recht«, hierauf ich, »da ist derweil ein Gulden, und das andere wird mein Vater, der Waldbauer in Alpel, zu Ostern zahlen.«

Schaut mich der bedauernswerte Mann an und fragte höchst ungleich: »Zu Ostern? In welchem Jahr?«

»Na, nächste Ostern, wenn die Kohlenraitung ist.«

Nun mischte sich die Frau Doppelreiterin, die andere Kunden bediente, drein und sagte: »Lass ihm's nur, Mann, der Waldbauer hat schon öfter auf Borg genommen und nachher allemal ordentlich bezahlt. Lass ihm's nur.«

»Ich lass ihm's ja, werd ihm's nicht wieder wegnehmen«, antwortete der Doppelreiter. Das war doch ein bequemer Kaufmann! Jetzt fielen mir auch die Semmeln ein, welche meine Mutter noch bestellt hatte.

»Kann man da nicht auch fünf Semmeln haben?«, fragte ich.

»Semmeln kriegt man beim Bäcker«, sagte der Kaufmann.

Das wusste ich nun gleichwohl, nur hatte ich mein Lebtag nichts davon gehört, dass man ein paar Semmeln auf Borg nimmt, daher vertraute ich der Kaufmännin, die sofort als Gönnerin zu betrachten war, meine vollständige Zahlungsunfähigkeit an. Sie gab mir zwei bare Groschen für Semmeln, und als sie nun noch beobachtete, wie meine Augen mit den reiffeuchten Wimpern fast unlösbar an den gedörrten Zwetschgen hingen, die sie einer alten Frau in den Korb tat, reichte sie mir auch noch eine Handvoll dieser köstlichen Sache zu: »Unterwegs zum Naschen.«

Nicht lange hernach, und ich trabte mit meinen Gütern reich und schwer bepackt durch die breite Dorfgasse dahin. Überall in den Häusern wurde gemetzgert, gebacken, gebraten, gekellert; ich beneidete die Leute nicht; ich bedauerte sie vielmehr, dass sie nicht ich waren, der mit so großem Segen beladen gen Alpel zog. Das wird morgen ein Christtag werden! Denn die Mutter kann's, wenn sie die Sachen hat. Ein Schwein ist ja auch geschlachtet worden daheim, das gibt Fleischbrühe mit Semmelbrocken, Speckfleck, Würste, Nierenlümperln, Knödelfleisch mit Kren, dann erst die Krapfen, die Zuckernudeln, das Schmalzkock mit Weinbeerln und Safran! – Die Herrenleut da in Langenwang haben so was alle Tag, das ist nichts, aber wir haben es im Jahr einmal und kommen mit unverdorbenem Magen dazu, das ist was! – Und doch dachte ich auf diesem belasteten Freudenmarsch weniger noch ans Essen als an das liebe Christkind und sein hochheiliges Fest.

Am Abend, wenn ich nach Hause komme, werde ich aus der Bibel davon vorlesen, die Mutter und die Magd Mirzel werden Weihnachtslieder singen; dann, wenn es zehn Uhr wird, werden wir uns aufmachen nach Sankt Kathrein und in der Kirche die feierliche Christmette begehen bei Glocken, Musik und unzähligen Lichtern. Und am Seitenaltar ist das Krippel, aufgerichtet mit Ochs und Esel und den Hirten, und auf dem Berg die Stadt Bethlehem und darüber die Engel, singend: Ehre sei Gott in der Höhe! – Diese Gedanken trugen mich anfangs wie Flügel. Doch als ich eine Weile die schlittenglatte Landstraße dahingegangen war, unter den Füßen knirschenden Schnee, musste ich mein Doppelbündel schon einmal wechseln von einer Achsel auf die andere.

In der Nähe des Wirtshauses »Zum Sprengzaun« kam mir etwas Vierspänniges entgegen. Ein leichtes Schlittlein mit vier feurigen, hochaufgefederten Rappen bespannt, auf dem Bock ein Kutscher mit glänzenden Knöpfen und einem Buttenhut. Der Kaiser? Nein, der Herr Wachtler vom Schlosse Hohenwang saß im Schlitten, über und über in Pelze gehüllt und eine Zigarre schmauchend. Ich blieb stehen, schaute dem blitzschnell vorrüberrutschenden Zeug eine Weile nach und dachte: Etwas krumm ist es doch eingerichtet auf dieser Welt; da sitzt ein starker Mann drin und lässt sich hinziehen mit so viel überschüssiger Kraft, und ich vermag mein Bündel kaum zu schleppen.

Mittlerweile war es Mittagszeit geworden. Durch den Nebel war die milchweiße Scheibe der Sonne zu sehen; sie war nicht hoch an dem Himmel hinaufgestiegen, denn um vier Uhr wollte sie ja wieder unten sein, zur langen Christnacht. Ich fühlte in den Beinen manchmal so ein heißes Prickeln, das bis in die Brust heraufstieg, es zitterten mir die Glieder. Nicht weit von der Stelle, wo der Weg nach Alpel abzweigte, stand ein Kreuz mit dem lebensgroßen Bildnis des Heilands. Es stand wie es heute noch steht, an seinem Fuß Johannes und Magdalena, das Ganze mit einem Bretterverschlag verwahrt, sodass es wie eine Kapelle war.

Vor dem Kreuz auf die Bank, die für kniende Beter bestimmt ist, setzte ich mich nieder, um Mittag zu halten. Eine Semmel, die gehörte mir, meine Neigung zu ihr war so groß, dass ich sie am liebsten in wenigen Bissen verschluckt hätte. Allein das schnelle Schlucken ist nicht gesund, das wusste ich von anderen Leuten, und das langsame Essen macht einen längeren Genuss, das wusste ich schon von mir selber. Also beschloss ich, die Semmel recht gemächlich und bedächtig zu genießen und zwischendurch manchmal eine gedörrte Zwetschge zu naschen. Es war eine sehr köstliche Mahlzeit; wenn ich heute etwas recht Gutes haben will, das kostet außerordentliche Anstrengungen aller Art; ach, wenn man nie und nie einen Mangel zu leiden hat, wie ist man da arm! Und wie war ich so reich damals, als ich arm war!

Als ich nach der Mahlzeit mein Doppelbündel wieder auflud, war's ein Spaß mit ihm, flink ging es voran. Später in den Bergwäldern, wo der graue Nebel dicht in den schneebeschwerten Bäumen hing, dachte ich an den Grabler Hansel. Das war der Kohlenführer, der täglich von Alpl seine Fuhr' ins Mürztal lieferte. Wenn er auch heute gefahren wäre! Und wenn er jetzt heimwärts mit dem leeren Schlitten des Weges käme und mir das Bündel auflüde! Und am Ende gar mich selber! Dass es so heiß sein kann im Winter! Mitten in Schnee und Eisschollen schwitzen! Doch morgen wird alle Mühsal vergessen sein. – Derlei Gedanken und Vorstellungen verkürzten mir unterwegs die Zeit.

Auf einmal roch ich starken Tabakrauch. Knapp hinter mir ging – ganz leise auftretend – der grüne Kilian. Der Kilian war früher einige Zeit lang Forstgehilfe in den gewerkschaftlichen Waldungen gewesen, jetzt war er's nicht mehr und wohnte mit seiner Familie in einer Hütte drüben in der Fischbacher Gegend, man wusste nicht recht, was er trieb. Nun ging er nach Hause. Er hatte einen Korb auf dem Rücken, an dem er nicht schwer zu tragen schien, sein Gewand war noch ein jägermäßiges, aber hübsch abgetragen, und sein schwarzer Vollbart ließ nicht viel sehen von seinem etwas fahlen Gesicht.

Als ich ihn bemerkt hatte, nahm er die Pfeife aus dem Mund, lachte laut und sagte: »Wo schiebst denn hin, Bub?«

»Heim zu«, meine Antwort.

»Was schleppest denn?«

»Sachen für den Christtag.«

»Gute Sachen? Der tausend sapperment! Wem gehörst denn zu?«

»Dem Waldbauer.«

»Zum Waldbauer willst gar hinauf! Da musst gut antauchen.«

»Tu's schon«, sagte ich und tauchte an.

»Nach einem solchen Marsch wirst gut schlafen bei der Nacht«, versetzte Kilian, mit mir gleichen Schritt haltend.

»Heut wird nicht geschlafen bei der Nacht, heut ist Christnacht.«

»Was willst denn sonst tun, als schlafen bei der Nacht?«

»Nach Kathrein in die Mette gehen.«

»Nach Kathrein?«, fragte er, »den weiten Weg?«

»Um zehn Uhr abends gehen wir von Haus fort und um drei Uhr früh finden wir wieder daheim.«

Der Kilian biss in sein Pfeifenrohr und sagte: »Na, hörst du, da gehört viel Christentum dazu. Beim Tage ins Mürztal und bei der Nacht in die Mette nach Kathrein! So viel Christentum hab ich nicht, aber das sage ich dir doch: Wenn du dein Bündel in meinen Buckelkorb tun willst, dass ich es eine Zeit lang trag und du dich ausrasten kannst, so hast ganz recht, warum soll der alte Esel nicht auch einmal tragen!«

Damit war ich einverstanden, und während mein Bündel in seinen Korb sank, dachte ich: Der grüne Kilian ist halt doch ein besserer

Mensch, als man sagt. Dann rückten wir wieder an, ich huschte frei und leicht neben ihm her.

»Ja, ja, die Weihnachten!«, sagte der Kilian pfauchend, »da geht's halt drunter und drüber. Da reden sich die Leut in eine Aufregung und Frömmigkeit hinein, die gar nicht wahr ist. Im Grunde ist der Christtag wie jeder andere Tag, nicht ein Knopf anders. Der Reiche, ja, der hat jeden Tag Christtag, unsereiner hat jeden Tag Karfreitag.«

»Der Karfreitag ist auch schön«, war meine Meinung.

»Ja, wer genug Fische und Butter und Eier und Kuchen und Krapfen hat zum Fasten!«, lachte der Kilian. Mir kam sein Reden heidentüm-

lich vor. Doch was er noch weiters sagte, das verstand ich nicht mehr; denn er hatte angefangen, sehr heftig zu gehen, und ich konnte nicht recht nachkommen. Ich rutschte auf dem glitschigen Schnee mit jedem Schritt ein Stück zurück, der Kilian hatte Fußeisen angeschnallt, hatte lange Beine, war nicht abgemattet – da ging's freilich voran.
»Herr Kilian!«, rief ich. Er hörte es nicht. Der Abstand zwischen uns wurde immer größer, bei Wegbiegungen entschwand er mir manchmal ganz aus den Augen, um nachher wieder in größerer Entfernung, halb schon von Nebeldämmerung verhüllt, aufzutauchen. Jetzt wurde mir bang um mein Bündel. Kamen wir ja doch schon dem Höllkogel nahe. Das ist jene Stelle, wo der Weg nach Alpel und der Weg nach Fischbach sich gabeln. Ich hub an zu laufen; im Angesichte der Gefahr war alle Müdigkeit dahin, ich lief wie ein Hündlein und kam ihm näher. Was wollte ich aber anfangen, wenn ich ihn eingeholt hätte, wenn ihm der Wille fehlte, die Sachen herauszugeben, und mir dir Kraft, sie zu nehmen? Das kann ein schönes Ende werden mit diesem Tage; denn die Sachen lasse ich nicht im Stich, und sollte ich ihm nachlaufen müssen bis hinter den Fischbacher Wald zu seiner Hütte!
Als wir denn beide so merkwürdig schnell vorwärts kamen, holten wir ein Schlittengespann ein, das vor uns mit zwei grauen Ochsen und einem schwarzen Kohlenführer langsam des Weges schliff. Der Grabler Hansel. Mein grüner Kilian wollte schon an dem Gespann vorbeihuschen, da schrie ich von hinten her aus Leibeskräften: »Hansel! Hansel! Sei so gut, leg mir meine Christtagssachen auf den Schlitten, der Kilian hat sie im Korb, und er soll sie dir geben!« Mein Geschrei muss wohl sehr angstvoll gewesen sein, denn der Hansel sprang sofort von seinem Schlitten und nahm tatbereite Haltung an. Und wie der Kilian merkte, ich hätte hier einen Bundesgenossen, riss er sich

den Korb vom Rücken und schleuderte das Bündel auf den Schlitten. Noch knirschte er etwas von »dummen Bären« und »Undankbarkeit«, dann war er aber auch schon davon.

Der Hansel rückte das Bündel zurecht und fragte, ob man sich draufsetzen dürfe. Das bat ich, nicht zu tun.

So tat er's auch nicht, wir setzten uns hübsch nebeneinander auf den Schlitten, und ich hielt auf dem Schoß sorgfältig mit beiden Händen die Sachen für den Christtag. So kamen wir endlich nach Alpel. Als wir zur ersten Fresenbrücke gekommen waren, sagte der Hansel zu den Ochsen: »Oha!« und zu mir: »So!« Die Ochsen verstanden und blieben stehen, ich verstand nicht und blieb sitzen. Aber nicht mehr lange, es war ja zum Aussteigen; denn der Hansel musste links in den Graben hinein und ich rechts den Berg hinauf.

»Dank dir's Gott, Hansel!«

»Ist schon gut, Peterl.«

Zur Zeit, da ich mit meiner Last den steilen Berg hinaufstieg gegen mein Vaterhaus, begann es zu dämmern und zu schneien. Und zuletzt war ich doch daheim.

»Hast alles?«, fragte die Mutter am Kochherd mir entgegen.

»Alles!«

»Brav bist. Und hungrig wirst sein.«

Beides ließ ich gelten. Sogleich zog die Mutter mir die klingendhart gefrorenen Schuhe von den Füßen, denn ich wollte, dass sie frisch eingefettet würden für den nächtlichen Mettengang. Dann setzte ich mich in der warmen Stube zum Essen. Aber siehe, während des Essens geht es zu Ende mit meiner Erinnerung. – Als ich wieder zu mir kam, lag ich wohl ausgeschlafen in meinem warmen Bette, und zum kleinen Fenster herein schien die Morgensonne des Christtages.

PETER CORNELIUS

Die Könige

Drei Könige wandern aus Morgenland,
ein Sternlein führt sie zum Jordanstrand,
in Juda fragen und forschen die drei,
wo der neugeborne König sei.
Sie wollen Weihrauch, Myrrhen und Gold
zum Opfer weihen dem Kindlein hold.

Und hell erglänzet des Sternes Schein,
zum Stalle gehen die Könige ein,
das Knäblein schauen sie wonniglich,
anbetend neigen die Könige sich,
sie bringen Weihrauch, Myrrhen und Gold
zum Opfer dar dem Knäbelein hold.

O Menschenkind, halte treulich Schritt,
die Könige wandern, o wandere mit!
Der Stern des Friedens, der Gnade Stern
erhelle dein Ziel, wenn du suchest den Herrn;
und fehlen dir Weihrauch, Myrrhen und Gold,
schenke dein Herz dem Knäblein hold!

Die Weihnachtsgeschichte

Es begab sich aber zu der Zeit, dass ein Gebot von dem Kaiser Augustus ausging, dass alle Welt geschätzt würde. Und diese Schätzung war die allererste und geschah zur Zeit, da Quirinius Landpfleger in Syrien war. Und jedermann ging, dass er sich schätzen ließe, ein jeder in seine Stadt. Da machte sich auf auch Josef aus Galiläa, aus der Stadt Nazareth, in das jüdische Land zur Stadt Davids, die da heißt Bethlehem, weil er aus dem Hause und Geschlechte Davids war, damit er sich schätzen ließe mit Maria, seinem vertrauten Weibe; die war schwanger. Und als sie dort waren, kam die Zeit, dass sie gebären sollte. Und sie gebar ihren ersten Sohn und wickelte ihn in Windeln und legte ihn in eine Krippe; denn sie hatten sonst keinen Raum in der Herberge.

Und es waren Hirten in derselben Gegend auf dem Felde bei den Hürden, die hüteten des Nachts ihre Herde. Und der Engel des Herrn trat zu ihnen, und die Klarheit des Herrn leuchtete um sie; und sie fürchteten sich sehr. Und der Engel sprach zu ihnen: »Fürchtet euch nicht! Siehe, ich verkündige euch große Freude, die allem Volk widerfahren wird; denn euch ist heute der Heiland geboren, welcher ist Christus, der Herr, in der Stadt Davids.« Und das habt zum Zeichen: Ihr werdet finden das Kind in Windeln gewickelt und in einer Krippe liegen. Und alsbald war da bei dem Engel die Menge der himmlischen Heerscharen, die lobten Gott und sprachen: »Ehre sei Gott in der Höhe und Friede auf Erden, und den Menschen ein Wohlgefallen!«

Und als die Engel von ihnen gen Himmel fuhren, sprachen die Hirten untereinander: Lasst uns nun gehen nach Bethlehem und die Geschichte sehen, die da geschehen ist, die uns der Herr kundgetan hat. Und sie kamen eilend und fanden beide, Maria und Joseph, dazu das Kind in der Krippe liegen. Als sie es aber gesehen hatten, breiteten sie das Wort aus, das zu ihnen von diesem Kinde gesagt war. Und alle, vor die es kam, wunderten sich über das, was ihnen die Hirten gesagt hatten. Maria aber behielt alle diese Worte und bewegte sie ihn ihrem Herzen. Und die Hirten kehrten wieder um, priesen und lobten Gott für alles, was sie gehört und gesehen hatten, wie denn zu ihnen gesagt war.

HANS CHRISTIAN ANDERSEN

Der Schneemann

»Es knackt tüchtig in mir, so herrlich kalt ist es!«, sagte der Schneemann. »Der Wind kann einem freilich Leben eintreiben. Und wie die Glühende dort glotzt!« Er meinte die Sonne damit, die eben untergehen wollte. »Sie soll mich nicht zum Blinzeln bringen, ich kann die Brocken schon noch festhalten.«

Er hatte nämlich statt Augen zwei große dreieckige Dachziegelbrocken, der Mund war ein Stück einer alten Harke, deshalb hatte er auch Zähne. Er war unter den Jubelrufen der Knaben geboren, begrüßt von Schellengeläut und Peitschenknall der Schlitten. Die Sonne ging unter, der Vollmond ging auf, rund und groß, klar und schön in der blauen Luft.

»Da haben wir sie wieder von einer andern Seite!«, sagte der Schneemann. Er glaubte, es sei die Sonne, die sich wieder zeigte. »Ich habe ihr das Glotzen abgewöhnt! Nun kann sie dort hängen und leuchten, damit ich mich selber sehen kann. Wüsste ich nur, wie man es macht, um von der Stelle zu kommen! Ich möchte mich gar zu gern bewegen! Wenn ich es könnte, würde ich nun dort unten auf dem Eise hingleiten, wie ich es die Knaben tun sah; aber ich verstehe nichts vom Laufen.«

»Weg! Weg!«, bellte der alte Kettenhund; er war etwas heiser, das war er geworden, als er Stubenhund war und hinter dem Ofen lag. »Die Sonne wird dich laufen lehren! Das sah ich bei deinem Vorgänger auch. Weg, weg und weg sind sie alle!«

»Ich verstehe dich nicht, Kamerad!«, sagte der Schneemann. »Soll die dort oben mich laufen lehren?« Er meinte den Mond. »Ja, sie lief freilich vorhin, als ich sie fest ansah, nun schleicht sie von einer anderen Seite heran.«

»Du weißt auch gar nichts!«, sagte der Kettenhund, »aber du bist ja auch eben erst zusammengeklatscht worden. Was du nun siehst, heißt Mond, das was fortging, war die Sonne, sie kommt morgen wieder, sie wird dich schon lehren, in den Wallgraben hinabzulaufen. Wir bekommen bald anderes Wetter, das spüre ich in meinem linken Hinterbein, es reißt darin. Das Wetter schlägt um!«

»Ich verstehe ihn nicht«, sagte der Schneemann, »aber ich habe das Gefühl, dass es etwas Unangenehmes ist, was er sagt. Sie, die so glotzte und sich dann davonmachte, die Sonne, wie er sie nennt, sie ist auch nicht meine Freundin, das habe ich im Gefühl!«

»Weg! Weg!«, bellte der Kettenhund, ging dreimal um sich selbst herum und legte sich dann in seine Hütte, um zu schlafen.

Das Wetter änderte sich wirklich. Dicker, feuchter Nebel lag gegen Morgen über der ganzen Gegend; als es Tag wurde, begann es zu wehen, der Wind war so eisig, der Frost packte ordentlich zu, aber was war das für ein Anblick, als die Sonne aufging! Bäume und Büsche waren mit Raureif bedeckt, es sah aus wie ein Wald von weißen Korallen, es war, als ob alle Zweige mit strahlend weißen Blüten übersät wären. Die unendlich vielen und feinen Verästelungen, die man im Sommer unter all den Blättern nicht sieht, kamen nun alle einzeln hervor, es war ein Spitzengewebe und so leuchtend weiß, als ströme ein weißer Glanz aus jedem Zweige. Die Hängebirke bewegte sich im Winde, es war Leben in ihr wie in allen Bäumen zur Sommerzeit, es war eine unvergleichliche Pracht! Und als dann die Sonne schien, nein, wie funkelte das Ganze, als ob es mit Diamantenstaub überpudert wäre, und auf der Schneedecke des Erdbodens glitzerten die großen Diamanten, oder man konnte auch glauben, dass dort unzählige kleine Lichter brannten, weißer als der weiße Schnee.

»Das ist unvergleichlich schön!«, sagte ein junges Mädchen, das mit einem jungen Mann in den Garten trat und gerade beim Schneemann stehen blieb, wo sie die flimmernden Bäume betrachteten. »Einen schöneren Anblick hat man selbst im Sommer nicht!«, sagte sie, und ihre Augen strahlten.

»Und so einen Kerl wie diesen hier hat man im Sommer erst recht nicht«, sagte der junge Mann und zeigte auf den Schneemann. »Er ist ausgezeichnet!« Das junge Mädchen lachte, nickte dem Schneemann zu und tanzte mit ihrem Freunde über den Schnee dahin, der unter ihnen knirschte, als gingen sie auf Stärkemehl.

»Wer waren die beiden?«, fragte der Schneemann den Kettenhund, »du bist länger auf dem Hofe als ich, kennst du sie?«

»Versteht sich!«, sagte der Kettenhund. »Sie hat mich ja gestreichelt, und er hat mir einen Knochen gegeben, die beiße ich nicht!«

»Aber was stellen sie hier vor?«, fragte der Schneemann.

»Brrr-rautleute!«, sagte der Kettenhund. »Sie werden in eine Hütte ziehen und zusammen am Knochen nagen. Weg! Weg!«

»Haben die beiden ebenso viel zu bedeuten wie du und ich?«, fragte der Schneemann.

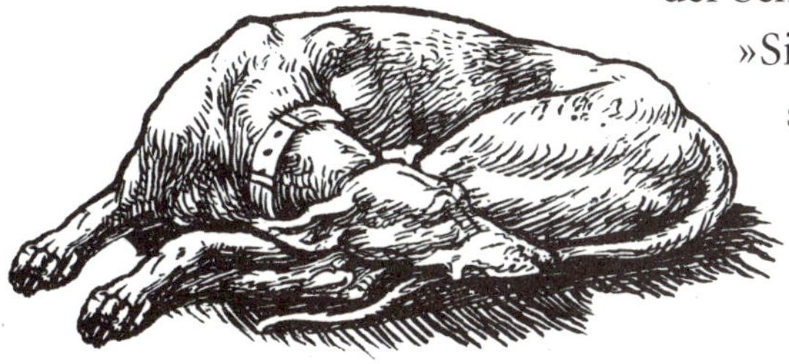

»Sie gehören ja zur Herrschaft!«, sagte der Kettenhund, »man weiß wirklich ungemein wenig, wenn man gestern erst geboren ist, das merke ich an dir! Ich habe Alter und Kenntnisse, ich kenne alle hier im Hause! Und ich habe eine Zeit gekannt, wo ich nicht hier in der Kälte und an der Kette lag. Weg! Weg!«

»Die Kälte ist herrlich«, sagte der Schneemann. »Erzähle, erzähle! Aber du darfst nicht so mit der Kette rasseln, denn dabei knackt es in mir.«

»Weg! Weg!«, bellte der Kettenhund. »Ein Hündchen bin ich gewesen, klein und niedlich, sagten sie, damals lag ich in einem Samtstuhl drinnen im Hause, lag im Schoße der obersten Herrschaft, sie küssten mich auf die Schnauze und wischten mir die Pfoten mit einem gestickten Taschentuch ab, ich hieß ›Schönster‹, ›Pusselpusselbeinchen‹, aber dann wurde ich ihnen zu groß, sie schenkten mich der Haushälterin, ich kam in die Kellerwohnung! Du kannst hineinsehen von dort aus, wo du stehst, du kannst in die Kammer hinabsehen, wo ich Herrschaft gewesen bin, denn das war ich bei der Haushälterin. Es war ein geringerer Ort als oben, aber hier war es gemütlicher, ich wurde nicht von den Kindern gedrückt und herumgeschleppt wie oben. Ich bekam ebenso gutes Futter wie früher und viel mehr! Ich hatte mein eigenes Kissen, und dann war da ein Ofen, der um diese Zeit das Schönste von der Welt ist! Ich kroch ganz darunter, sodass ich verschwunden war. Ach, von dem Ofen träume ich noch. Weg!«

»Sieht den ein Ofen so schön aus?«, fragte der Schneemann. »Hat er Ähnlichkeit mit mir?«

»Er ist gerade das Gegenteil von dir! Kohlschwarz ist er, er hat einen langen Hals mit Messingtrommel. Er frisst Brennholz, dass ihm das Feuer aus dem Munde sprüht. Man muss sich an seiner Seite halten, ganz nahe oder unter ihm, das ist äußerst angenehm. Du musst ihn durch das Fenster sehen können von dort aus, wo du stehst.«

Und der Schneemann guckte, und wirklich sah er einen schwarzen blank polierten Gegenstand mit Messingtrommel, das Feuer leuchtete unten heraus. Dem Schneemann wurde ganz wunderlich zumute, er hatte ein Gefühl, über das er sich selbst keine Rechenschaft ablegen konnte, es kam etwas über ihn, das er nicht kannte, das aber alle Menschen kennen, wenn sie nicht Schneemänner sind.

»Und warum verließt du sie?«, fragte der Schneemann. Er hatte die Empfindung, dass es ein weibliches Wesen sein musste. »Wie konntest du nur so einen Ort verlassen?«

»Ich bin dazu gezwungen worden!«, sagte der Kettenhund. »Sie warfen mich hinaus und legten mich hier an die Kette. Ich hatte den jüngsten Junker ins Bein gebissen, weil er mir den Knochen wegstieß, an dem ich nagte, Knochen um Knochen, denk' ich! Aber das nahmen sie übel, und von der Zeit an habe ich an der Kette gelegen und habe meine klare Stimme verloren, höre nur, wie heiser ich bin: Weg! Weg! Das war das Ende vom Liede!«

Der Schneemann hörte nicht mehr zu, er sah in die Kellerwohnung der Haushälterin, in ihre Stube hinab, wo der Ofen auf seinen vier eisernen Beinen stand und sich in derselben Größe zeigte wie der Schneemann.

»Es knackt so seltsam in mir!«, sagte er. »Soll ich niemals dort hineinkommen? Es ist doch ein unschuldiger Wunsch, und unsere unschuldigen Wünsche werden gewiss in Erfüllung gehen. Es ist mein höchster Wunsch, mein einziger Wunsch, und es wäre fast ungerecht, wenn er nicht erfüllt würde. Ich muss dort hinein, ich muss mich an sie lehnen, und wenn ich auch das Fenster zerschlagen sollte!«

»Dort kommst du niemals hinein«, sagte der Kettenhund, »und kommst du an den Ofen, dann bist du weg, weg!«

»Ich bin schon so gut wie weg!«, sagte der Schneemann, »ich breche zusammen, glaube ich.«

Den ganzen Tag stand der Schneemann da und guckte zum Fenster hinein, in der Dämmerstunde wurde die Stube noch einladender, vom Ofen her leuchtete es so mild, nicht wie der Mond und auch nicht wie die Sonne, nein, wie nur der Ofen leuchten kann, wenn er etwas in sich hat. Ging die Tür auf, so schlug die Flamme heraus, das war so seine Gewohnheit, es glühte ordentlich rot auf in dem weißen Gesicht des Schneemannes, es leuchtete rot über seine Brust.

»Ich halte es nicht mehr aus!«, sagte er. »Wie schön es sie kleidet, die Zunge herauszustrecken!«

Die Nacht war sehr lang, aber nicht für den Schneemann, er stand da in seine eigenen schönen Gedanken vertieft, und die froren, dass es knackte.

Am Morgen waren die Kellerfenster zugefroren, sie trugen die schönsten Eisblumen, die nur ein Schneemann verlangen konnte, aber sie verbargen den Ofen. Die Scheiben wollten nicht auftauen, er konnte »sie« nicht sehen. Es knackte, es knirschte, es war gerade so ein Frostwetter, an dem ein Schneemann seine Freude haben muss, aber er freute sich nicht, er hätte sich so glücklich fühlen können und müssen, aber er war nicht glücklich, er hatte Ofensehnsucht.

»Das ist eine schlimme Krankheit für einen Schneemann«, sagte der Kettenhund. »Ich habe auch an der Krankheit gelitten, aber ich habe sie überstanden. Weg! Weg! – Nun bekommen wir anderes Wetter!«

Und es gab anderes Wetter, es gab Tauwetter. Das Tauwetter nahm zu, der Schneemann nahm ab. Er sagte nichts, er klagte nicht, und das ist das richtige Zeichen. Eines Morgens brach er zusammen. Es ragte et-

was wie ein Besenstiel in die Luft, dort, wo er gestanden hatte, um den Stiel herum hatten die Knaben ihn aufgebaut.
»Nun kann ich das mit seiner Sehnsucht verstehen«, sagte der Kettenhund, »der Schneemann hat einen Feuerhaken im Leibe gehabt! Das ist es, was sich in ihm geregt hat, nun ist es überstanden. Weg! Weg!«
Und bald war auch der Winter überstanden.
»Weg! Weg!«, bellte der Kettenhund: Aber die Mädchen auf dem Hofe sangen:

»Waldmeister grün! Hervor aus dem Haus!
Weide, die wollenen Handschuhe aus!
Lerche und Kuckuck, singt fröhlich drein! –
Frühling im Februar wird es sein!
Ich singe mit: Kuckuck! Quivit!
Komm, liebe Sonne, komm oft – quivit!«

Und es dachte niemand mehr an den Schneemann.

GUSTAV FALKE

Weihnachtssperlinge

Vor meinem Fenster die kahlen Buchen
sind über und über mit Schnee behangen.
Die Vögel, die da im Sommer sangen,
wo die wohl jetzt ihr Futter suchen?
Im fernen Süden sitzen sie warm
und wissen nichts von Hunger und Harm.

Ihre ärmlichen Vettern, die Spatzen und Krähen,
müssen sich durch den Winter schlagen,
müssen oft mit leerem Magen
vergebens nach einem Frühstück spähen.
Da kommen sie an mein Fensterbrett:
Gesegnete Mahlzeit, wie sitzt du im Fett!

Eine unverschämte Bemerkung!
Aber was will man von Spatzen verlangen,
sind nie in die Anstandsstunde gegangen,
und Not gibt ihrer Frechheit Stärkung.
Und schließlich, hungern ist nicht gesund
und für manches einen Milderungsgrund.

Da lass ich's dann gelten und kann mich gar freuen,
wenn meine beiden Mädels leise
– leise ist nicht ihre Weise –
den kleinen Bettlern Brotbröcklein streuen.
Ich belausche sie da gern, es ist ihnen mehr
als ein Spaß, es kommt vom Herzen her.

Ja, sie geben beide gerne,
gütige Hände sind ihnen eigen,
doch will ich mich nicht im Lob versteigen,
und dass ich mich nicht von der Wahrheit entferne:
untereinander gönnt oft keins
dem andern ein größeres Stück als seins.

Oft sind die auch selbst wie die Spatzen und Raben,
das Brüderchen ist dann im Bund der Dritte,
da zwitschern sie auch ihr Bitte! Bitte!
Reißen den Hals auf und wollen was haben.
Sommers und Winters, Winters zumeist
und gar um Advent herum werden sie dreist.

Dann fangen sie an zu bitten und betteln:
Papa, zu Weihnacht, du hast mir's versprochen,
ich möchte einen Herd, so richtig zum Kochen.
Und ich ein Zweirad. Auf Weihnachtswunschzetteln
wachsen die stolzesten Träume sich aus.
Knecht Ruprecht schleppt das schon alles ins Haus.

Und morgens, da steht von den zierlichsten Schuhen
je einer, ganz heimlich hingestellt,
an dem allersichtbarsten Platz der Welt.
Die Schelme können des Nachts kaum ruhen:
Ob wohl der Weihnachtsmann sie entdeckt?
Ob er wohl was in den Schuh uns steckt?

Der Weihnachtsmann! Er muss ja bald kommen.
Schon stapft er durch die beschneiten Felder,
hat vom Rande der weißen Wälder
ein grünes Tännlein mitgenommen.
Von unseren Buchen die Spatzen und Kräh'n
können ihn sicher schon erspähn.

Gewiss, sie haben den guten Alten
schon gesehn. Sie lärmen und kreischen,
als wollten sie doppelte Brocken erheischen.
Und hätten sie Schühlein vom Herrgott erhalten,
ich fände sie morgens alle, ich wett'
ein zierliches Reih' auf dem Fensterbrett.

Das war eine Wonne für meine Kleinen!
Die gütigen Hände würden sich regen
und jedem was in sein Schühlein legen,
ein Bröckchen, ein Krümchen, vergäßen nicht einen.
Und ihr rosiges Kindergesicht
strahlte dabei wie Weihnachtslicht.

Ich aber will doch morgen sehen
– wir haben ja schon Advent geschrieben –,
ob es beim alten Brauch geblieben
und wohl irgendwo Schühlein stehen.
Rechte Spatzenpantoffel mögen es sein,
und geht gewiss nicht viel hinein.

ERNST THEODOR AMADEUS HOFFMANN

Nussknacker und Mausekönig

Eine Erzählung in sieben Teilen

Der Weihnachtsabend

Am vierundzwanzigsten Dezember durften die Kinder des Medizinalrats Stahlbaum den ganzen Tag über durchaus nicht in die Mittelstube hinein, viel weniger in das daran stoßende Prunkzimmer. In einem Winkel des Hinterstübchens zusammengekauert saßen Fritz und Marie, die tiefe Abenddämmerung war eingebrochen, und es wurde ihnen recht schaurig zumute, als man, wie es gewöhnlich an dem Tage geschah, kein Licht hereinbrachte. Fritz entdeckte ganz insgeheim wispernd der jüngern Schwester (sie war eben erst sieben Jahr alt geworden) wie er schon seit frühmorgens es habe in den verschlossenen Stuben rauschen und rasseln und leise pochen hören. Auch sei nicht längst ein kleiner dunkler Mann mit einem großen Kasten unter dem Arm über den Flur geschlichen, er wisse aber wohl, dass es niemand anders gewesen als Pate Droßelmeier.

Da schlug Marie die kleinen Händchen vor Freude zusammen und rief: »Ach, was wird nur Pate Droßelmeier für uns Schönes gemacht haben.«

Der Obergerichtsrat Droßelmeier war gar kein hübscher Mann, nur klein und mager, hatte viele Runzeln im Gesicht, statt des rechten Auges ein großes schwarzes Pflaster und auch gar keine Haare, weshalb er eine sehr schöne weiße Perücke trug, die war aber von Glas und ein künstliches Stück Arbeit. Überhaupt war der Pate selbst auch ein sehr künstlicher Mann, der sich sogar auf Uhren verstand und selbst welche machen konnte. Wenn daher eine von den schönen Uhren in Stahlbaums Hause krank war und nicht singen konnte, dann kam Pate Droßelmeier, nahm die Glasperücke ab, zog sein gelbes Röckchen aus, band eine blaue Schürze um und stach mit spitzigen Instrumenten in die Uhr hinein, sodass es der kleinen Marie ordentlich wehe tat, aber es verursachte der Uhr gar keinen Schaden, sondern sie wurde vielmehr wieder lebendig und fing gleich an recht lustig zu schnurren, zu schlagen und zu singen, worüber denn alles große Freude hatte.

Immer trug er, wenn er kam, was Hübsches für die Kinder in der Tasche, bald ein Männlein, das die Augen verdrehte und Komplimente machte, welches komisch anzusehen war, bald eine Dose, aus der ein Vögelchen heraushüpfte, bald was anderes. Aber zu Weihnachten, da hatte er immer ein schönes künstliches Werk verfertigt, das ihm viel Mühe gekostet, weshalb es auch, nachdem es einbeschert worden, sehr sorglich von den Eltern aufbewahrt wurde.

»Ach, was wird nur Pate Droßelmeier für uns Schönes gemacht haben«, rief nun Marie; Fritz meinte aber, es könne wohl diesmal nichts anders sein, als eine Festung, in der allerlei sehr hübsche Soldaten auf und ab marschierten und exerzierten und dann müssten andere Soldaten kommen, die in die Festung hineinwollten, aber nun schössen die Soldaten von innen tapfer heraus mit Kanonen, dass es tüchtig brauste und knallte.

»Nein, nein«, unterbrach Marie den Fritz. »Pate Droßelmeier hat mir von einem schönen Garten erzählt, darin ist ein großer See, auf dem schwimmen sehr herrliche Schwäne mit goldnen Halsbändern herum und singen die hübschesten Lieder. Dann kommt ein kleines Mädchen aus dem Garten an den See und lockt die Schwäne heran und füttert sie mit süßem Marzipan.«

»Schwäne fressen keinen Marzipan«, fiel Fritz etwas rau ein, »und einen ganzen Garten kann Pate Droßelmeier auch nicht machen. Eigentlich haben wir wenig von seinen Spielsachen; es wird uns ja alles gleich wieder weggenommen, da ist mir denn doch das viel lieber, was uns Papa und Mama einbescheren, wir behalten es fein und können damit machen, was wir wollen.«

Nun rieten die Kinder hin und her, was es wohl diesmal wieder geben könne. Marie meinte, dass Mamsell Trutchen (ihre große Puppe) sich sehr verändere, denn ungeschickter als jemals fiele sie jeden Augenblick auf den Fußboden, welches ohne garstige Zeichen im Gesicht nicht abginge, und dann sei an Reinlichkeit in der Kleidung gar nicht mehr zu denken. Alles tüchtige Ausschelten helfe nichts. Auch habe Mama gelächelt, als sie sich über Gretchens kleinen Sonnenschirm so gefreut. Fritz versicherte dagegen, ein tüchtiger Fuchs fehle seinem Marstall durchaus so wie seinen Truppen gänzlich an Kavallerie, das sei dem Papa recht gut bekannt.

So wussten die Kinder wohl, dass die Eltern ihnen allerlei schöne Gaben eingekauft hatten, die sie nun aufstellten, es war ihnen aber auch gewiss, dass dabei der liebe Heilige Christ mit gar freundlichen frommen Kindesaugen hineinleuchte und dass wie von segensreicher Hand berührt, jede Weihnachtsgabe herrliche Lust bereite wie keine andere. Daran erinnerte die Kinder, die immerfort von den zu erwartenden Geschenken wisperten, ihre ältere Schwester Luise, hinzufügend, dass es nun aber auch der Heilige Christ sei, der durch die Hand der lieben Eltern den Kindern immer das beschere, was ihnen wahre

Freude und Lust bereiten könne, das wisse er viel besser als die Kinder selbst, die müssten daher nicht allerlei wünschen und hoffen, sondern still und fromm erwarten, was ihnen beschert worden.
Die kleine Marie wurde ganz nachdenklich, aber Fritz murmelte vor sich hin: »Einen Fuchs und Husaren hätt ich nun einmal gern.« Es war ganz finster geworden. Fritz und Marie fest aneinandergerückt wagten kein Wort mehr zu reden, es war ihnen, als rausche es mit linden Flügeln um sie her und als ließe sich eine ganz ferne, aber sehr herrliche Musik vernehmen. Ein heller Schein streifte an der Wand hin, da wussten die Kinder, dass nun das Christkind auf glänzenden Wolken fortgeflogen – zu andern glücklichen Kindern.
In dem Augenblick ging es mit silberhellem Ton: Klingling, klingling, die Türen sprangen auf, und solch ein Glanz strahlte aus dem großen Zimmer herein, dass die Kinder mit lautem Ausruf: »Ach! – Ach!« wie erstarrt auf der Schwelle stehen blieben. Aber Papa und Mama traten in die Türe, fassten die Kinder bei der Hand und sprachen: »Kommt doch nur, kommt doch nur, ihr lieben Kinder, und seht, was euch der Heilige Christ beschert hat.«

Die Gaben

Ich wende mich an dich selbst, sehr geneigter Leser oder Zuhörer Fritz – Theodor – Ernst – oder wie du sonst heißen magst, und bitte dich, dass du dir deinen letzten mit schönen bunten Gaben reich geschmückten Weihnachtstisch recht lebhaft vor Augen bringen mögest, dann wirst du es dir wohl auch denken können, wie die Kinder mit glänzenden Augen ganz verstummt stehen blieben, wie erst nach einer Weile Marie mit einem tiefen Seufzer rief: »Ach, wie schön – ach, wie schön!«, und Fritz einige Luftsprünge versuchte, die ihm überaus wohl gerieten. Aber die Kinder mussten auch das ganze Jahr über besonders artig und fromm gewesen sein, denn nie war ihnen so viel Schönes, Herrliches einbeschert worden als dieses Mal.

Der große Tannenbaum in der Mitte trug viele goldne und silberne Äpfel, und wie Knospen und Blüten keimten Zuckermandeln und bunte Bonbons, und was es sonst noch für schönes Naschwerk gibt, aus allen Ästen. Als das Schönste an dem Wunderbaum musste aber wohl gerühmt werden, dass in seinen dunkeln Zweigen hundert kleine Lichter wie Sternlein funkelten und er selbst in sich hinein – und herausleuchtend die Kinder freundlich einlud, seine Blüten und Früchte zu pflücken. Um den Baum umher glänzte alles sehr bunt und herrlich – was es da alles für schöne Sachen gab –, ja, wer das zu beschreiben vermöchte!

Marie erblickte die zierlichsten Puppen, allerlei saubere kleine Gerätschaften und was vor allem schön anzusehen war, ein seidenes Kleidchen mit bunten Bändern zierlich geschmückt, hing an einem Gestell so der kleinen Marie vor Augen, dass sie es von allen Seiten betrachten konnte und das tat sie denn auch, indem sie ein Mal über das andere ausrief: »Ach, das schöne, ach, das liebe – liebe Kleidchen: und das werde ich – ganz gewiss –, das werde ich wirklich anziehen dürfen!«

Fritz hatte indessen schon drei- oder viermal um den Tisch herumgaloppierend und -trabend den neuen Fuchs versucht, den er in der Tat am Tische angezäumt gefunden. Wieder absteigend, meinte er, es sei eine wilde Bestie, das täte aber nichts, er wolle ihn schon kriegen, und musterte die neue Schwadron Husaren, die sehr prächtig in Rot und Gold gekleidet waren, lauter silberne Waffen trugen und auf solchen weiß glänzenden Pferden ritten, dass man beinahe hätte glauben sollen, auch diese seien von purem Silber.

Eben wollten die Kinder, etwas ruhiger geworden, über die Bilderbücher her, die aufgeschlagen waren, dass man allerlei sehr schöne Blumen und bunte Menschen, ja auch allerliebste spielende Kinder, so natürlich gemalt als lebten und sprächen sie wirklich, gleich anschauen konnte. Ja eben wollten die Kinder über diese wunderbaren Bücher her, als nochmals geklingelt wurde. Sie wussten, dass nun der Pate Droßelmeier einbescheren würde, und liefen nach dem an der Wand stehenden Tisch. Schnell wurde der Schirm, hinter dem er so lange versteckt gewesen, weggenommen.

Was erblickten da die Kinder: Auf einem grünen mit bunten Blumen geschmückten Rasenplatz stand ein sehr herrliches Schloss mit vielen Spiegelfenstern und goldnen Türmen. Ein Glockenspiel ließ sich hören, Türen und Fenster gingen auf, und man sah, wie sehr kleine aber zierliche Herrn und Damen mit Federhüten und langen Schleppkleidern in den Sälen herumspazierten. In dem Mittelsaal, der ganz in Feuer zu stehen schien – so viel Lichterchen brannten an silbernen Kronleuchtern – tanzten Kinder in kurzen Wämschen und Röckchen nach dem Glockenspiel. Ein Herr in einem smaragdenen Mantel sah oft durch ein Fenster, winkte heraus und verschwand wieder, so wie auch Pate Droßelmeier selbst, aber kaum viel höher als Papas Daumen, zuweilen unten an der Tür des Schlosses stand und wieder hineinging.

Fritz hatte mit auf den Tisch gestemmten Armen das schöne Schloss und die tanzenden und spazierenden Figürchen angesehen, dann sprach er: »Pate Droßelmeier! Lass mich mal hineingehen in dein Schloss!« Der Obergerichtsrat bedeutete ihm, dass das nun ganz und gar nicht anginge. Er hatte auch recht, denn es war töricht von Fritzen, dass er in ein Schloss gehen wollte, welches überhaupt mitsamt seinen goldnen Türmen nicht so hoch war, als er selbst. Fritz sah das auch ein. Nach einer Weile, als immerfort auf dieselbe Weise die Herrn und Damen hin und her spazierten, die Kinder tanzten, der smaragdene Mann zu demselben Fenster heraussah, Pate Droßelmeier vor die Türe trat, da rief Fritz ungeduldig: »Pate Droßelmeier, nun komm mal zu der andern Tür da drüben heraus.«

»Das geht nicht, liebes Fritzchen«, erwiderte der Obergerichtsrat.

»Nun, so lass mal«, sprach Fritz weiter, »lass mal den grünen Mann, der so oft herauskuckt, mit den andern herumspazieren.«

»Das geht auch nicht«, erwiderte der Obergerichtsrat aufs Neue.

»So sollen die Kinder herunterkommen«, rief Fritz, »ich will sie näher besehen.«

»Ei, das geht alles nicht«, sprach der Obergerichtsrat verdrießlich, »wie die Mechanik nun einmal gemacht ist, muss sie bleiben.«

»Sooo?«, fragte Fritz mit gedehntem Ton, »das geht alles nicht? Hör mal, Pate Droßelmeier, wenn deine kleinen geputzten Dinger in dem Schlosse nichts mehr können als immer dasselbe, da taugen sie nicht viel, und ich frage nicht sonderlich nach ihnen. Nein, da lob ich mir meine Husaren, die müssen manövrieren vorwärts, rückwärts, wie ich's haben will und sind in kein Haus gesperrt.« Und damit sprang er fort an den Weihnachtstisch und ließ seine Eskadron auf den silbernen Pferden hin und her trottieren und schwenken und einbauen und feuern nach Herzenslust.

Auch Marie hatte sich sachte fortgeschlichen, denn auch sie wurde des Herumgehens und Tanzens der Püppchen im Schlosse bald überdrüssig, und mochte es sich, da sie sehr artig und gut war, nur nicht so merken lassen wie Bruder Fritz.

Der Obergerichtsrat Droßelmeier sprach ziemlich verdrießlich zu den Eltern: »Für unverständige Kinder ist solch künstliches Werk nicht, ich will nur mein Schloss wieder einpacken.« Doch die Mutter trat hinzu und ließ sich den innern Bau und das wunderbare, sehr künstliche Räderwerk zeigen, wodurch die kleinen Püppchen in Bewegung gesetzt wurden. Der Rat nahm alles auseinander und setzte es wieder zusammen.

Dabei war er wieder ganz heiter geworden und schenkte den Kindern noch einige schöne braune Männer und Frauen mit goldnen Gesichtern, Händen und Beinen. Sie waren sämtlich aus Thorn und rochen so süß und angenehm wie Pfefferkuchen, worüber Fritz und Marie sich sehr erfreuten. Schwester Luise hatte, wie es die Mutter gewollt, das schöne Kleid angezogen, welches ihr einbeschert worden, und sah wunderhübsch aus, aber Marie meinte, als sie auch ihr Kleid anziehen sollte, sie möchte es lieber noch ein bisschen so ansehen. Man erlaubte ihr das gern.

Der Schützling

Eigentlich mochte Marie sich deshalb gar nicht von dem Weihnachtstisch trennen, weil sie eben etwas noch nicht Bemerktes entdeckt hatte. Durch das Ausrücken von Fritzens Husaren, die dicht an dem Baum in Parade gehalten, war nämlich ein sehr vortrefflicher kleiner Mann sichtbar geworden, der still und bescheiden dastand, als erwarte er ruhig, wann die Reihe an ihn kommen werde.

Gegen seinen Wuchs wäre freilich vieles einzuwenden gewesen, denn abgesehen davon, dass der etwas lange, starke Oberleib nicht recht zu den kleinen dünnen Beinchen passen wollte, so schien auch der Kopf bei Weitem zu groß. Vieles machte die propre Kleidung gut, welche auf einen Mann von Geschmack und Bildung schließen ließ. Er trug nämlich ein sehr schönes violett glänzendes Husarenjäckchen mit vielen weißen Schnüren und Knöpfchen, ebensolche Beinkleider und die schönsten Stiefelchen, die jemals an die Füße eines Studenten, ja wohl gar eines Offiziers gekommen sind. Sie saßen an den zierlichen Beinchen so knapp angegossen, als wären sie darauf gemalt. Komisch war es zwar, dass er zu dieser Kleidung sich hinten einen schmalen unbeholfenen Mantel, der recht aussah wie von Holz, angehängt und ein Bergmannsmützchen aufgesetzt hatte.

Indessen dachte Marie daran, dass Pate Droßelmeier ja auch einen sehr schlechten Matin umhänge und eine fatale Mütze aufsetze, dabei aber doch ein gar lieber Pate sei. Auch stellte Marie die Betrachtung an, dass Pate Droßelmeier, trüge er sich auch übrigens so zierlich wie der Kleine, doch nicht einmal so hübsch als er aussehen werde.

Indem Marie den netten Mann, den sie auf den ersten Blick lieb gewonnen, immer mehr und mehr ansah, da wurde sie erst recht inne, welche Gutmütigkeit auf seinem Gesichte lag. Aus den hellgrünen, etwas zu großen hervorstehenden Augen sprach nichts als Freundschaft und Wohlwollen. Es stand dem Manne gut, dass sich um sein Kinn ein wohlfrisierter Bart von weißer Baumwolle legte, denn umso mehr konnte man das süße Lächeln des hochroten Mundes bemerken.

»Ach!«, rief Marie endlich aus. »Ach, lieber Vater, wem gehört denn der allerliebste kleine Mann dort am Baum?«

»Der«, antwortete der Vater, »der, liebes Kind! soll für euch alle tüchtig arbeiten, er soll euch fein die harten Nüsse aufbeißen, und er gehört Luisen ebenso gut, als dir und dem Fritz.«

ALLANSON Sc

Damit nahm ihn der Vater behutsam vom Tische, und indem er den hölzernen Mantel in die Höhe hob, sperrte das Männlein den Mund weit, weit auf und zeigte zwei Reihen sehr weißer spitzer Zähnchen. Marie schob auf des Vaters Geheiß eine Nuss hinein, und – knack – hatte sie der Mann zerbissen, dass die Schalen abfielen und Marie den süßen Kern in die Hand bekam. Nun musste wohl jeder und auch Marie wissen, dass der zierliche kleine Mann aus dem Geschlecht der Nussknacker abstammte und die Profession seiner Vorfahren betrieb.

Sie jauchzte auf vor Freude, da sprach der Vater: »Da dir, liebe Marie, Freund Nussknacker so sehr gefällt, so sollst du ihn auch besonders hüten und schützen, unerachtet, wie ich gesagt, Luise und Fritz ihn mit ebenso vielem Recht brauchen können als du!« Marie nahm ihn sogleich in den Arm und ließ ihn Nüsse aufknacken, doch suchte sie die kleinsten aus, damit das Männlein nicht so weit den Mund aufsperren durfte, welches ihm doch im Grunde nicht gut stand. Luise gesellte sich zu ihr, und auch für sie musste Freund Nussknacker seine Dienste verrichten, welches er gern zu tun schien, da er immerfort sehr freundlich lächelte.

Fritz war unterdessen vom vielen Exerzieren und Reiten müde geworden, und da er so lustig Nüsse knacken hörte, sprang er hin zu den Schwestern und lachte recht von Herzen über den kleinen drolligen Mann, der nun, da Fritz auch Nüsse essen wollte, von Hand zu Hand ging, und gar nicht aufhören konnte mit Auf- und Zuschnappen. Fritz schob immer die größten und härtesten Nüsse hinein, aber mit einem Male ging es – krack – krack –, und drei Zähnchen fielen aus des Nussknackers Munde, und sein ganzes Unterkinn war lose und wackelig.

»Ach, mein armer lieber Nussknacker!«, schrie Marie laut und nahm ihn dem Fritz aus den Händen.

»Das ist ein einfältiger dummer Bursche«, sprach Fritz. »Will Nussknacker sein und hat kein ordentliches Gebiss – mag wohl auch sein Handwerk gar nicht versteh'n. Gib ihn nur her, Marie! Er soll mir Nüsse zerbeißen, verliert er auch noch die übrigen Zähne, ja, das ganze Kinn obendrein, was ist an dem Taugenichts gelegen.«

»Nein, nein«, rief Marie weinend, »du bekommst ihn nicht, meinen lieben Nussknacker, sieh nur her, wie er mich so wehmütig anschaut, und mir sein wundes Mündchen zeigt! Aber du bist ein hartherziger Mensch: Du schlägst deine Pferde und lässt wohl gar einen Soldaten totschießen.«

»Das muss so sein, das verstehst du nicht«, rief Fritz, »aber der Nussknacker gehört ebenso gut mir als dir, gib ihn nur her.«

Marie fing an heftig zu weinen und wickelte den kranken Nussknacker schnell in ihr kleines Taschentuch ein. Die Eltern kamen mit dem Paten Droßelmeier herbei. Dieser nahm zu Mariens Leidwesen Fritzens Partie. Der Vater sagte aber: »Ich habe den Nussknacker ausdrücklich unter Mariens Schutz gestellt, und da, wie ich sehe, er dessen eben jetzt bedarf, so hat sie volle Macht über ihn, ohne dass jemand dreinzureden hat. Übrigens wundert es mich sehr von Fritzen, dass er von einem im Dienst Erkrankten noch fernere Dienste verlangt. Als guter Militär sollte er doch wohl wissen, dass man Verwundete niemals in Reihe und Glied stellt?«

Fritz war sehr beschämt und schlich, ohne sich weiter um Nüsse und Nussknacker zu bekümmern, fort an die andere Seite des Tisches, wo seine Husaren, nachdem sie gehörige Vorposten ausgestellt hatten, ins Nachtquartier gezogen waren. Marie suchte Nussknackers verlorne

Zähnchen zusammen, um das kranke Kinn hatte sie ein hübsches weißes Band, das sie von ihrem Kleidchen abgelöst, gebunden, und dann den armen Kleinen, der sehr blass und erschrocken aussah, noch sorgfältiger als vorher in ihr Tuch eingewickelt. So hielt sie ihn wie ein kleines Kind wiegend in den Armen und besah die schönen Bilder des neuen Bilderbuchs, das heute unter den andern vielen Gaben lag. Sie wurde, wie es sonst gar nicht ihre Art war, recht böse, als Pate Droßelmeier so sehr lachte und immerfort fragte, wie sie denn mit solch einem grundhässlichen kleinen Kerl so schöntun könne? Jener sonderbare Vergleich mit Droßelmeier, den sie anstellte, als der Kleine ihr zuerst in die Augen fiel, kam ihr wieder in den Sinn, und sie sprach sehr ernst: »Wer weiß, lieber Pate, ob du denn, putzest du dich auch so heraus wie mein lieber Nussknacker, und hättest du auch solche schöne blanke Stiefelchen an, wer weiß, ob du denn doch so hübsch aussehen würdest als er!« Marie wusste gar nicht, warum denn die Eltern so laut auflachten, und warum der Obergerichtsrat solch eine rote Nase bekam und gar nicht so hell mitlachte wie zuvor. Es mochte wohl seine besondere Ursache haben.

Wunderdinge

Bei Medizinalrats in der Wohnstube, wenn man zur Türe hineintritt gleich links an der breiten Wand, steht ein hoher Glasschrank, in welchem die Kinder all die schönen Sachen, die ihnen jedes Jahr einbeschert worden, aufbewahren. Die Luise war noch ganz klein, als der Vater den Schrank von einem sehr geschickten Tischler machen ließ, der so himmelhelle Scheiben einsetzte und überhaupt das Ganze so geschickt einzurichten wusste, dass alles drinnen sich beinahe blanker und hübscher ausnahm, als wenn man es in Händen hatte.

Im obersten Fache, für Marien und Fritzen unerreichbar, standen des Paten Droßelmeiers Kunstwerke, gleich darunter war das Fach für die Bilderbücher, die beiden untersten Fächer durften Marie und Fritz anfüllen wie sie wollten, jedoch geschah es immer, dass Marie das unterste Fach ihren Puppen zur Wohnung einräumte, Fritz dagegen in dem Fache drüber seine Truppen Kantonierungsquartiere beziehen ließ.

So war es auch heute gekommen, denn indem Fritz seine Husaren oben aufgestellt, hatte Marie unten Mamsell Trutchen beiseite gelegt, die neue schön geputzte Puppe in das sehr gut möblierte Zimmer hineingesetzt und sich auf Zuckerwerk bei ihr eingeladen. Sehr gut möbliert war das Zimmer, habe ich gesagt, und das ist auch wahr, denn ich weiß nicht, ob du, meine aufmerksame Zuhörerin Marie! ebenso wie die kleine Stahlbaum (es ist dir schon bekannt worden, dass sie auch Marie heißt), ja! – ich meine, ob du ebenso wie diese, ein kleines schön geblümtes Sofa, mehrere allerliebste Stühlchen, einen niedlichen Teetisch, vor allen Dingen aber ein sehr nettes blankes Bettchen besitzest, worin die schönsten Puppen ausruhen? Alles dieses stand in der Ecke des Schranks, dessen Wände hier sogar mit bunten Bilderchen tapeziert waren, und du kannst dir wohl denken, dass in diesem Zimmer die neue Puppe, welche, wie Marie noch denselben Abend erfuhr, Mamsell Clärchen hieß, sich sehr wohl befinden musste.

Es war später Abend geworden, ja Mitternacht im Anzuge, und Pate Droßelmeier längst fortgegangen, als die Kinder noch gar nicht wegkommen konnten von dem Glasschrank, so sehr auch die Mutter

mahnte, dass sie doch endlich nun zu Bette gehen möchten. »Es ist wahr«, rief endlich Fritz, »die armen Kerls« (seine Husaren meinend) »wollen auch nun Ruhe haben, und solange ich da bin, wagt's keiner, ein bisschen zu nicken, das weiß ich schon!« Damit ging er ab; Marie aber bat gar sehr: »Nur noch ein Weilchen, ein einziges kleines Weilchen lass mich hier, liebe Mutter, hab ich ja doch manches zu besorgen, und ist das geschehen, so will ich ja gleich zu Bette gehen!«
Marie war gar ein frommes vernünftiges Kind, und so konnte die gute Mutter wohl ohne Sorgen sie noch bei den Spielsachen allein lassen. Damit aber Marie nicht etwa gar zu sehr verlockt werde von der neuen Puppe und den schönen Spielsachen überhaupt, so aber die Lichter vergäße, die rings um den Wandschrank brennten, löschte die Mutter sie sämtlich aus, sodass nur die Lampe, die in der Mitte des Zimmers von der Decke herabhing, ein sanftes anmutiges Licht verbreitete. »Komm bald hinein, liebe Marie! Sonst kannst du ja morgen nicht zu rechter Zeit aufstehen«, rief die Mutter, indem sie sich in das Schlafzimmer entfernte.
Sobald sich Marie allein befand, schritt sie schnell dazu, was ihr zu tun recht auf dem Herzen lag, und was sie doch nicht, selbst wusste sie nicht, warum, der Mutter zu entdecken vermochte. Noch immer hatte sie den kranken Nussknacker eingewickelt in ihr Taschentuch auf dem Arm getragen. Jetzt legte sie ihn behutsam auf den Tisch, wickelte leise, leise das Tuch ab und sah nach den Wunden. Nussknacker war sehr bleich, aber dabei lächelte er so sehr wehmütig freundlich, dass es Marien recht durch das Herz ging.
»Ach, Nussknackerchen«, sprach sie sehr leise, »sei nur nicht böse, dass Bruder Fritz dir so wehe getan hat, er hat es auch nicht so schlimm gemeint, er ist nur ein bisschen hartherzig geworden durch

das wilde Soldatenwesen, aber sonst ein recht guter Junge, das kann ich dich versichern. Nun will ich dich aber auch recht sorglich so lange pflegen, bis du wieder ganz gesund und fröhlich geworden; dir deine Zähnchen recht fest einsetzen, dir die Schultern einrenken, das soll Pate Droßelmeier, der sich auf solche Dinge versteht.« – Aber nicht ausreden konnte Marie, denn indem sie den Namen Droßelmeier nannte, machte Freund Nussknacker ein ganz verdammt schiefes Maul, und aus seinen Augen fuhr es heraus wie grünfunkelnde Stacheln. In dem Augenblick aber, dass Marie sich recht entsetzen wollte, war es ja wieder des ehrlichen Nussknackers wehmütig lächelndes Gesicht, welches sie anblickte, und sie wusste nun wohl, dass der von der Zugluft berührte, schnell auflodernde Strahl der Lampe im Zimmer Nussknackers Gesicht so entstellt hatte.

»Bin ich nicht ein töricht Mädchen, dass ich so leicht erschrecke, so dass ich sogar glaube, das Holzpüppchen da könne mir Gesichter schneiden! Aber lieb ist mir doch Nussknacker gar zu sehr, weil er so komisch ist und doch so gutmütig, und darum muss er gepflegt werden, wie sich's gehört!« Damit nahm Marie den Freund Nussknacker in den Arm, näherte sich dem Glasschrank, kauerte vor demselben und sprach also zur neuen Puppe: »Ich bitte dich recht sehr, Mamsell Clärchen, tritt dein Bettchen dem kranken wunden Nussknacker ab, und behelfe dich, so gut wie es geht, mit dem Sofa. Bedenke, dass du sehr gesund und recht bei Kräften bist, denn sonst würdest du nicht solche dicke dunkelrote Backen haben, und dass sehr wenige der allerschönsten Puppen solche weiche Sofas besitzen.«

Mamsell Clärchen sah in vollem glänzenden Weihnachtsputz sehr vornehm und verdrießlich aus und sagte nicht »Muck!« »Was mache ich aber auch für Umstände«, sprach Marie, nahm das Bette hervor, legte sehr leise und sanft Nussknackerchen hinein, wickelte noch ein gar schönes Bändchen, das sie sonst um den Leib getragen, um die wunden Schultern und bedeckte ihn bis unter die Nase. »Bei der unartigen Cläre darf er aber nicht bleiben«, sprach sie weiter, und hob das Bettchen samt dem darinne liegenden Nussknacker heraus in das obere Fach, sodass es dicht neben dem schönen Dorf zu stehen kam, wo Fritzens Husaren kantonierten.

Sie verschloss den Schrank und wollte ins Schlafzimmer, da – horcht auf Kinder! –, da fing es an leise – leise zu wispern und zu flüstern und zu rascheln ringsherum, hinter dem Ofen, hinter den Stühlen, hinter den Schränken. – Die Wanduhr schnurrte dazwischen lauter und lauter, aber sie konnte nicht schlagen. Marie blickte hin, da hatte die große vergoldete Eule, die darauf saß, ihre Flügel herabgesenkt, sodass sie die ganze Uhr überdeckten und den hässlichen Katzenkopf mit krummen Schnabel weit vorgestreckt. Und stärker schnurrte es mit vernehmlichen Worten:

»Uhr, Uhre, Uhre, Uhren, müsst alle nur leise schnurren, leise schnurren. – Mausekönig hat ja wohl ein feines Ohr – purrpurr – pum pum singt nur, singt ihm altes Liedlein vor – purr purr – pum pum schlag an Glöcklein, schlag an, bald ist es um ihn getan!« Und pum pum ging es ganz dumpf und heiser zwölfmal! – Marien fing an sehr zu grauen, und entsetzt wär sie beinahe davongelaufen, als sie Pate Droßelmeier erblickte, der statt der Eule auf der Wanduhr saß und seine gelben Rockschöße von beiden Seiten wie Flügel herabgehängt hatte, aber sie ermannte sich und rief laut und weinerlich:

»Pate Droßelmeier, Pate Droßelmeier, was willst du da oben? Komm herunter zu mir und erschrecke mich nicht so, du böser Pate Droßelmeier!« – Aber da ging ein tolles Kichern und Gepfeife los rundumher, und bald trottierte und lief es hinter den Wänden wie mit tausend kleinen Füßchen und tausend kleine Lichterchen blickten aus den Ritzen der Dielen. Aber nicht Lichterchen waren es, nein! Kleine funkelnde Augen, und Marie wurde gewahr, dass überall Mäuse hervorguckten und sich hervorarbeiteten. Bald ging es trott – trott – hopp – hopp in der Stube umher – immer lichtere und dichtere Haufen Mäuse galoppierten hin und her und stellten sich endlich in Reihe und Glied, so wie Fritz seine Soldaten zu stellen pflegte, wenn es zur Schlacht gehen sollte.

Das kam nun Marien sehr possierlich vor, und da sie nicht, wie manche andere Kinder, einen natürlichen Abscheu gegen Mäuse hatte, wollte ihr eben alles Grauen vergehen, als es mit einemmal so entsetzlich und so schneidend zu pfeifen begann, dass es ihr eiskalt über den Rücken lief! – Ach, was erblickte sie jetzt! –

Nein, wahrhaftig, geehrter Leser Fritz, ich weiß, dass ebenso gut wie dem weisen und mutigen Feldherrn Fritz Stahlbaum dir das Herz auf dem rechten Flecke sitzt, aber, hättest du das gesehen, was Marien jetzt vor Augen kam, wahrhaftig du wärst davongelaufen, ich glaube sogar, du wärst schnell ins Bett gesprungen und hättest die Decke viel weiter über die Ohren gezogen als gerade nötig.

– Ach! – Das konnte die arme Marie ja nicht einmal tun, denn hört nur, Kinder! – Dicht, dicht vor ihren Füßen sprühte es wie von unterirdischer Gewalt getrieben, Sand und Kalk und zerbröckelte Mauersteine hervor und sieben Mäuseköpfe mit sieben hell funkelnden Kronen erhoben sich recht grässlich zischend und pfeifend aus dem Boden. Bald arbeitete sich auch der Mausekörper, an dessen Hals die sieben Köpfe angewachsen waren, vollends hervor und der großen mit sieben Diademen geschmückten Maus jauchzte in vollem Chorus dreimal laut aufquiekend das ganze Heer entgegen, das sich nun auf einmal in Bewegung setzte und hott, hott – trott – trott ging es – ach, geradezu auf den Schrank – geradezu auf Marien los, die noch dicht an der Glastüre des Schrankes stand.

Vor Angst und Grauen hatte Marien das Herz schon so gepocht, dass sie glaubte, es müsse nun gleich aus der Brust herausspringen und dann müsste sie sterben; aber nun war es ihr, als stehe ihr das Blut in den Adern still. Halb ohnmächtig wankte sie zurück, da ging es klirr – klirr – prr, und in Scherben fiel die Glasscheibe des Schranks herab, die sie mit dem Ellbogen eingestoßen. Sie fühlte wohl in dem Augenblick einen recht stechenden Schmerz am linken Arm, aber es war ihr auch plötzlich viel leichter ums Herz, sie hörte kein Quieken und Pfeifen mehr, es war alles ganz still geworden, und, obschon sie nicht hinblicken mochte, glaubte sie doch, die Mäuse wären von dem Klirren der Scheibe erschreckt wieder abgezogen in ihre Löcher.

– Aber was war denn das wieder? – Dicht hinter Marien fing es an, im Schrank auf seltsame Weise zu rumoren und ganz feine Stimmchen fingen an: »Aufgewacht – aufgewacht – woll'n zur Schlacht – noch diese Nacht – aufgewacht – auf zur Schlacht.« – Und dabei klingelte es mit harmonischen Glöcklein gar hübsch und anmutig!

»Ach, das ist ja mein kleines Glockenspiel«, rief Marie freudig und sprang schnell zur Seite Da sah sie, wie es im Schrank ganz sonderbar leuchtete und herumwirtschaftete und hantierte. Es waren mehrere Puppen, die durcheinanderliefen und mit den kleinen Armen herumfochten.

Mit einemmal erhob sich jetzt Nussknacker, warf die Decke weit von sich und sprang mit beiden Füßen zugleich aus dem Bette, indem er laut rief: »Knack – knack – knack – dummes Mausepack – dummer toller Schnack – Mausepack – Knack – Knack – Mausepack – Krick und Krack – wahrer Schnack.« Und damit zog er sein kleines Schwert und schwang es in den Lüften und rief: »Ihr, meine lieben Vasallen, Freunde und Brüder, wollt ihr mir beistehen im harten Kampf?«

– Sogleich schrien heftig drei Skaramuzze, ein Pantalon, vier Schornsteinfeger, zwei Zitherspielmänner und ein Tambour: »Ja, Herr – wir hängen Euch an in standhafter Treue – mit Euch ziehen wir in Tod, Sieg und Kampf!« und stürzten sich nach dem begeisterten Nussknacker, der den gefährlichen Sprung wagte, vom obern Fach herab.

Ja! Jene hatten gut sich herabstürzen, denn nicht allein, dass sie reiche Kleider von Tuch und Seide trugen, so war inwendig im Leibe auch nicht viel anders als Baumwolle und Häcksel, daher plumpsten sie auch herab wie Wollsäckchen. Aber der arme Nussknacker, der hätte gewiss Arm und Beine gebrochen, denn, denkt euch, es war beinahe zwei Fuß hoch vom Fache, wo er stand, bis zum untersten, und sein Körper war so spröde als sei er geradezu aus Lindenholz geschnitzt. Ja, Nussknacker hätte gewiss Arm und Beine gebrochen, wäre, im Augenblick als er sprang, nicht auch Mamsell Clärchen schnell vom Sofa aufgesprungen und hätte den Helden mit dem gezogenen Schwert in ihren weichen Armen aufgefangen.

»Ach, du liebes gutes Clärchen!«, schluchzte Marie, »wie habe ich dich verkannt, gewiss gabst du Freund Nussknackern dein Bettchen recht gerne her!«

Doch Mamsell Clärchen sprach jetzt, indem sie den jungen Helden sanft an ihre seidene Brust drückte: »Wollet Euch, o Herr! krank und wund wie Ihr seid, doch nicht in Kampf und Gefahr begeben, seht wie Eure tapferen Vasallen kampflustig und des Sieges gewiss sich sammeln. Skaramuz, Pantalon, Schornsteinfeger, Zitherspielmann und Tambour sind schon unten und die Devisen-Figuren in meinem Fache rühren und regen sich merklich! Wollet, o Herr! in meinen Armen ausruhen oder von meinem Federhut herab Euern Sieg anschaun!« So sprach Clärchen, doch Nussknacker tat ganz ungebärdig und strampelte so sehr mit den Beinen, dass Clärchen ihn schnell herab auf den Boden setzen musste.

In dem Augenblick ließ er sich aber sehr artig auf ein Knie nieder und lispelte: »O Dame! stets werd ich Eurer mir bewiesenen Gnade und Huld gedenken in Kampf und Streit!« Da bückte sich Clärchen so tief herab, dass sie ihn beim Ärmchen ergreifen konnte, hob ihn sanft auf, löste schnell ihren mit vielen Flittern gezierten Leibgürtel los und wollte ihn dem Kleinen umhängen, doch der wich zwei Schritte zurück, legte die Hand auf die Brust und sprach sehr feierlich: »Nicht so wollet, o Dame, Eure Gunst an mir verschwenden, denn –« er stockte, seufzte tief auf, riss dann schnell das Bändchen, womit ihn Marie verbunden hatte, von den Schultern, drückte es an die Lippen, hing es wie eine Feldbinde um und sprang, das blank gezogene Schwertlein mutig schwenkend, schnell und behende wie ein Vögelchen über die Leiste des Schranks auf den Fußboden.

Ihr merkt wohl, höchst geneigte und sehr vortreffliche Zuhörer, dass Nussknacker schon früher, als er wirklich lebendig worden, alles Liebe und Gute, was ihm Marie erzeigte, recht deutlich fühlte, und dass er nur deshalb, weil er Marien so gar gut worden, auch nicht einmal ein Band von Mamsell Clärchen annehmen und tragen wollte, unerachtet es sehr glänzte und sehr hübsch aussah. Der treue gute Nussknacker putzte sich lieber mit Mariens schlichtem Bändchen. – Aber wie wird es nun weiter werden? – Sowie Nussknacker herabspringt, geht auch das Quieken und Piepen wieder los. Ach! Unter dem großen Tische halten ja die fatalen Rotten unzähliger Mäuse und über alle ragt die abscheuliche Maus mit den sieben Köpfen hervor! – Wie wird das nun werden!

Die Schlacht

»Schlagt den Generalmarsch, getreuer Vasalle Tambour!«, schrie Nussknacker sehr laut, und sogleich fing der Tambour an, auf die künstlichste Weise zu wirbeln, dass die Fenster des Glasschranks zitterten und dröhnten. Nun krackte und klapperte es drinnen und Marie wurde gewahr, dass die Deckel sämtlicher Schachteln, worin Fritzens Armee einquartiert war mit Gewalt auf- und die Soldaten heraus und herab ins unterste Fach sprangen, dort sich aber in blanken Rotten sammelten.

Nussknacker lief auf und nieder, begeisterte Worte zu den Truppen sprechend: »Kein Hund von Trompeter regt und rührt sich«, schrie Nussknacker erbost, wandte sich aber dann schnell zum Pantalon, der etwas blass geworden, mit dem langen Kinn sehr wackelte, und sprach feierlich: »General, ich kenne Ihren Mut und Ihre Erfahrung, hier gilt's schnellen Überblick und Benutzung des Moments – ich vertraue Ihnen das Kommando sämtlicher Kavallerie und Artillerie an –, ein Pferd brauchen Sie nicht, Sie haben sehr lange Beine und galoppieren damit leidlich. Tun Sie jetzt, was Ihres Berufs ist.«

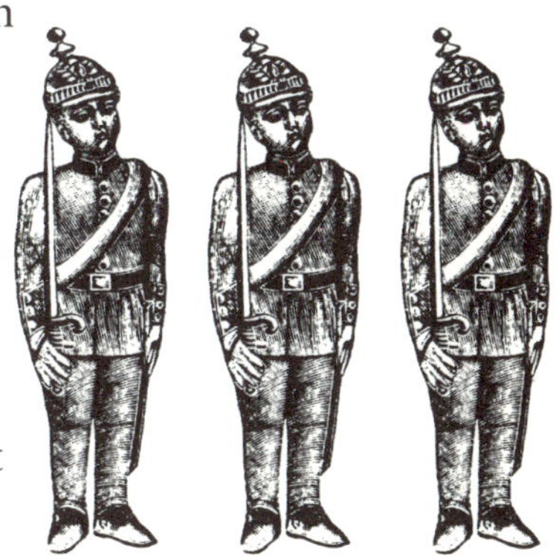

Sogleich drückte Pantalon die dürren langen Fingerchen an den Mund und krähte so durchdringend, dass es klang, als würden hundert helle Trompetlein lustig geblasen. Da ging es im Schrank an ein Kichern und Stampfen, und siehe, Fritzens Kürassiere und Dragoner, vor allen Dingen aber die neuen glänzenden Husaren rückten aus, und hielten bald unten auf dem Fußboden. Nun defilierte Regiment auf Regiment mit fliegenden Fahnen und klingendem Spiel bei Nussknacker vorüber und stellte sich in breiter Reihe quer über den Boden des Zimmers.

Aber vor ihnen her fuhren rasselnd Fritzens Kanonen auf, von den Kanonieren umgeben, und bald ging es bum, bum, und Marie sah, wie die Zuckererbsen einschlugen in den dicken Haufen der Mäuse, die davon ganz weiß überpudert wurden und sich sehr schämten. Vorzüglich tat ihnen aber eine schwere Batterie viel Schaden, die auf Mamas Fußbank aufgefahren war und, Pum – Pum – Pum, immer hintereinander fort Pfeffernüsse unter die Mäuse schoss, wovon sie umfielen. Die Mäuse kamen aber doch immer näher und überrannten sogar einige Kanonen, aber da ging es Prr – Prr, Prr, und vor Rauch und Staub konnte Marie kaum sehen, was nun geschah. Doch so viel war gewiss, dass jedes Korps sich mit der höchsten Erbitterung schlug, und der Sieg lange hin und her schwankte. Die Mäuse entwickelten immer mehr und mehr Massen, und ihre kleinen silbernen Pillen, die sie sehr geschickt zu schleudern wussten, schlugen schon bis in den Glasschrank hinein.

Verzweiflungsvoll liefen Clärchen und Trutchen umher und rangen sich die Händchen wund. »Soll ich in meiner blühendsten Jugend sterben! – Ich, die schönste der Puppen!« schrie Clär-

chen. »Hab ich darum mich so gut konserviert, um hier in meinen vier Wänden umzukommen?«, rief Trutchen. Dann fielen sie sich um den Hals und heulten so sehr, dass man es trotz des tollen Lärms doch hören konnte. Denn von dem Spektakel, der nun losging, habt ihr kaum einen Begriff, werte Zuhörer.

– Das ging – Prr – Prr – Puff, Piff – Schnetterdeng – Schnetterdeng – Bum, Burum, Bum – Burum – Bum – durcheinander, und dabei quiekten und schrien Mauskönig und Mäuse, und dann hörte man wieder Nussknackers gewaltige Stimme, wie er nützliche Befehle austeilte und sah ihn, wie er über die im Feuer stehenden Bataillone hinwegschritt! –

Pantalon hatte einige sehr glänzende Kavallerieangriffe gemacht und sich mit Ruhm bedeckt, aber Fritzens Husaren wurden von der Mäuseartillerie mit hässlichen, übelriechenden Kugeln beworfen, die ganz fatale Flecke in ihren roten Wämsern machten, weshalb sie nicht recht vor wollten. Pantalon ließ sie links abschwenken, und in der Begeisterung des Kommandierens machte er es ebenso und seine Kürassiere und Dragoner auch, das heißt, sie schwenkten alle links ab und gingen nach Hause. Dadurch geriet die auf der Fußbank postierte Batterie in Gefahr, und es dauerte auch gar nicht lange, so kam ein dicker Haufen sehr hässlicher Mäuse und rannte so stark an, dass die ganze Fußbank mitsamt den Kanonieren und Kanonen umfiel.

Nussknacker schien sehr bestürzt und befahl, dass der rechte Flügel eine rückgängige Bewegung machen solle. Du weißt, o mein kriegserfahrener Zuhörer Fritz! dass eine solche Bewegung machen beinahe so viel heißt als davonlaufen und betrauerst mit mir schon jetzt das

Unglück, was über die Armee des kleinen von Marie geliebten Nussknackers kommen sollte! – Wende jedoch dein Auge von diesem Unheil ab und beschaue den linken Flügel der Nussknackerischen Armee, wo alles noch sehr gut steht und für Feldherrn und Armee viel zu hoffen ist.

Während des hitzigsten Gefechts waren leise, leise Mäusekavalleriemassen unter der Kommode heraus debouchiert und hatten sich unter lautem grässlichen Gequiek mit Wut auf den linken Flügel der Nussknackerischen Armee geworfen, aber welchen Widerstand fanden sie da! – Langsam, wie es die Schwierigkeit des Terrains nur erlaubte, da die Leiste des Schranks zu passieren, war das Devisen-Korps unter der Anführung zweier chinesischer Kaiser vorgerückt, und hatte sich en quarré plain formiert. – Diese wackern, sehr bunten und herrlichen Truppen, die aus vielen Gärtnern, Tirolern, Tungusen, Friseurs, Harlekins, Kupidos, Löwen, Tigern, Meerkatzen und Affen bestanden, fochten mit Fassung, Mut und Ausdauer.

Mit spartanischer Tapferkeit hätte dies Bataillon von Eliten dem Feinde den Sieg entrissen, wenn nicht ein verwegener feindlicher Rittmeister tollkühn vordringend einem der chinesischen Kaiser den Kopf abgebissen und dieser im Fallen zwei Tungusen und eine Meerkatze erschlagen hätte. Dadurch entstand eine Lücke, durch die der Feind eindrang und bald war das ganze Bataillon zerbissen.

Doch wenig Vorteil hatte der Feind von dieser Untat. Sowie ein Mäusekavallerist mordlustig einen der tapfern Gegner mittendurch zerbiss, bekam er einen kleinen gedruckten Zettel in den Hals, wovon er augenblicklich starb. – Half dies aber wohl auch der Nussknackerischen Armee, die, einmal rückgängig geworden, immer rückgängiger wurde und immer mehr Leute verlor, sodass der unglückliche Nussknacker nur mit einem gar kleinen Häufchen dicht vor dem Glasschranke hielt?

»Die Reserve soll heran! – Pantalon – Skaramuz, Tambour – wo seid ihr?« – So schrie Nussknacker, der noch auf neue Truppen hoffte, die sich aus dem Glasschrank entwickeln sollten. Es kamen auch wirklich einige braune Männer und Frauen aus Thorn mit goldnen Gesichtern, Hüten und Helmen heran, die fochten aber so ungeschickt um sich herum, dass sie keinen der Feinde trafen und bald ihrem Feldherrn Nussknacker selbst die Mütze vom Kopfe heruntergefochten hätten. Die feindlichen Chasseurs bissen ihnen auch bald die Beine ab, sodass sie umstülpten und noch dazu einige von Nussknackers Waffenbrüdern erschlugen.

Nun war Nussknacker vom Feinde dicht umringt, in der höchsten Angst und Not. Er wollte über die Leiste des Schranks springen, aber die Beine waren zu kurz, Clärchen und Trutchen lagen in Ohnmacht, sie konnten ihm nicht helfen. – Husaren – Dragoner sprangen lustig bei ihm vorbei und hinein, da schrie er auf in heller Verzweiflung: »Ein Pferd – ein Pferd – ein Königreich für ein Pferd!« –

In dem Augenblick packten ihn zwei feindliche Tirailleurs bei dem hölzernen Mantel, und im Triumph aus sieben Kehlen aufquiekend, sprengte Mausekönig heran. Marie wusste sich nicht mehr zu fassen, »O mein armer Nussknacker – mein armer Nussknacker!«, so rief sie schluchzend, fasste, ohne sich deutlich ihres Tuns bewusst zu sein, nach ihrem linken Schuh, und warf ihn mit Gewalt in den dicksten Haufen der Mäuse hinein auf ihren König. In dem Augenblick schien alles verstoben und verflogen, aber Marie empfand am linken Arm einen noch stechenderen Schmerz als vorher und sank ohnmächtig zur Erde nieder.

Die Krankheit

Als Marie wie aus tiefem Todesschlaf erwachte, lag sie in ihrem Bettchen, und die Sonne schien hell und funkelnd durch die mit Eis belegten Fenster in das Zimmer hinein. Dicht neben ihr saß ein fremder Mann, den sie aber bald für den Chirurgus Wendelstern erkannte. Der sprach leise: »Nun ist sie aufgewacht!« Da kam die Mutter herbei und sah sie mit recht ängstlich forschenden Blicken an.

»Ach liebe Mutter«, lispelte die kleine Marie, »sind denn nun die hässlichen Mäuse alle fort, und ist denn der gute Nussknacker gerettet?«

»Sprich nicht solch albernes Zeug, liebe Marie«, erwiderte die Mutter, »was haben die Mäuse mit dem Nussknacker zu tun. Aber du böses Kind hast uns allen recht viel Angst und Sorge gemacht. Das kommt davon her, wenn die Kinder eigenwillig sind und den Eltern nicht folgen. Du spieltest gestern bis in die tiefe Nacht hinein mit deinen Puppen. Du wurdest schläfrig, und mag es sein, dass ein hervorspringendes Mäuschen, deren es doch sonst hier nicht gibt, dich erschreckt hat; genug du stießest mit dem Arm eine Glasscheibe des Schranks ein und schnittest dich so sehr in den Arm, dass Herr Wendelstern, der dir eben die noch in den Wunden steckenden Glasscherbchen herausgenommen hat, meint, du hättest, zerschnitt das Glas eine Ader, einen steifen Arm behalten oder dich gar verbluten können. Gott sei gedankt, dass ich, um Mitternacht erwachend und dich noch so spät vermissend, aufstand und in die Wohnstube ging. Da lagst du dicht neben dem Glasschrank ohnmächtig auf der Erde und blutetest sehr. Bald wär ich vor Schreck auch ohnmächtig geworden. Da lagst du nun, und um dich her zerstreut erblickte ich viele von Fritzens bleiernen Soldaten und andere Puppen, zerbrochene Devisen, Pfefferkuchenmänner; Nussknacker lag aber auf deinem blutenden Arme und nicht weit von dir dein linker Schuh.«

»Ach, Mütterchen, Mütterchen«, fiel Marie ein, »sehen Sie wohl, das waren ja noch die Spuren von der großen Schlacht zwischen den Puppen und Mäusen, und nur darüber bin ich so sehr erschrocken, als die Mäuse den armen Nussknacker, der die Puppenarmee kommandierte, gefangen nehmen wollten. Da warf ich meinen Schuh unter die Mäuse, und dann weiß ich weiter nicht, was vorgegangen.«

Der Chirurgus Wendelstern winkte der Mutter mit den Augen und diese sprach sehr sanft zu Marien: »Lass es nur gut sein, mein liebes Kind! – Beruhige dich, die Mäuse sind alle fort und Nussknackerchen steht gesund und lustig im Glasschrank.« Nun trat der Medizinalrat ins Zimmer und sprach lange mit dem Chirurgus Wendelstern; dann fühlte er Mariens Puls und sie hörte wohl, dass von einem Wundfieber die Rede war. Sie musste im Bette bleiben und Arznei nehmen und so dauerte es einige Tage, wiewohl sie außer einigem Schmerz am Arm sich eben nicht krank und unbehaglich fühlte.

Sie wusste, dass Nussknackerchen gesund aus der Schlacht sich gerettet hatte, und es kam ihr manchmal wie im Traume vor, dass er ganz vernehmlich, wiewohl mit sehr wehmütiger Stimme sprach: »Marie, teuerste Dame, Ihnen verdanke ich viel, doch noch mehr können Sie für mich tun!« Marie dachte vergebens darüber nach, was das wohl sein könnte, es fiel ihr durchaus nicht ein. Spielen konnte Marie gar nicht recht, wegen des wunden Arms, und wollte sie lesen oder in den Bilderbüchern blättern, so flimmerte es ihr seltsam vor den Augen, und sie musste davon ablassen. So musste ihr nun wohl die Zeit recht herzlich lang werden, und sie konnte kaum die Dämmerung erwarten, weil dann die Mutter sich an ihr Bett setzte und ihr sehr viel Schönes vorlas und erzählte.

Eben hatte die Mutter die vorzügliche Geschichte vom Prinzen Fakardin vollendet, als die Türe aufging und der Pate Droßelmeier mit den Worten hineintrat: »Nun muss ich doch wirklich einmal selbst sehen, wie es mit der kranken und wunden Marie zusteht.«

Sowie Marie den Paten Droßelmeier in seinem gelben Röckchen erblickte, kam ihr das Bild jener Nacht, als Nussknacker die Schlacht wider die Mäuse verlor, gar lebendig vor Augen, und unwillkürlich rief sie laut dem Obergerichtsrat entgegen: »O Pate Droßelmeier, du bist recht hässlich gewesen, ich habe dich wohl gesehen, wie du auf der Uhr saßest und sie mit deinen Flügeln bedecktest, dass sie nicht laut schlagen sollte, weil sonst die Mäuse verscheucht worden wären – ich habe es wohl gehört, wie du dem Mausekönig riefest! – Warum kamst

du dem Nussknacker, warum kamst du mir nicht zu Hülfe, du hässlicher Pate Droßelmeier, bist du denn nicht allein schuld, dass ich verwundet und krank im Bette liegen muss?« –
Die Mutter fragte ganz erschrocken: »Was ist dir denn, liebe Marie?«
Aber der Pate Droßelmeier schnitt sehr seltsame Gesichter und sprach mit schnarrender, eintöniger Stimme: »Perpendikel musste schnurren – picken – wollte sich nicht schicken – Uhren – Uhren – Uhrenperpendikel müssen schnurren – leise schnurren – schlagen Glocken laut kling klang – Hink und Honk, und Honk und Hank – Puppenmädel sei nicht bang! – schlagen Glöcklein, ist geschlagen, Mausekönig fortzujagen, kommt die Eul im schnellen Flug – Pak und Pik, und Pik und Puk – Glöcklein – bim bim – Uhren – schnurr schnurr – Perpendikel müssen schnurren – picken wollte sich nicht schicken – Schnarr und schnurr, und pirr und purr!« –
Marie sah den Paten Droßelmeier starr mit großen Augen an, weil er ganz anders und noch viel hässlicher aussah als sonst, und mit dem rechten Arm hin und her schlug, als würd er gleich einer Drahtpuppe gezogen. Es hätte ihr ordentlich grauen können vor dem Paten, wenn die Mutter nicht zugegen gewesen wäre, und wenn nicht endlich Fritz, der sich unterdessen hineingeschlichen, ihn mit lautem Gelächter unterbrochen hätte.
»Ei, Pate Droßelmeier«, rief Fritz, »du bist heute wieder auch gar zu possierlich, du gebärdest dich ja wie mein Hampelmann, den ich längst hinter den Ofen geworfen.«
Die Mutter blieb sehr ernsthaft und sprach: »Lieber Herr Obergerichtsrat, das ist ja ein recht seltsamer Spaß, was meinen Sie denn eigentlich?«
»Mein Himmel!«, erwiderte Droßelmeier lachend, »kennen Sie denn

nicht mehr mein hübsches Uhrmacherliedchen? Das pfleg ich immer zu singen bei solchen Patienten wie Marie.« Damit setzte er sich schnell dicht an Mariens Bette und sprach: »Sei nur nicht böse, dass ich nicht gleich dem Mausekönig alle vierzehn Augen ausgehackt, aber es konnte nicht sein, ich will dir auch stattdessen eine rechte Freude machen.« Der Obergerichtsrat langte mit diesen Worten in die Tasche, und was er nun leise, leise hervorzog, war der Nussknacker, dem er sehr geschickt die verlornen Zähnchen fest eingesetzt und den lahmen Kinnbacken eingerenkt hatte.

Marie jauchzte laut auf vor Freude, aber die Mutter sagte lächelnd: »Siehst du nun wohl, wie gut es Pate Droßelmeier mit deinem Nussknacker meint?«

»Du musst es aber doch eingestehen, Marie«, unterbrach der Obergerichtsrat die Medizinalrätin, »du musst es aber doch eingestehen, dass Nussknacker nicht eben zum besten gewachsen und sein Gesicht nicht eben schön zu nennen ist. Wie sotane Hässlichkeit in seine Familie gekommen und vererbt worden ist, das will ich dir wohl erzählen, wenn du es anhören willst. Oder weißt du vielleicht schon die Geschichte von der Prinzessin Pirlipat, der Hexe Mauserinks und dem künstlichen Uhrmacher?«

»Hör mal«, fiel hier Fritz unversehens ein, »hör mal, Pate Droßelmeier, die Zähne hast du dem Nussknacker richtig eingesetzt, und der Kinnbacken ist auch nicht mehr so wackelig, aber warum fehlt ihm das Schwert, warum hast du ihm kein Schwert umgehängt?«

»Ei«, erwiderte der Obergerichtsrat ganz unwillig, »du musst an allem mäkeln und tadeln, Junge! Was geht mich Nussknackers Schwert an, ich habe ihn am Leibe kuriert, mag er sich nun selbst ein Schwert schaffen, wie er will.«

»Das ist wahr«, rief Fritz, »ist's ein tüchtiger Kerl, so wird er schon Waffen zu finden wissen.«
»Also Marie«, fuhr der Obergerichtsrat fort, »sage mir, ob du die Geschichte weißt von der Prinzessin Pirlipat?«
«Ach nein«, erwiderte Marie, »erzähle, lieber Pate Droßelmeier, erzähle!«
»Ich hoffe«, sprach die Medizinalrätin, »ich hoffe, lieber Herr Obergerichtsrat, dass Ihre Geschichte nicht so graulich sein wird, wie gewöhnlich alles ist, was Sie erzählen?«
»Mitnichten, teuerste Frau Medizinalrätin«, erwiderte Droßelmeier, »im Gegenteil ist das gar spaßhaft, was ich vorzutragen die Ehre haben werde.«
»Erzähle, o erzähle, lieber Pate«, so riefen die Kinder, und der Obergerichtsrat fing also an:

Das Märchen von der harten Nuss

»Pirlipats Mutter war die Frau eines Königs, mithin eine Königin, und Pirlipat selbst in demselben Augenblick, als sie geboren wurde, eine geborne Prinzessin. Der König war außer sich vor Freude über das schöne Töchterchen, das in der Wiege lag, er jubelte laut auf, er tanzte und schwenkte sich auf einem Beine und schrie ein Mal über das andere: ›Heisa! – Hat man was Schöneres jemals gesehen, als mein Pirlipatchen?‹ – Aber alle Minister, Generale und Präsidenten und Stabsoffiziere sprangen, wie der Landesvater, auf einem Beine herum und schrien sehr: ›Nein, niemals!‹
Zu leugnen war es aber auch in der Tat gar nicht, dass wohl, solange

die Welt steht, kein schöneres Kind geboren wurde als eben Prinzessin Pirlipat. Ihr Gesichtchen war wie von zarten lilienweißen und rosenroten Seidenflocken gewebt, die Äugelein lebendige funkelnde Azure, und es stand hübsch, dass die Löckchen sich in lauter glänzenden Goldfaden kräuselten. Dazu hatte Pirlipatchen zwei Reihen kleiner Perlzähnchen auf die Welt gebracht, womit sie zwei Stunden nach der Geburt dem Reichskanzler in den Finger biss, als er die Lineamente näher untersuchen wollte, sodass er laut aufschrie: ›O jemine!‹ – Andere behaupten, er habe: ›Au weh!‹ geschrien, die Stimmen sind noch heutzutage darüber sehr geteilt. Kurz, Pirlipatchen biss wirklich dem Reichskanzler in den Finger, und das entzückte Land wusste nun, dass auch Geist, Gemüt und Verstand in Pirlipats kleinem engelschönen Körperchen wohne. –

Wie gesagt, alles war vergnügt, nur die Königin war sehr ängstlich und unruhig, niemand wusste, warum. Vorzüglich fiel es auf, dass sie Pirlipats Wiege so sorglich bewachen ließ. Außerdem, dass die Türen von Trabanten besetzt waren, mussten, die beiden Wärterinnen dicht an der Wiege abgerechnet, noch sechs andere Nacht für Nacht ringsumher in der Stube sitzen. Was aber ganz närrisch schien, und was niemand begreifen konnte, jede dieser sechs Wärterinnen musste einen Kater auf den Schoß nehmen und ihn die ganze Nacht streicheln, dass er immerfort zu spinnen genötigt wurde.

Es ist unmöglich, dass ihr, liebe Kinder, erraten könnt, warum Pirlipats Mutter all diese Anstalten machte, ich weiß es aber, und will es euch gleich sagen. Es begab sich, dass einmal an dem Hofe von Pirlipats Vater viele vortreffliche Könige und sehr angenehme Prinzen versammelt waren, weshalb es denn sehr glänzend herging und viel Ritterspiele, Komödien und Hofbälle gegeben wurden. Der König, um recht zu zeigen, dass es ihm an Gold und Silber gar nicht mangle, wollte nun einmal einen recht tüchtigen Griff in den Kronschatz tun und was Ordentliches draufgehen lassen. Er ordnete daher, zumal er von dem Oberhofküchenmeister insgeheim erfahren, dass der Hofastronom die Zeit des Einschlachtens angekündigt, einen großen Wurstschmaus an, warf sich in den Wagen und lud selbst sämtliche Könige und Prinzen nur auf einen Löffel Suppe ein, um sich der Überraschung mit dem Köstlichen zu erfreuen.

Nun sprach er sehr freundlich zur Frau Königin: ›Dir ist ja schon bekannt, Liebchen! wie ich die Würste gern habe!‹ Die Königin wusste schon, was er damit sagen wollte, es hieß nämlich nichts anders, als sie selbst sollte sich, wie sie auch sonst schon getan, dem sehr nützlichen Geschäft des Wurstmachens unterziehen. Der Oberschatzmeister musste sogleich den großen goldnen Wurstkessel und die silbernen Kasserollen zur Küche abliefern; es wurde ein großes Feuer von Sandelholz angemacht, die Königin band ihre damastene Küchenschürze um, und bald dampften aus dem Kessel die süßen Wohlgerüche der Wurstsuppe.

Bis in den Staatsrat drang der anmutige Geruch; der König, von innerem Entzücken erfasst, konnte sich nicht halten. ›Mit Erlaubnis, meine Herren!‹, rief er, sprang schnell nach der Küche, umarmte die Königin, rührte etwas mit dem goldnen Szepter in dem Kessel und kehrte dann beruhigt in den Staatsrat zurück.

Eben nun war der wichtige Punkt gekommen, dass der Speck in Würfel geschnitten und auf silbernen Rosten geröstet werden sollte. Die Hofdamen traten ab, weil die Königin dies Geschäft aus treuer Anhänglichkeit und Ehrfurcht vor dem königlichen Gemahl allein unternehmen wollte. Allein sowie der Speck zu braten anfing, ließ sich ein ganz feines wisperndes Stimmchen vernehmen: ›Von dem Brätlein gib mir auch, Schwester! – Will auch schmausen, bin ja auch Königin – gib mir von dem Brätlein!‹ –

Die Königin wusste wohl, dass es Frau Mauserinks war, die also sprach. Frau Mauserinks wohnte schon seit vielen Jahren in des Königs Palast. Sie behauptete, mit der königlichen Familie verwandt und selbst Königin in dem Reiche Mausolien zu sein, deshalb hatte sie auch eine große Hofhaltung unter dem Herde. Die Königin war eine gute, mildtätige Frau, wollte sie daher auch sonst Frau Mauserinks nicht gerade als Königin und als ihre Schwester anerkennen, so gönnte sie ihr doch von Herzen an dem festlichen Tage die Schmauserei, und rief: ›Kommt nur hervor, Frau Mauserinks, Ihr möget immerhin von meinem Speck genießen.‹ Da kam auch Frau Mauserinks sehr schnell und lustig hervorgehüpft, sprang auf den Herd und ergriff mit den zierlichen kleinen Pfötchen ein Stückchen Speck nach dem andern, das ihr die Königin hinreichte.

Aber nun kamen alle Gevattern und Muhmen der Frau Mauserinks hervorgesprungen und auch sogar ihre sieben Söhne, recht unartige Schlingel, die machten sich über den Speck her, und nicht wehren konnte ihnen die erschrockene Königin. Zum Glück kam die Oberhofmeisterin dazu und verjagte die zudringlichen Gäste, sodass noch etwas Speck übrig blieb, welcher, nach Anweisung des herbeigerufenen Hofmathematikers sehr künstlich auf alle Würste verteilt wurde.

Pauken und Trompeten erschallten, alle anwesenden Potentaten und Prinzen zogen in glänzenden Feierkleidern zum Teil auf weißen Zeltern, zum Teil in kristallnen Kutschen zum Wurstschmause. Der König empfing sie mit herzlicher Freundlichkeit und Huld und setzte

sich dann, als Landesherr mit Kron und Szepter angetan, an die Spitze des Tisches. Schon in der Station der Leberwürste sah man, wie der König immer mehr und mehr erblasste, wie er die Augen gen Himmel hob – leise Seufzer entflohen seiner Brust –, ein gewaltiger Schmerz schien in seinem Innern zu wühlen! Doch in der Station der Blutwürste sank er laut schluchzend und ächzend in den Lehnsessel zurück, er hielt beide Hände vors Gesicht, er jammerte und stöhnte. –
Alles sprang auf von der Tafel, der Leibarzt bemühte sich vergebens des unglücklichen Königs Puls zu erfassen, ein tiefer, namenloser Jammer schien ihn zu zerreißen. Endlich, endlich, nach vielem Zureden, nach Anwendung starker Mittel, als da sind gebrannte Federposen und dergleichen, schien der König etwas zu sich selbst zu kommen, er stammelte kaum hörbar die Worte: ›Zu wenig Speck.‹ Da warf sich die Königin trostlos ihm zu Füßen und schluchzte: ›O mein armer unglücklicher königlicher Gemahl! – O welchen Schmerz mussten Sie dulden! – Aber sehen Sie hier die Schuldige zu Ihren Füßen – strafen, strafen Sie sie hart – ach – Frau Mauserinks mit ihren sieben Söhnen, Gevattern und Muhmen hat den Speck aufgefressen und –‹ Damit fiel die Königin rücklings über in Ohnmacht.
Aber der König sprang voller Zorn auf und rief laut: ›Oberhofmeisterin, wie ging das zu?‹ Die Oberhofmeisterin erzählte, soviel sie wusste, und der König beschloss Rache zu nehmen an der Frau Mauserinks und ihrer Familie, die ihm den Speck aus der Wurst weggefressen hatten. Der Geheime Staatsrat wurde berufen, man beschloss, der Frau Mauserinks den Prozess zu machen und ihre sämtlichen Güter einzuziehen; da aber der König meinte, dass sie unterdessen ihm doch noch immer den Speck wegfressen könnte, so wurde die ganze Sache dem Hofuhrmacher und Arkanisten übertragen.

Dieser Mann, der ebenso hieß als ich, nämlich Christian Elias Droßelmeier, versprach durch eine ganz besonders staatskluge Operation die Frau Mauserinks mit ihrer Familie auf ewige Zeiten aus dem Palast zu vertreiben. Er erfand auch wirklich kleine, sehr künstliche Maschinen, in die an einem Fädchen gebratener Speck getan wurde und die Droßelmeier rings um die Wohnung der Frau Speckfresserin aufstellte.
Frau Mauserinks war viel zu weise, um nicht Droßelmeiers List einzusehen, aber alle ihre Warnungen, alle ihre Vorstellungen halfen nichts, von dem süßen Geruch des gebratenen Specks verlockt, gingen alle sieben Söhne und viele, viele Gevattern und Muhmen der Frau Mauserinks in Droßelmeiers Maschinen hinein und wurden, als sie eben den Speck wegnaschen wollten, durch ein plötzlich vorfallendes Gitter gefangen, dann aber in der Küche selbst schmachvoll hingerichtet.
Frau Mauserinks verließ mit ihrem kleinen Häufchen den Ort des Schreckens. Gram, Verzweiflung, Rache erfüllte ihre Brust. Der Hof jubelte sehr, aber die Königin war besorgt, weil sie die Gemütsart der Frau Mauserinks kannte und wohl wusste, dass sie den Tod ihrer Söhne und Verwandten nicht ungerächt hingehen lassen würde. In der Tat erschien auch Frau Mauserinks, als die Königin eben für den königlichen Gemahl einen Lungenmus bereitete, den er sehr gern aß, und sprach: ›Meine Söhne – meine Gevattern und Muhmen sind erschlagen, gib wohl acht, Frau Königin, dass Mausekönigin dir nicht dein Prinzesschen entzweibeißt – gib wohl acht.‹ Darauf verschwand sie wieder und ließ sich nicht mehr sehen, aber die Königin war so erschrocken, dass sie den Lungenmus ins Feuer fallen ließ, und zum zweiten Mal verdarb Frau Mauserinks dem Könige eine Lieblingsspeise, worüber er sehr zornig war.

– Nun ist's aber genug für heute Abend, künftig das Übrige.«
Sosehr auch Marie, die bei der Geschichte ihre ganz eignen Gedanken hatte, den Pate Droßelmeier bat, doch nur ja weiterzuerzählen, so ließ er sich doch nicht erbitten, sondern sprang auf, sprechend: »Zu viel auf einmal ist ungesund, morgen das Übrige.«
Eben als der Obergerichtsrat im Begriff stand, zur Tür hinauszuschreiten, fragte Fritz: »Aber sag mal, Pate Droßelmeier, ist's denn wirklich wahr, dass du die Mausefallen erfunden hast?«
»Wie kann man nur so albern fragen«, rief die Mutter, aber der Obergerichtsrat lächelte sehr seltsam, und sprach leise: »Bin ich denn nicht ein künstlicher Uhrmacher und sollt nicht einmal Mausefallen erfinden können?«

Fortsetzung des Märchens von der harten Nuss

»Nun wisst ihr wohl, Kinder«, so fuhr der Obergerichtsrat Droßelmeier am nächsten Abende fort, »nun wisst ihr wohl, Kinder, warum die Königin das wunderschöne Prinzesschen Pirlipat so sorglich bewachen ließ. Musste sie nicht fürchten, dass Frau Mauserinks ihre Drohung erfüllen, wiederkommen und das Prinzesschen totbeißen würde?
Droßelmeiers Maschinen halfen gegen die kluge und gewitzte Frau Mauserinks ganz und gar nichts, und nur der Astronom des Hofes, der zugleich Geheimer Oberzeichen- und Sterndeuter war, wollte wissen, dass die Familie des Katers Schnurr imstande sein werde, die Frau Mauserinks von der Wiege abzuhalten; demnach geschah es also, dass jede der Wärterinnen einen der Söhne jener Familie, die üb-

rigens bei Hofe als Geheime Legationsräte angestellt waren, auf dem Schoße halten und durch schickliches Krauelen ihm den beschwerlichen Staatsdienst zu versüßen suchen musste.

Es war einmal schon Mitternacht, als die eine der beiden Geheimen Oberwärterinnen, die dicht an der Wiege saßen, wie aus tiefem Schlafe auffuhr. – Alles rundumher lag vom Schlafe befangen – kein Schnurren – tiefe Totenstille, in der man das Picken des Holzwurms vernahm! – Doch wie ward der Geheimen Oberwärterin, als sie dicht vor sich eine große, sehr hässliche Maus erblickte, die auf den Hinterfüßen aufgerichtet stand und den fatalen Kopf auf das Gesicht der Prinzessin gelegt hatte. Mit einem Schrei des Entsetzens sprang sie auf, alles erwachte, aber in dem Augenblick rannte Frau Mauserinks (niemand anders war die große Maus an Pirlipats Wiege) schnell nach der Ecke des Zimmers. Die Legationsräte stürzten ihr nach, aber zu spät – durch eine Ritze in dem Fußboden des Zimmers war sie verschwunden. Pirlipatchen erwachte von dem Rumor und weinte sehr kläglich. ›Dank dem Himmel‹, riefen die Wärterinnen, ›sie lebt!‹

Doch wie groß war ihr Schrecken, als sie hinblickten nach Pirlipatchen und wahrnahmen, was aus dem schönen zarten Kinde geworden. Statt des weiß und roten goldgelockten Engelsköpfchens saß ein unförmlicher dicker Kopf auf einem winzig kleinen zusammengekrümmten Leibe, die azurblauen Äugelein hatten sich verwandelt in grüne hervorstehende starr blickende Augen, und das Mündchen hatte sich verzogen von einem Ohr zum andern. Die Königin wollte vergehen in Wehklagen und Jammer, und des Königs Studierzimmer musste mit wattierten Tapeten ausgeschlagen werden, weil er ein Mal über das andere mit dem Kopf gegen die Wand rannte und dabei mit sehr jämmerlicher Stimme rief: ›O ich unglückseliger Monarch!‹ –

Er konnte zwar nun einsehen, dass es besser gewesen wäre, die Würste ohne Speck zu essen und die Frau Mauserinks mit ihrer Sippschaft unter dem Herde in Ruhe zu lassen, daran dachte aber Pirlipats königlicher Vater nicht, sondern er schob einmal alle Schuld auf den Hofuhrmacher und Arkanisten Christian Elias Droßelmeier aus Nürnberg. Deshalb erließ er den weisen Befehl: Droßelmeier habe binnen vier Wochen die Prinzessin Pirlipat in den vorigen Zustand herzustellen oder wenigstens ein bestimmtes untrügliches Mittel anzugeben, wie dies zu bewerkstelligen sei, widrigenfalls er dem schmachvollen Tode unter dem Beil des Henkers verfallen sein solle.

Droßelmeier erschrak nicht wenig, indessen vertraute er bald seiner Kunst und seinem Glück und schritt sogleich zu der ersten Operation, die ihm nützlich schien. Er nahm Prinzesschen Pirlipat sehr geschickt auseinander, schrob ihr Händchen und Füßchen ab, und besah sogleich die innere Struktur, aber da fand er leider, dass die Prinzessin je größer, desto unförmiger werden würde, und wusste sich nicht zu raten, nicht zu helfen. Er setzte die Prinzessin behutsam wieder zusammen und versank an ihrer Wiege, die er nie verlassen durfte, in Schwermut.

Schon war die vierte Woche angegangen – ja, bereits Mittwoch, als der König mit zornfunkelnden Augen hineinblickte und, mit dem Szepter drohend, rief: ›Christian Elias Droßelmeier, kuriere die Prinzessin, oder du musst sterben!‹ Droßelmeier fing an, bitterlich zu weinen, aber Prinzesschen Pirlipat knackte vergnügt Nüsse. Zum ersten Mal fiel dem Arkanisten Pirlipats ungewöhnlicher Appetit nach Nüssen, und der Umstand auf, dass sie mit Zähnchen zur Welt gekommen. In der Tat hatte sie gleich nach der Verwandlung so lange geschrien, bis ihr zufällig eine Nuss vorkam, die sie sogleich aufknackte, den Kern aß und dann ruhig wurde. Seit der Zeit fanden die Wärterinnen nichts geraten, als ihr Nüsse zu bringen.

›O heiliger Instinkt der Natur, ewig unerforschliche Sympathie aller Wesen‹, rief Johann Elias Droßelmeier aus. ›Du zeigst mir die Pforte zum Geheimnis, ich will anklopfen, und sie wird sich öffnen!‹ Er bat sogleich um die Erlaubnis, mit dem Hofastronom sprechen zu können, und wurde mit starker Wache hingeführt. Beide Herren umarmten sich unter vielen Tränen, da sie zärtliche Freunde waren, zogen sich dann in ein geheimes Kabinett zurück und schlugen viele Bücher nach, die von dem Instinkt, von den Sympathien und Antipathien und andern geheimnisvollen Dingen handelten.

Die Nacht brach herein, der Hofastronom sah nach den Sternen und stellte mit Hülfe des auch hierin sehr geschickten Droßelmeiers das Horoskop der Prinzessin Pirlipat. Das war eine große Mühe, denn die Linien verwirrten sich immer mehr und mehr, endlich aber – welche Freude –, endlich lag es klar vor ihnen, dass die Prinzessin Pirlipat, um den Zauber, der sie verhässlicht, zu lösen, und um wieder so schön zu werden als vorher, nichts zu tun hätte, als den süßen Kern der Nuss Krakatuk zu genießen. Die Nuss Krakatuk hatte eine solche harte Schale, dass eine achtundvierzigpfündige Kanone darüber wegfahren konnte, ohne sie zu zerbrechen.

Diese harte Nuss musste aber von einem Manne, der noch nie rasiert worden und der niemals Stiefel getragen, vor der Prinzessin aufgebissen und ihr von ihm mit geschlossenen Augen der Kern dargereicht werden. Erst nachdem er sieben Schritte rückwärts gegangen, ohne zu stolpern, durfte der junge Mann wieder die Augen erschließen.

Drei Tage und drei Nächte hatte Droßelmeier mit dem Astronomen ununterbrochen gearbeitet, und es saß gerade des Sonnabends der König bei dem Mittagstisch, als Droßelmeier, der Sonntag in aller Frühe geköpft werden sollte, voller Freude und Jubel hineinstürzte und das gefundene Mittel, der Prinzessin Pirlipat die verlorene Schönheit wiederzugeben, verkündete.

Der König umarmte ihn mit heftigem Wohlwollen, versprach ihm einen diamantenen Degen, vier Orden und zwei neue Sonntagsröcke. ›Gleich nach Tische‹, setzte er freundlich hinzu, ›soll es ans Werk gehen, sorgen Sie, teurer Arkanist, dass der junge unrasierte Mann in Schuhen mit der Nuss Krakatuk gehörig bei der Hand sei, und lassen Sie ihn vorher keinen Wein trinken, damit er nicht stolpert, wenn er sieben Schritte rückwärts geht wie ein Krebs, nachher kann er erklecklich saufen!‹

Droßelmeier wurde über diese Rede des Königs sehr bestürzt, und nicht ohne Zittern und Zagen brachte er es stammelnd heraus, dass das Mittel zwar gefunden wäre, beides, die Nuss Krakatuk und der junge Mann zum Aufbeißen derselben, aber erst gesucht werden müssten, wobei es noch obendrein zweifelhaft bliebe, ob Nuss und Nussknacker jemals gefunden werden dürften.

Hocherzürnt schwang der König den Szepter über das gekrönte Haupt und schrie mit einer Löwenstimme: ›So bleibt es bei dem Köpfen.‹ Ein Glück war es für den in Angst und Not versetzten Droßelmeier, dass dem Könige das Essen gerade den Tag sehr wohl geschmeckt hatte, er mithin in der guten Laune war, vernünftigen Vorstellungen Gehör zu geben, an denen es die großmütige und von Droßelmeiers Schicksal gerührte Königin nicht mangeln ließ.

Droßelmeier fasste Mut und stellte zuletzt vor, dass er doch eigentlich die Aufgabe, das Mittel, wodurch die Prinzessin geheilt werden könne, zu nennen, gelöst und sein Leben gewonnen habe. Der König nannte das dumme Ausreden und einfältigen Schnickschnack, beschloss aber endlich, nachdem er ein Gläschen Magenwasser zu sich genommen, dass beide, der Uhrmacher und der Astronom, sich auf die Beine machen und nicht anders als mit der Nuss Krakatuk in der Tasche wiederkehren sollten. Der Mann zum Aufbeißen derselben sollte, wie es die Königin vermittelte, durch mehrmaliges Einrücken einer Aufforderung in einheimische und auswärtige Zeitungen und Intelligenz-Blätter herbeigeschafft werden.«

– Der Obergerichtsrat brach hier wieder ab und versprach den andern Abend das Übrige zu erzählen.

Beschluss des Märchens von der harten Nuss

Am andern Abende, sowie kaum die Lichter angesteckt worden, fand sich Pate Droßelmeier wirklich wieder ein und erzählte also weiter:

»Droßelmeier und der Hofastronom waren schon fünfzehn Jahre unterwegs, ohne der Nuss Krakatuk auf die Spur gekommen zu sein. Wo sie überall waren, welche sonderbare, seltsame Dinge ihnen widerfuhren, davon könnt ich euch, ihr Kinder, vier Wochen lang erzählen, ich will es aber nicht tun, sondern nur gleich sagen, dass Droßelmeier in seiner tiefen Betrübnis zuletzt eine sehr große Sehnsucht nach seiner lieben Vaterstadt Nürnberg empfand. Ganz besonders überfiel ihn diese Sehnsucht, als er gerade einmal mit seinem Freunde mitten in einem großen Walde in Asien ein Pfeifchen Knaster rauchte. ›O schöne – schöne Vaterstadt Nürnberg – schöne Stadt, wer dich nicht gesehen hat, mag er auch viel gereist sein nach London, Paris und Peterwardein, ist ihm das Herz doch nicht aufgegangen, muss er doch stets nach dir verlangen – nach dir, o Nürnberg, schöne Stadt, die schöne Häuser mit Fenstern hat.‹

– Als Droßelmeier so sehr wehmütig klagte, wurde der Astronom von tiefem Mitleiden ergriffen und fing so jämmerlich zu heulen an, dass man es weit und breit in Asien hören konnte. Doch fasste er sich wieder, wischte sich die Tränen aus den Augen und fragte: ›Aber wertgeschätzter Kollege, warum sitzen wir hier und heulen? Warum gehen wir nicht nach Nürnberg, ist's denn nicht gänzlich egal, wo und wie wir die fatale Nuss Krakatuk suchen?‹ ›Das ist auch wahr‹, erwiderte Droßelmeier getröstet.

Beide standen alsbald auf, klopften die Pfeifen aus und gingen schnurgerade in einem Strich fort, aus dem Walde mitten in Asien, nach Nürnberg. Kaum waren sie dort angekommen, so lief Droßelmeier schnell zu seinem Vetter, dem Puppendrechsler, Lackierer und Vergolder Christoph Zacharias Droßelmeier, den er in vielen, vielen Jahren nicht mehr gesehen. Dem erzählte nun der Uhrmacher die ganze Geschichte von der Prinzessin Pirlipat, der Frau Mauserinks, und der Nuss Krakatuk, sodass der ein Mal über das andere die Hände zusammenschlug und voll Erstaunen ausrief: ›Ei, Vetter, Vetter, was sind das für wunderbare Dinge!‹

Droßelmeier erzählte weiter von den Abenteuern seiner weiten Reise, wie er zwei Jahre bei dem Dattelkönig zugebracht, wie er vom Mandelfürsten schnöde abgewiesen, wie er bei der naturforschenden Gesellschaft in Eichhornshausen vergebens angefragt, kurz, wie es ihm überall misslungen sei, auch nur eine Spur von der Nuss Krakatuk zu erhalten.

Während dieser Erzählung hatte Christoph Zacharias oftmals mit den Fingern geschnippt – sich auf einem Fuße herumgedreht – mit der Zunge geschnalzt – dann gerufen – ›Hm, hm – I – Ei – O – das wäre der Teufel!‹ – Endlich warf er Mütze und Perücke in die Höhe, umhalste den Vetter mit Heftigkeit und rief: ›Vetter – Vetter! Ihr seid geborgen, geborgen seid Ihr, sag ich, denn alles müsste mich trügen, oder ich besitze selbst die Nuss Krakatuk.‹ Er holte alsbald eine Schachtel hervor, aus der er eine vergoldete Nuss von mittelmäßiger Größe hervorzog.

›Seht‹, sprach er, indem er die Nuss dem Vetter zeigte, ›seht, mit dieser Nuss hat es folgende Bewandtnis: Vor vielen Jahren kam einst zur Weihnachtszeit ein fremder Mann mit einem Sack voll Nüssen hierher, die er feilbot. Gerade vor meiner Puppenbude geriet er in Streit und setzte den Sack ab, um sich besser gegen den hiesigen Nussverkäufer, der nicht leiden wollte, dass der Fremde Nüsse verkaufe, und ihn deshalb angriff, zu wehren. In dem Augenblick fuhr ein schwer beladener Lastwagen über den Sack, alle Nüsse wurden zerbrochen bis auf eine, die mir der fremde Mann, seltsam lächelnd, für einen blanken Zwanziger vom Jahre 1720 feilbot. Mir schien das wunderbar, ich fand gerade einen solchen Zwanziger in meiner Tasche, wie ihn der Mann haben wollte, kaufte die Nuss und vergoldete sie, selbst nicht recht wissend, warum ich die Nuss so teuer bezahlte und dann so werthielt.‹

Jeder Zweifel, dass des Vetters Nuss wirklich die gesuchte Nuss Krakatuk war, wurde augenblicklich gehoben, als der herbeigerufene Hofastronom das Gold sauber abschabte und in der Rinde der Nuss das Wort Krakatuk mit chinesischen Charakteren eingegraben fand. Die Freude der Reisenden war groß und der Vetter der glücklichste Mensch unter der Sonne, als Droßelmeier ihm versicherte, dass sein

Glück gemacht sei, da er außer einer ansehnlichen Pension hinfüro alles Gold zum Vergolden umsonst erhalten werde.
Beide, der Arkanist und der Astronom, hatten schon die Schlafmützen aufgesetzt und wollten zu Bette gehen, als Letzterer, nämlich der Astronom, also anhob: ›Bester Herr Kollege, ein Glück kommt nie allein – Glauben Sie, nicht nur die Nuss Krakatuk, sondern auch den jungen Mann, der sie aufbeißt und den Schönheitskern der Prinzessin darreicht, haben wir gefunden! Ich meine niemanden anders als den Sohn Ihres Herrn Vetters! – Nein, nicht schlafen will ich‹, fuhr er begeistert fort, ›sondern noch in dieser Nacht des Jünglings Horoskop stellen!‹ – Damit riss er die Nachtmütze vom Kopf und fing gleich an zu observieren. –
Des Vetters Sohn war in der Tat ein netter wohl gewachsener Junge, der noch nie rasiert worden und niemals Stiefel getragen. In früher Jugend war er zwar ein paar Weihnachten hindurch ein Hampelmann gewesen, das merkte man ihm aber nicht im Mindesten an, so war er durch des Vaters Bemühungen ausgebildet worden. An den Weihnachtstagen trug er einen schönen roten Rock mit Gold, einen Degen, den Hut unter dem Arm und eine vorzügliche Frisur mit einem Haarbeutel. So stand er sehr glänzend in seines Vaters Bude und knackte aus angeborner Galanterie den jungen Mädchen die Nüsse auf, weshalb sie ihn auch schön Nussknackerchen nannten. –
Den andern Morgen fiel der Astronom dem Arkanisten entzückt um den Hals und rief: ›Er ist es, wir haben ihn, er ist gefunden; nur zwei Dinge, liebster Kollege, dürfen wir nicht außer Acht lassen. Fürs erste müssen Sie Ihrem vortrefflichen Neffen einen robusten hölzernen Zopf flechten, der mit dem untern Kinnbacken so in Verbindung steht, dass dieser dadurch stark angezogen werden kann; dann müs-

sen wir aber, kommen wir nach der Residenz, auch sorgfältig verschweigen, dass wir den jungen Mann, der die Nuss Krakatuk aufbeißt, gleich mitgebracht haben; er muss sich vielmehr lange nach uns einfinden. Ich lese in dem Horoskop, dass der König, zerbeißen sich erst einige die Zähne ohne weitern Erfolg, dem, der die Nuss aufbeißt und der Prinzessin die verlorene Schönheit wiedergibt, Prinzessin und Nachfolge im Reich zum Lohn versprechen wird.‹

Der Vetter Puppendrechsler war gar höchlich damit zufrieden, dass sein Söhnchen die Prinzessin Pirlipat heiraten und Prinz und König werden sollte, und überließ ihn daher den Gesandten gänzlich. Der Zopf, den Droßelmeier dem jungen hoffnungsvollen Neffen ansetzte, geriet überaus wohl, sodass er mit dem Aufbeißen der härtesten Pfirsichkerne die glänzendsten Versuche anstellte.

Da Droßelmeier und der Astronom das Auffinden der Nuss Krakatuk sogleich nach der Residenz berichtet, so waren dort auch auf der Stelle die nötigen Aufforderungen erlassen worden, und als die Reisenden mit dem Schönheitsmittel ankamen, hatten sich schon viele hübsche Leute, unter denen es sogar Prinzen gab, eingefunden, die ihrem gesunden Gebiss vertrauend, die Entzauberung der Prinzessin versuchen wollten.

Die Gesandten erschraken nicht wenig, als sie die Prinzessin wiedersahen. Der kleine Körper mit den winzigen Händchen und Füßchen konnte kaum den unförmigen Kopf tragen. Die Hässlichkeit des Gesichts wurde noch durch einen weißen baumwollenen Bart vermehrt, der sich um Mund und Kinn gelegt hatte.

Es kam alles so, wie es der Hofastronom im Horoskop gelesen. Ein Milchbart in Schuhen nach dem andern biss sich an der Nuss Krakatuk Zähne und Kinnbacken wund, ohne der Prinzessin im Mindesten zu helfen, und wenn er dann von den dazu bestellten Zahnärzten halb ohnmächtig weggetragen wurde, seufzte er: ›Das war eine harte Nuss!‹ –

Als nun der König in der Angst seines Herzens dem, der die Entzauberung vollenden werde, Tochter und Reich versprochen, meldete sich der artige sanfte Jüngling Droßelmeier und bat, auch den Versuch beginnen zu dürfen. Keiner als der junge Droßelmeier hatte so sehr der Prinzessin Pirlipat gefallen; sie legte die kleinen Händchen auf das Herz und seufzte recht innig: ›Ach, wenn es doch der wäre, der die Nuss Krakatuk wirklich aufbeißt und mein Mann wird.‹

Nachdem der junge Droßelmeier den König und die Königin, dann aber die Prinzessin Pirlipat, sehr höflich gegrüßt, empfing er aus den Händen des Oberzeremonienmeisters die Nuss Krakatuk, nahm Sie ohne Weiteres zwischen die Zähne, zog stark den Zopf an, und Krak – Krak zerbröckelte die Schale in viele Stücke. Geschickt reinigte er den Kern von den noch daran hängenden Fasern und überreichte ihn mit einem untertänigen Kratzfuß der Prinzessin, worauf er die Augen verschloss und rückwärts zu schreiten begann. Die Prinzessin verschluckte alsbald den Kern und – o Wunder! – verschwunden war die Missgestalt, und statt ihrer stand ein engelschönes Frauenbild da, das Gesicht wie von lilienweißen und rosaroten Seidenflocken gewebt, die Augen wie glänzende Azure, die vollen Locken wie von Goldfäden gekräuselt.

Trompeten und Pauken mischten sich in den lauten Jubel des Volks. Der König, sein ganzer Hof, tanzte wie bei Pirlipats Geburt auf einem Beine, und die Königin musste mit Eau de Cologne bedient werden, weil sie in Ohnmacht gefallen vor Freude und Entzücken. Der große Tumult brachte den jungen Droßelmeier, der noch seine sieben

Schritte zu vollenden hatte, nicht wenig aus der Fassung, doch hielt er sich und streckte eben den rechten Fuß aus zum siebenten Schritt, da erhob sich, hässlich piepend und quiekend, Frau Mauserinks aus dem Fußboden, sodass Droßelmeier, als er den Fuß niedersetzen wollte, auf sie trat und dermaßen stolperte, dass er beinahe gefallen wäre.
– O Missgeschick! – Urplötzlich war der Jüngling ebenso missgestaltet, als es vorher Prinzessin Pirlipat gewesen. Der Körper war zusammengeschrumpft und konnte kaum den dicken ungestalteten Kopf mit großen hervorstechenden Augen und dem breiten entsetzlich aufgähnenden Maule tragen. Statt des Zopfes hing ihm hinten ein schmaler hölzerner Mantel herab, mit dem er den untern Kinnbacken regierte. – Uhrmacher und Astronom waren außer sich vor Schreck und Entsetzen, sie sahen aber wie Frau Mauserinks sich blutend auf dem Boden wälzte. Ihre Bosheit war nicht ungerächt geblieben, denn der junge Droßelmeier hatte sie mit dem spitzen Absatz seines Schuhes so derb in den Hals getroffen, dass sie sterben musste.
Aber indem Frau Mauserinks von der Todesnot erfasst wurde, da piepte und quiekte sie ganz erbärmlich: ›O Krakatuk, harte Nuss, an der ich nun sterben muss – hi, hi – pipi fein Nussknackerlein wirst auch bald des Todes sein – Söhnlein mit den sieben Kronen, wird's dem Nussknacker lohnen, wird die Mutter rächen fein, an dir du klein Nussknackerlein – o Leben so frisch und rot, von dir scheid ich, o Todesnot! – Quiek –‹ Mit diesem Schrei starb Frau Mauserinks und wurde von dem königlichen Ofenheizer fortgebracht. –
Um den jungen Droßelmeier hatte sich niemand bekümmert, die Prinzessin erinnerte aber den König an sein Versprechen, und sogleich befahl er, dass man den jungen Helden herbeischaffe. Als nun aber der Unglückliche in seiner Missgestalt hervortrat, da hielt die

Prinzessin beide Hände vors Gesicht und schrie: ›Fort, fort mit dem abscheulichen Nussknacker!‹ Alsbald ergriff ihn auch der Hofmarschall bei den kleinen Schultern und warf ihn zur Türe hinaus. Der König war voller Wut, dass man ihm habe einen Nussknacker als Eidam aufdringen wollen, schob alles auf das Ungeschick des Uhrmachers und des Astronomen und verwies beide auf ewige Zeiten aus der Residenz.

Das hatte nun nicht in dem Horoskop gestanden, welches der Astronom in Nürnberg gestellt, er ließ sich aber nicht abhalten, aufs Neue zu observieren und da wollte er in den Sternen lesen, dass der junge Droßelmeier sich in seinem neuen Stande so gut nehmen werde, dass er trotz seiner Ungestalt Prinz und König werden würde. Seine Missgestalt könne aber nur dann verschwinden, wenn der Sohn der Frau Mauserinks, den sie nach dem Tode ihrer sieben Söhne mit sieben Köpfen geboren, und welcher Mausekönig geworden, von seiner Hand gefallen sei, und eine Dame ihn, trotz seiner Missgestalt, liebgewinnen werde.

Man soll denn auch wirklich den jungen Droßelmeier in Nürnberg zur Weihnachtszeit in seines Vaters Bude, zwar als Nussknacker, aber doch als Prinzen gesehen haben! – Das ist, ihr Kinder! das Märchen von der harten Nuss, und ihr wisst nun warum die Leute so oft sagen: ›Das war eine harte Nuss!‹ und wie es kommt, dass die Nussknacker so hässlich sind.«

So schloss der Obergerichtsrat seine Erzählung. Marie meinte, dass die Prinzessin Pirlipat doch eigentlich ein garstiges undankbares Ding sei; Fritz versicherte dagegen, dass, wenn Nussknacker nur sonst ein braver Kerl sein wolle, er mit dem Mausekönig nicht viel Federlesens machen und seine vorige hübsche Gestalt bald wiedererlangen werde.

HERMANN LÖNS

Der allererste Weihnachtsbaum

Der Weihnachtsmann ging durch den Wald. Er war ärgerlich. Sein weißer Spitz, der sonst immer lustig bellend vor ihm herlief, merkte das und schlich mit eingezogener Rute hinter seinem Herrn her. Der hatte nämlich nicht mehr die rechte Freude an seiner Tätigkeit. Es war alle Jahre dasselbe: kein Schwung in der Sache. Spielzeug und Esswaren, das war auf die Dauer nichts. Die Kinder freuten sich wohl darüber, aber quieken sollten sie und jubeln und singen, so wollte er es, das taten sie aber nur selten.

Den ganzen Dezembermonat hatte der Weihnachtsmann schon darüber nachgegrübelt, was er wohl Neues erfinden könne, um einmal wieder eine rechte Weihnachtsfreude in die Kinderwelt zu bringen, eine Weihnachtsfreude, an der auch die Großen teilhaben würden. Kostbarkeiten durften es auch nicht sein, denn er hatte soundsoviel auszugeben und mehr nicht. So stapfte er denn durch den verschneiten Wald, bis er auf dem Kreuzweg anlangte. Dort wollte er das Christkindchen treffen. Mit dem beriet er sich nämlich immer über die Verteilung der Gaben.

Schon von Weitem sah er, dass das Christkindchen bereits dort war, denn ein heller Schein war zu sehen. Das Christkindchen hatte ein langes weißes Pelzkleidchen an und lachte über das ganze Gesicht. Denn um es herum lagen große Bündel Kleeheu und Bohnenstiegen und Espen- und Weidenzweige, und daran taten sich die hungrigen Hirsche und Rehe und Hasen gütlich. Sogar für die Sauen gab es et-

was: Kastanien, Eicheln und Rüben. Der Weihnachtsmann nahm seinen Wolkenschieber ab und bot dem Christkindchen die Tageszeit.
»Na, Alterchen, wie geht's?«, fragte das Christkind. »Hast wohl schlechte Laune?« Damit hakte es den Alten unter und ging mit ihm. Hinter ihnen trabte der kleine Spitz, aber er sah gar nicht mehr betrübt aus und hielt seinen Schwanz kühn in die Luft.
»Ja«, sagte der Weihnachtsmann, »die ganze Sache macht mir so recht keinen Spaß mehr. Liegt es am Alter oder woran, ich weiß es nicht. Das mit den Pfefferkuchen und den Äpfeln und Nüssen, das ist nichts mehr. Das essen die Menschen auf, und dann ist das Fest vorbei. Man müsste etwas Neues erfinden, etwas, das nicht zum Essen und nicht zum Spielen ist, aber wobei alt und jung singt und lacht und fröhlich wird.«
Das Christkindchen nickte und machte ein nachdenkliches Gesicht; dann sagte es: »Da hast du recht, Alter, mir ist das auch schon aufgefallen. Ich habe schon darüber nachgedacht, aber das ist nicht so leicht.«
»Das ist es ja gerade«, knurrte der Weihnachtsmann, »ich bin zu alt und zu dumm dazu. Ich habe schon richtiges Kopfweh vom vielen Nachdenken, und es fällt mir doch nichts Vernünftiges ein. Wenn es so weitergeht, schläft allmählich die ganze Sache ein, und es wird ein Fest wie alle anderen, von dem die Menschen dann weiter nichts haben als Faulenzen, Essen und Trinken.«
Nachdenklich gingen beide durch den weißen Winterwald, der Weihnachtsmann mit brummigem, das Christkindchen mit nachdenklichem Gesicht. Es war so still im Wald, kein Zweig rührte sich, nur wenn die Eule sich auf einen Ast setzte, fiel ein Stück Schneebehang mit halblautem Ton herab. So kamen die beiden, den Spitz hinter

sich, aus dem hohen Holz auf einen alten Kahlschlag, auf dem große und kleine Tannen standen. Das sah wunderschön aus. Der Mond schien hell und klar, alle Sterne leuchteten, der Schnee sah aus wie Silber, und die Tannen standen darin, schwarz und weiß, dass es eine Pracht war. Eine fünf Fuß hohe Tanne, die allein im Vordergrund stand, sah besonders reizend aus. Sie war regelmäßig gewachsen, hatte auf jedem Zweig einen Schneestreifen, an den Zweigspitzen kleine Eiszapfen und glitzerte und flimmerte nur so im Mondenschein.

Das Christkindchen ließ den Arm des Weihnachtsmannes los, stieß den Alten an, zeigte auf die Tanne und sagte: »Ist das nicht wunderhübsch?«

»Ja«, sagte der Alte, »aber was hilft mir das?«

»Gib ein paar Äpfel her«, sagte das Christkindchen, »ich habe eine Idee.«

Der Weihnachtsmann machte ein dummes Gesicht, denn er konnte sich nicht recht vorstellen, dass das Christkind bei der Kälte Appetit auf die eiskalten Äpfel hatte. Er hatte zwar noch einen guten alten Schnaps, aber den mochte er dem Christkindchen nicht anbieten. Er löste sein Tragband, stellte die riesige Kiepe in den Schnee, kramte darin herum und langte ein paar recht schöne Äpfel heraus. Dann fasste er in die Tasche, holte sein Messer heraus, wetzte es an einem Buchenstamm und reichte es dem Christkindchen.

»Sieh, wie schlau du bist«, sagte das Christkindchen. »Nun schneid mal etwas Bindfaden in zwei Finger lange Stücke, und mach mir kleine Pflöckchen.«

Dem Alten kam das alles etwas ulkig vor, aber er sagte nichts und tat, was das Christkind ihn gebeten hatte. Als er die Bindfadenenden und die Pflöckchen fertig hatte, nahm das Christkind einen Apfel, steckte ein Pflöckchen hinein, band den Faden daran und hängte den Apfel auf diese Weise an einen Ast.

»So«, sagte es dann, »nun müssen auch an die anderen welche, und dabei kannst du helfen, aber vorsichtig, dass kein Schnee abfällt!«

Der Alte half, obgleich er nicht wusste, warum. Aber es machte ihm schließlich Spaß, und als die ganze kleine Tanne voller rotbäckiger Äpfel hing, trat er fünf Schritte zurück, lachte und sagte; »Kiek, wie niedlich das aussieht! Aber was hat das alles für einen Zweck?«

»Muss denn alles gleich einen Zweck haben?«, lachte das Christkind. »Pass auf, das wird noch schöner. Nun gib mal die Nüsse her!«

Der Alte krabbelte aus seiner Kiepe Walnüsse heraus und gab sie dem Christkindchen. Das steckte in jedes ein Hölzchen, machte einen Faden daran, rieb immer eine Nuss an der goldenen Oberseite seiner Flügel, sodass sich diese gold färbte, und die nächste an der silbernen Unterseite seiner Flügel, dann hatte es eine silberne Nuss. Diese hängte es zwischen die Äpfel.

»Was sagst du nun, Alterchen?«, fragte es dann. »Ist das nicht allerliebst?«

»Ja«, sagte der Weihnachtsmann, »aber ich weiß immer noch nicht …«

»Komm schon!«, lachte das Christkindchen. »Hast du Lichter?«

»Lichter nicht«, meinte der Weihnachtsmann, »aber einen Wachsstock!«

»Das ist fein«, sagte das Christkind, nahm den Wachsstock, zerschnitt ihn und drehte erst ein Stück um den Mitteltrieb des Bäumchens und dann die anderen Stücke um die Zweigenden, bog sie hübsch gerade und sagte dann: »Ein Feuerzeug hast du doch?«

»Gewiss«, sagte der Alte, holte Stein, Stahl und Schwammdose heraus, pinkte Feuer aus dem Stein, ließ den Zunder in der Schwammdose zum Glimmen kommen und steckte daran ein paar Schwefelspäne an. Die gab er dem Christkindchen. Das nahm einen hell brennenden Schwefelspan und steckte damit erst das oberste Licht an, dann das nächste rechts davon, dann das gegenüberliegende. Und rund um das Bäumchen gehend, brachte es so ein Licht nach dem andern zum Brennen.

Da stand nun das Bäumchen im Schnee; aus seinem halb verschneiten, dunklen Gezweig sahen die roten Backen der Äpfel, die Gold- und Silbernüsse blitzten und funkelten, und die gelben Wachskerzen brannten feierlich. Das Christkindchen lachte über das ganze rosige Gesicht und patschte in die Hände, der alte Weihnachtsmann sah gar nicht mehr so brummig aus, und der kleine Spitz sprang hin und her und bellte.

Als die Lichter ein wenig heruntergebrannt waren, wehte das Christkindchen mit seinen goldsilbernen Flügeln, sodass die Lichter verloschen. Es sagte dem Weihnachtsmann, er solle das Bäumchen vorsichtig absägen. Das tat er, und beide gingen den Berg hinab und nahmen das bunte Bäumchen mit.

Unten im Ort schlief schon alles. Beim kleinsten Häuschen machten die beiden halt. Das Christkindchen öffnete leise die Tür und trat ein; der Weihnachtsmann folgte ihm. In der Stube stand ein dreibeiniger

Schemel mit einer durchlochten Platte. Den stellten sie auf den Tisch und steckten den Baum hinein. Der Weihnachtsmann legte noch allerlei schöne Dinge, Spielzeug, Kuchen, Äpfel und Nüsse unter den Baum, dann verließen beide das Haus so leise, wie sie es betreten hatten.

Als der Mann, dem das Häuschen gehörte, am andern Morgen erwachte und den bunten Baum sah, staunte er und wusste nicht, was er sagen sollte. Als er aber an dem Türpfosten, den des Christkinds Flügel gestreift hatte, Gold- und Silberflimmer hängen sah, da wusste er Bescheid. Er steckte die Lichter an dem Bäumchen an und weckte Frau und Kinder. Das war eine Freude in dem kleinen Haus wie an keinem Weihnachtstag zuvor. Keines der Kinder kümmerte sich um Spielzeug, Kuchen und Äpfel, sie sahen nur alle nach dem Lichterbaum. Sie fassten sich an den Händen, tanzten um den Baum und sangen alle Weihnachtslieder, die sie kannten, selbst das Kleinste, das noch auf dem Arm getragen wurde, krähte fröhlich mit.

Am helllichten Tage kamen die Freunde und Verwandten des Bergmanns, sahen das Bäumchen, freuten sich darüber und gingen gleich in den Wald, um sich für ihre Kinder auch ein Weihnachtsbäumchen zu holen. Die anderen Leute, die sie dabei sahen, machten es ihnen nach: Jeder holte sich einen Tannenbaum und putzte ihn an, der eine so, der andere so, aber Lichter, Äpfel und Nüsse hängten sie alle daran. Abends brannte in jeder Wohnstube des Dorfes ein Weihnachtsbaum, überall hörte man Weihnachtslieder und das Jubeln und Lachen der Kinder.

Von dort aus ist der Weihnachtsbaum über ganz Deutschland gewandert und dann über die ganze Erde. Weil aber der erste Weihnachtsbaum am Morgen brannte, werden die Kinder in manchen Gegenden bereits morgens beschert.

CHRISTIAN MORGENSTERN

Das Weihnachtsbäumlein

Es war einmal ein Tännelein
mit braunen Kuchenherzlein
und Glitzergold und Äpflein fein
und vielen bunten Kerzlein:
Das war am Weihnachtsfest so grün,
als fing es eben an zu blühn.

Doch nach nicht gar zu langer Zeit,
da stands im Garten unten,
und seine ganze Herrlichkeit
war, ach, dahingeschwunden.
Die grünen Nadeln warn verdorrt,
die Herzlein und die Kerzlein fort.

Bis eines Tags der Gärtner kam,
den fror zu Haus im Dunkeln,
und es in seinen Ofen nahm –
Hei! Tats da sprühn und funkeln!
Und flammte jubelnd himmelwärts
in hundert Flämmlein an Gottes Herz.

ERNST RIETSCHEL

Jugenderinnerungen

Weil man in kleinen Städten bestrebt ist, alle inneren häuslichen Verhältnisse zu erspähen, um sie unter der Bitte um Verschwiegenheit zum Gemeingut zu machen und zu besprechen, so wurde einerseits alles vermieden oder heimlich getan, was der Ehre des Hauses zu nahe treten und die Voraussetzung erzeugen konnte, dass der so anspruchslose arme Hausstand nur mit Entbehrungen, wie sie selbst seiner Anspruchslosigkeit nicht angemessen seien, durchgeführt werden könne, wie andererseits auch jede kleine Ausgabe verheimlicht wurde, die nicht unbedingt notwendig war, sei es die eines Groschen zu Obst oder Brezeln, oder früh zu einer Semmel zum Kaffee. Es kam das freilich selten vor, galt nur als Festvergnügen, und doch wurde es, wenn man jemanden kommen hörte, schnell weggeräumt, dass niemand etwa meinen Eltern nachsagen könnte, sie verständen nicht sparsam zu wirtschaften und gäben Geld für Dinge aus, welche besser entbehrt würden.

Die Rücksicht fand nun besonders am Weihnachtsfest statt. Jede noch so bedürftige Familie suchte zum Weihnachtsfest einige Stollen und Kuchen zu backen. Es war dies das eine Mal im Jahre, wo jeder glaubte, ein Recht zu haben, sich einen Genuss zu verschaffen, gleich anderen Menschen von nur einigermaßen besseren Verhältnissen. Jeder hatte durch den lebhaften Verkehr mehr Arbeit und Verdienst, und so fehlte es auch bei meinen Eltern nicht, dass die Mutter einige Stollen und Kuchen backen, dass ein Braten gekauft werden und dass sogar einige Mal für die Mutter vom Vater ein Tuch oder ein kleiner Vorrat von Kaffee, Zucker, Reis und dergleichen als Christgeschenk angeschafft werden konnte.

Wir Kinder hatten nur in den frühesten Jahren ein kleines Christbäumchen mit einigem billigen Spielzeug angeputzt erhalten. Ich erinnere mich auch eines kleinen Schattenspiels, das mein Vater gemacht hatte. Vom achten Jahr an kam es zu keiner Bescherung mehr. Die ahnungsvolle glückliche Stimmung für das Fest hatte in der frühsten Jugend, als ich noch durch die billigen Kleinigkeiten befriedigt werden konnte, Platz in mir gewonnen. Dass Geschenke und Christbäume später fehlten, störte mich nicht.

Meine ganze Glückseligkeit konzentrierte sich in den Stollen, die erst am heiligen Abend gebacken wurden, vorher hatte ich die im Jahre gesammelten Pflaumenkerne aufzuklopfen, sie statt bitterer Mandeln benutzt wurden. Über die Behaglichkeit dieser Arbeit ging nichts. Erst spät in der Nacht kehrte die Mutter mit dem Backwerk vom Bäcker nach Hause zurück. Ich hatte keinen Schlaf gefunden und wachte mit dem Vater, der das Spätaufbleiben erlaubt hatte. Als die Stollen glücklich in die Wohnung gebracht waren, ging ich ruhig zu Bett und erwachte um sechs Uhr früh, als das Fest mit den Glocken eingeweiht wurde, in gehobener Stimmung, die der Geburt des Christkinds galt und im Hintergrunde der Aussicht auf köstliche Stollen zum Kaffee und schulfreie Festtage.

RUSSISCHES VOLKSMÄRCHEN

Der gestrenge Frost

Gar manches gab es, gar manches geschah – so lebte auch einmal ein Mann mit seiner zweiten Frau. Der Mann hatte eine Tochter, und auch die Frau hatte eine Tochter. Alle wissen, was es heißt, eine Stiefmutter zu haben: drehst du dich herum – wirst du geschlagen, und stehst du still – wirst du auch geschlagen. Die eigene Tochter aber, die kann tun und lassen, was sie nur mag, für alles wird sie gestreichelt – bist ein braves Kind. Die Stieftochter fütterte und tränkte das Vieh, trug Wasser und Holz ins Haus, heizte den Ofen, kehrte die Stube, und dies alles noch lange vor dem Morgengrauen … Aber nichts konnte sie der Alten recht machen: Nichts war recht, alles war schlecht. Der Wind, der braust und legt sich wieder, ein altes Weib aber – kommt es erst in Fahrt – ist nicht zu besänftigen.
So hatte es sich die Stiefmutter in den Kopf gesetzt, die Stieftochter aus der Welt zu schaffen.
»Alter«, sagt sie zum Manne, »fahr sie weg, bring sie, wohin du willst, nur schaff sie mir aus den Augen! Fahr sie in den Wald, in den knirschenden Frost.«
Der alte Mann grämte sich und weinte, doch was half ihm das, er konnte mit dem Weib nicht fertig werden. So spannte er denn an und sagte: »Setz dich in den Schlitten, liebe Tochter.«
Und er fuhr die Heimatlose in den Wald, setzte sie auf einer Schneewehe unter einer großen Fichte ab und fuhr eilig davon.
Das Mädchen saß unter der Fichte und zitterte vor Kälte. Da hörte es

plötzlich, wie gar nicht weit von ihr entfernt der Frost in den Ästen knackte, von Fichte zu Fichte sprang und immer heller klang. Kaum war er auf dem Baum angekommen, unter dem das Mädchen saß, rief er ihm von oben her zu: »Ist dir warm, Jungfer?«

»Warm ist mir, Väterchen Frost, ganz warm.«

Da kam er tiefer herab, das Knacken und Knirschen wurde stärker: »Ist dir warm, Jungfer? Ist dir warm, schönes Kind?«

Sie konnte kaum noch atmen: »Warm ist mir, Väterchen Frost, ganz warm.«

Und noch tiefer kam er herabgestiegen, immer heftiger knackte und knirschte es:

»Ist dir warm, Jungfer? Ist dir warm, schönes Kind? Ist dir warm, mein Herzblättchen?«

Das Mädchen fing schon an zu erstarren und konnte kaum noch die Zunge bewegen:

»So warm ist mir, liebster Frost!« Da erbarmte sich der Frost des Mägdleins, hüllte es in warme Pelze und wärmte es mit Daunendecken.

Die Stiefmutter aber hatte ihm unterdessen schon das Totenmahl gerichtet. Sie buk Plinsen und rief dem Manne zu: »Mach hin, alter Knacker! Hol deine Tochter, dass man sie beerdigt.«

Der Alte fuhr in den Wald und kam an die bewusste Stelle. Unter der großen Fichte aber saß seine Tochter rosig-frisch im Zobelpelz. Ganz in Gold und Silber. Und neben ihr stand ein großer Korb voll kostbarer Geschenke. Der Alte freute sich, lud all das Gut in den Schlitten, setzte seine Tochter dazu und fuhr heim.

Zu Hause buk die Alte unterdessen die Plinsen, unterm Tisch aber kläffte das Hündchen:

»Blaff, blaff! In Gold und Silber kommt des Alten Tochter heim, um der Alten Tochter aber will keiner frein!«
Die Alte warf dem Hündchen eine Plinse zu: »Du kläffst nicht richtig! Musst sagen: »Der Alten Tochter holt ein Freier heim, von des Alten Tochter klappert im Sack das Gebein!«
Der Hund fraß die Plinse und hob von Neuem an: »Blaff, blaff! In Gold und Silber kommt des Alten Tochter heim, um der Alten Tochter aber will keiner frein!«
Die Alte warf dem Hündchen Plinsen zu, sie schlug es, das Hündchen aber blieb bei seiner Weise. Da knarrte das Tor, die Tür sprang auf, und in die Stube trat, von Gold und Silber strahlend, die Stieftochter. Hinter ihr her wurde ein großer, schwerer Korb getragen.

Die Alte blickte auf und schlug die Hände über dem Kopf zusammen: »Spann an, alter Knacker, ein frisches Pferd! Fahr meine Tochter in den Wald, und setze sie an der gleichen Stelle ab …«
Der Alte setzte die Tochter seiner Frau in den Schlitten und fuhr mit ihr in den

Wald. Er setzte sie auf der gleichen Schneewehe unter der großen Fichte ab und fuhr davon. Die Tochter der Alten saß da und klapperte mit den Zähnen. Der Frost aber knackte durch den Wald, sprang von Fichte zu Fichte und äugte nach der Tochter der Alten: »Ist dir warm, Jungferlein?«

Sie antwortete: »Au, kalt ist es! Knirsch und knacke nicht, Frost …«

Der Frost kam tiefer herunter, immer ärger knackte und knirschte er: »Ist dir warm, Jungferlein? Ist dir warm, schönes Kind?«

»Au weh! Meine Hände und Füße erfrieren mir! Geh weg, Frost!«

Noch tiefer stieg er herunter, zog stärker an, knirschte und knackte noch wilder: »Ist dir warm, Jungferlein? Ist dir schön warm, schönes Kind?«

»Au! Jetzt hast du mich ganz vereist!! Heb dich weg, verschwinde, verfluchter Frost!«

Da ergrimmte der Frost und hauchte die Tochter der Alten an, bis sie erstarrte. Beim ersten Morgenschimmer jagte die Frau ihren Mann hinaus: »Spann schnell an, alter Knacker, und hol meine Tochter heim, bring sie mir in Gold und Silber.«

Kaum war der Alte weggefahren, da kläffte das Hündchen unter dem Tisch: »Blaff, blaff! Des Alten Tochter holt ein Freier heim, von der Alten Tochter klappert im Sack das Gebein!«

Die Alte warf ihm eine Pirogge hin: »Du kläffst nicht richtig! Musst sagen: »Der Alten Tochter bringt man in Gold und Silber heim.«

Das Hünchen aber kläffte immer das Gleiche: »Blaff, blaff! Von der Alten Tochter klappert im Sack das Gebein!« Da knarrte das Tor. Die Alte stürzte der Tochter entgegen und schlug die Bastmatte auseinander – tot lag die Tochter im Schlitten. Es schrie und heulte die Alte, doch nun war es zu spät.

HANS CHRISTIAN ANDERSEN

Der Tannenbaum

Draußen im Walde stand ein niedlicher Tannenbaum; er hatte einen guten Platz, die Sonne konnte zu ihm dringen, Luft war genug da, und rund umher wuchsen viele größere Kameraden, Tannen und Fichten. Aber der kleine Tannenbaum wollte nur immer wachsen und wachsen; er dachte nicht an den warmen Sonnenschein und die frische Luft, bekümmerte sich nicht um die Bauernkinder, die dort gingen und plauderten, wenn sie draußen im Walde umherschwärmten, um Erdbeeren und Himbeeren zu sammeln. Oftmals kamen sie mit einem ganzen Topfe voll oder hatten Erdbeeren auf Strohhalme gezogen. Dann setzten sie sich neben das Bäumchen und sagten: »Nein, wie niedlich klein ist der!« Das gefiel dem Baume durchaus nicht.

Im nächsten Jahre war er schon um einen langen Schuss größer, und das Jahr darauf war er wieder noch um einen länger, denn bei einem Tannenbaume kann man, sobald man zählt, wie oft er einen neuen Trieb angesetzt hat, genau die Jahre seines Wachstums berechnen.

»O, wäre ich doch ein so großer Baum wie die anderen!«, seufzte das Bäumchen. »Dann könnte ich meine Zweige weit ausbreiten und mit dem Gipfel in die weite Welt hinaus schauen! Dann würden die Vögel ihre Nester zwischen meinen Zweigen bauen, und wenn es stürmte, könnte ich so vornehm nicken wie dort die anderen.« Weder der Sonnenschein noch die Vögel oder die roten Wolken, die morgens und abends über ihn hinsegelten, machten ihm Freude.

War es nun Winter, und Schnee lag ringsherum blendend weiß, dann kam oft ein Hase gesprungen und – hopps – setzte gerade über das Bäumchen fort, O, das war empörend! Aber zwei Winter verstrichen, und im dritten war der Baum schon so hoch, dass der Hase um ihn herumlaufen musste. O, wachsen, wachsen, groß und alt werden, das ist doch das einzig Schöne in der Welt!, dachte der Baum. Im Spätherbst erschienen regelmäßig Holzhauer und fällten einige der größten Bäume. Armer kleiner Tannenbaum.

Das geschah jedes Jahr, und den jungen Tannenbaum, der nun schon tüchtig in die Höhe geschossen war, befiel Zittern und Beben dabei, denn mit Gepolter und Krachen stürzten sie zur Erde, die Zweige wurden ihnen abgehauen, sie sahen nun ganz nackt, lang und schmal aus, sie waren kaum noch wiederzuerkennen. Dann aber wurden sie auf Wagen gelegt, und Pferde zogen sie von dannen zum Wald hinaus. Wohin sollten sie? Was stand ihnen bevor?

Als im Frühjahr die Schwalbe und der Storch kamen, fragte sie der Baum: »Wisst ihr nicht, wohin sie geführt wurden? Seid ihr ihnen nicht begegnet?«

Die Schwalbe wusste nichts. Doch der Storch sah sehr nachdenklich aus, nickte mit dem Kopfe und sagte: »Ja, ich glaube fast, mir begegneten auf meiner Rückreise von Ägypten viele neue Schiffe. Auf denselben standen prächtige Mastbäume; ich darf wohl behaupten, dass sie es waren; sie verbreiteten Tannengeruch. Ich kann vielmals grüßen, sie überragen alles, sie überragen alles!«

»O, wäre ich doch auch groß genug, um über das Meer hinzufliegen. Wie ist es eigentlich, dieses Meer, und wem ähnelt es?«

»Ja, das ist etwas weitläufig zu erklären!«, sagte der Storch und ging.

»Freue dich deiner Jugend!«, sagten die Sonnenstrahlen. »Freue dich deines Wachstums, des jungen Lebens, das dich erfüllt!« Und der Wind küsste den Baum, und der Tau weinte Tränen über ihn, allein der Tannenbaum verstand es nicht.

In der Weihnachtszeit wurden ganz junge Bäume gefällt, Bäume, die nicht einmal so groß waren, noch in demselben Alter standen wie dieses Tannenbäumchen, das weder Ruh' noch Rast hatte, sondern nur immer weiter wollte. Diese jungen Bäumchen, und es waren gerade die allerschönsten, behielten immer ihre Zweige, sie wurden auf Wagen gelegt, und Pferde zogen sie aus dem Walde.

»Wohin sollen sie?«, fragte der Tannenbaum. «Sie sind nicht größer als ich, ja, da war sogar einer, der noch weit kleiner war. Weshalb behielten sie alle ihre Zweige? Wo fahren sie hin?«

»Das wissen wir, das wissen wir!«, zwitscherten die Sperlinge. »Unten in der Stadt haben wir zu den Fenstern hineingeschaut. Wir wissen, wohin sie fahren! O, sie gelangen zur größten Pracht und Herrlichkeit, die sich denken lässt! Wir haben zu den Fenstern hineingeschaut und gesehen, dass sie mitten in die warme Stube hineingepflanzt und mit den herrlichsten Sachen, mit vergoldeten Äpfeln, Honigkuchen, Spielzeug und vielen hundert Lichtern ausgeschmückt wurden!«

»Und dann?«, fragte der Tannenbaum und bebte in allen Zweigen. »Und dann? Was geschieht dann?«

»Ja, mehr haben wir nicht gesehen, es war unvergleichlich!«

»Ob auch mir dieses Los zufallen wird, diesen strahlenden Weg zu gehen?«, jubelte das Bäumchen. »Das ist noch besser, als über das Meer zu gehen. Wie mich die Sehnsucht verzehrt! Wäre es doch Weihnachten! Jetzt bin ich hoch und erwachsen wie die anderen, welche das letzte Mal fortgeführt wurden. O, wäre ich erst auf dem Wagen! Wäre ich erst in der warme Stube mit all ihrer Pracht und Herrlichkeit! Und dann? Ja, dann kommt noch etwas Besseres, noch Schöneres, weshalb würde man mich sonst so ausschmücken! Da muss noch etwas Größeres, noch etwas Herrlicheres kommen …! Aber was? Oh, ich leide, mich verzehrt die Sehnsucht; ich weiß selber nicht, wie mir zumute ist!«

»Freue dich deiner!«, sagten die Luft und der Sonnenschein. »Freue dich deiner frischen Jugend draußen im Freien!«

Aber das Bäumchen freute sich gar nicht; es wuchs und wuchs, Winter und Sommer stand es grün; dunkelgrün stand es da! Die Leute, die es sahen, sagten: »Das ist ein hübscher Baum!«, und zur Weihnachtszeit wurde er zuerst von allen gefällt. Die Axt hieb tief durch das Mark; der Baum fiel mit einem Seufzer zu Boden, er fühlte einen Schmerz, eine Ohnmacht, er konnte gar nicht an irgendein Glück denken, er war betrübt, von der Heimat scheiden zu müssen, von dem Flecke, auf dem er emporgeschossen war; er wusste ja, dass er die lieben, alten Kameraden, die kleinen Büsche und Blumen ringsumher nie mehr sehen werde, ja, vielleicht nicht einmal die Vögel.

Die Abreise hatte durchaus nichts Behagliches. Der Baum kam erst wieder zu sich selbst, als er im Hofe mit andern Bäumen abgeladen wurde und einen Mann sagen hörte: »Dieser hier ist prächtig! Wir wollen nur den!« Nun kamen zwei Diener im vollen Staat und trugen den Tannenbaum in einen großen, schönen Saal. Ringsherum an den Wänden hingen Bilder, und bei dem großen Kachelofen standen große chinesische Vasen mit Löwen auf den Deckeln; da waren Wiegestühle, seidene Sofas, große Tische voll von Bilderbüchern und Spielzeug für hundertmal hundert Taler; wenigstens sagten das die Kinder. Der Tannenbaum wurde in ein großes, mit Sand gefülltes Fass gestellt, aber niemand konnte sehen, dass es ein Fass war, denn es wurde rundherum mit grünem Zeug behängt und stand auf einem großen, bunten Teppich. Oh, wie der Baum bebte! Was würde da wohl vorgehen?

Sowohl die Diener als auch die Fräulein schmückten ihn. An einen Zweig hängten sie kleine, aus farbigem Papier ausgeschnittene Netze, und jedes Netz war mit Zuckerwerk gefüllt. Vergoldete Äpfel und Walnüsse hingen herab, als wären sie festgewachsen, und über hundert rote, blaue und weiße kleine Lichter wurden in den Zweigen festgesteckt. Puppen, die leibhaft wie die Menschen aussahen – der Baum hatte früher nie solche gesehen –, schwebten im Grünen, und hoch oben in der Spitze wurde ein Stern von Flittergold befestigt. Das war prächtig, ganz außerordentlich prächtig!

»Heute Abend«, sagten alle, »heute Abend wird er strahlen!«, und sie waren außer sich vor Freude.

»O« dachte der Baum, »wäre es doch Abend! Würden nur die Lichter bald angezündet! Und was dann wohl geschieht? Ob da wohl Bäume aus dem Walde kommen, mich zu sehen? Ob die Meisen gegen die Fensterscheiben fliegen? Ob ich hier festwachse und Winter und Sommer geschmückt stehen werde?« Ja, er wusste gut Bescheid; aber er hatte ordentlich Borkenschmerzen vor lauter Sehnsucht, und Borkenschmerzen sind für einen Baum ebenso schlimm wie Kopfschmerzen für uns andere.

Nun wurden die Lichter angezündet. Welcher Glanz, welche Pracht! Der Baum bebte in allen Zweigen dabei, sodass eins der Lichter das Grüne anbrannte; es sengte ordentlich. »Gott bewahre uns!«, schrien die Fräulein und löschten es hastig aus. Nun durfte der Baum nicht einmal beben. O, das war ein Grauen! Ihm war bange, etwas von seinem Staate zu verlieren; er war ganz betäubt von all dem Glanze. Da gingen beide Flügeltüren auf, und eine Menge Kinder stürzte herein, als wollten sie den ganzen Baum umwerfen, die älteren Leute kamen bedächtig nach; die Kleinen standen ganz stumm, aber nur einen Augenblick, dann jubelten sie wieder, dass es laut schallte; sie tanzten um den Baum herum, und ein Geschenk nach dem andern wurde abgepflückt und verteilt. »Was machen sie?«, dachte der Baum. »Was soll geschehen?«

Die Lichter brannten gerade bis auf die Zweige herunter, und je nachdem sie niederbrannten, wurden sie ausgelöscht, und dann erhielten die Kinder die Erlaubnis, den Baum zu plündern. Sie stürzten auf ihn zu, dass es in allen Zweigen knackte; wäre er nicht mit der Spitze und mit dem Goldstern an der Decke festgemacht gewesen, so wäre er umgefallen. Die Kinder tanzten mit ihrem prächtigen Spielzeug herum, niemand sah nach dem Baume, ausgenommen das alte Kindermädchen, das zwischen die Zweige blickte; aber es geschah nur, um zu sehen, ob nicht noch eine Feige oder ein Apfel vergessen sei.

»Eine Geschichte, eine Geschichte!«, riefen die Kinder und zogen einen kleinen, dicken Mann gegen den Baum hin, und er setzte sich gerade unter ihn. »Denn so sind wir im Grünen«, sagte er, «und der Baum kann besonders Nutzen davon haben, zuzuhören! Aber ich erzähle nur eine Geschichte. Wollt ihr die von Ivede-Avede oder die von Klumpe-Dumpe hören, der die Treppen hinunterfiel und doch erhöht wurde und die Prinzessin bekam?« »lvede-Avede!«, schrien einige, »Klumpe-Dumpe!«, schrien andere. Das war ein Rufen! Nur der Tannenbaum schwieg ganz still und dachte: Komme ich gar nicht mit, werde ich nichts dabei zu tun haben? Er hatte ja geleistet, was er sollte. Der Mann erzählte von Klumpe-Dumpe, der die Treppen hinunterfiel und doch erhöht wurde und die Prinzessin bekam. Und die Kinder klatschten in die Hände und riefen: »Erzähle, erzähle!« Sie wollten auch die Geschichte von Ivede-Avede hören, aber sie bekamen nur die von Klumpe-Dumpe. Der Tannenbaum stand ganz stumm und gedankenvoll, nie hatten die Vögel im Walde dergleichen erzählt.

»Klumpe-Dumpe fiel die Treppen hinunter und bekam doch die Prinzessin! Ja, ja, so geht es in der Welt zu!«, dachte der Tannenbaum und glaubte, dass es wahr sei, weil ein so netter Mann es erzählt hatte. »Ja, ja! Vielleicht falle ich auch die Treppe hinunter und bekomme eine Prinzessin!« Und er freute sich, den nächsten Tag wieder mit Lichtern und Spielzeug, Gold und Früchten und dem Stern von Flittergold aufgeputzt zu werden. »Morgen werde ich nicht zittern!«, dachte er. Ich will mich recht aller meiner Herrlichkeit freuen. Morgen werde ich wieder die Geschichte von Klumpe-Dumpe und vielleicht auch die von Ivede-Avede hören.« Und der Baum stand die ganze Nacht still und gedankenvoll.

Am Morgen kamen die Diener und das Mädchen herein. »Nun beginnt der Staat aufs Neue!«, dachte der Baum; aber sie schleppten ihn zum Zimmer hinaus, die Treppe hinauf, auf den Boden und stellten ihn in einen dunklen Winkel, wohin kein Tageslicht schien. »Was soll das bedeuten?«, dachte der Baum. »Was soll ich hier wohl machen? Was mag ich hier wohl hören sollen?« Er lehnte sich gegen die Mauer und dachte und dachte. Und er hatte Zeit genug, denn es vergingen Tage und Nächte; niemand kam herauf, und als endlich jemand kam, so geschah es, um einige große Kästen in den Winkel zu stellen; der Baum stand ganz versteckt, man musste glauben, dass er ganz vergessen war.

»Nun ist es Winter draußen!«, dachte der Baum. Die Erde ist hart und mit Schnee bedeckt, die Menschen können mich nicht pflanzen; deshalb soll ich wohl bis zum Frühjahr hier im Schutz stehen! Wie wohlbedacht ist das! Wie die Menschen doch so gut sind! Wäre es hier nur nicht so dunkel und schrecklich einsam! Nicht einmal ein kleiner Hase! Das war doch niedlich da draußen im Walde, wenn der Schnee lag und der Hase vorbeisprang, ja, selbst als er über mich hinwegsprang; aber damals mochte ich es nicht leiden. Hier oben ist es doch schrecklich einsam!«

»Piep, piep!«, sagte da eine kleine Maus und huschte hervor; und dann kam noch eine kleine. Sie beschnüffelten den Tannenbaum, und dann schlüpften sie zwischen seine Zweige. «Es ist eine greuliche Kälte!«, sagten die kleinen Mäuse. »Sonst ist hier gut sein; nicht wahr, du alter Tannenbaum?«

»Ich bin gar nicht alt!«, sagte der Tannenbaum; »es gibt viele, die weit älter sind als ich!«

»Woher kommst du?«, fragten die Mäuse, »und was weißt du?« Sie waren gewaltig neugierig. »Erzähle uns doch von den schönsten Orten auf Erden! Bist du dort gewesen? Bist du in der Speisekammer gewesen, wo Käse auf den Brettern liegen und Schinken unter der Decke hängen, wo man auf Talglicht tanzt, mager hineingeht und fett herauskommt?«

»Das kenne ich nicht«, sagte der Baum, »aber den Wald kenne ich, wo die Sonne scheint und die Vögel singen!« Und dann erzählte er alles aus seiner Jugend.

Die kleinen Mäuse hatten früher nie dergleichen gehört, sie horchten auf und sagten: »Wie viel du gesehen hast! Wie glücklich du gewesen bist!«

»Ich?«, sagte der Tannenbaum und dachte über das, was er selbst erzählt hatte, nach. »Ja, es waren im Grunde ganz fröhliche Zeiten!«

Aber dann erzählte er vom Weihnachtsabend, wo er mit Zuckerwerk und Lichtern geschmückt war.
»Oh«, sagten die kleinen Mäuse, »wie glücklich du gewesen bist, du alter Tannenbaum!«
»Ich bin gar nicht alt!«, sagte der Baum, »erst in diesem Winter bin ich aus dem Walde gekommen! Ich bin in meinem allerbesten Alter, ich bin nur so aufgeschossen.«
»Wie schön du erzählst!«, sagten die kleinen Mäuse, und in der nächsten Nacht kamen sie mit vier anderen kleinen Mäusen, die den Baum erzählen hören sollten, und je mehr er erzählte, desto deutlicher erinnerte er sich selbst an alles und dachte: »Es waren doch ganz fröhliche Zeiten! Aber sie können wiederkommen, können wiederkommen! Klumpe-Dumpe fiel die Treppe hinunter und bekam doch die Prinzessin; vielleicht kann ich auch eine Prinzessin bekommen.« Und dann dachte der Tannenbaum an eine kleine, niedliche Birke, die draußen im Walde wuchs; das war für den Tannenbaum eine wirkliche, schöne Prinzessin.
»Wer ist Klumpe-Dumpe?«, fragten die kleinen Mäuse. Da erzählte der Tannenbaum das ganze Märchen, er konnte sich jedes einzelnen Wortes entsinnen; die kleinen Mäuse sprangen aus reiner Freude bis an die Spitze des Baumes. In der folgenden Nacht kamen weit mehr Mäuse und am Sonntage sogar zwei Ratten, aber die meinten, die Geschichte sei nicht hübsch, und das betrübte die kleinen Mäuse, denn nun hielten sie auch weniger davon.
»Wissen Sie nur die eine Geschichte?«, fragten die Ratten.
»Nur die eine«, antwortete der Baum, »die hörte ich an meinem glücklichsten Abend, aber damals dachte ich nicht daran, wie glücklich ich war.«

»Das ist eine höchst jämmerliche Geschichte! Kennen Sie keine von Speck und Talglicht? Keine Speisekammergeschichte?«

»Nein!«, sagte der Baum.

»Ja, dann danken wir dafür!«, erwiderten die Ratten und gingen zu den Ihrigen zurück.

Die kleinen Mäuse blieben zuletzt auch weg, und da seufzte der Baum: »Es war doch ganz hübsch, als sie um mich herumsaßen, die beweglichen kleinen Mäuse, und zuhörten, wie ich erzählte! Nun ist auch das vorbei! Aber ich werde gerne daran denken, wenn ich wieder hervorgenommen werde.«

Aber wann geschah das? Ja, es war eines Morgens, da kamen Leute und wirtschafteten auf dem Boden; die Kästen wurden weggesetzt, der Baum wurde hervorgezogen; sie warfen ihn freilich ziemlich hart gegen den Fußboden, aber ein Diener schleppte ihn gleich nach der Treppe hin, wo der Tag leuchtete. »Nun beginnt das Leben wieder!«, dachte der Baum; er fühlte die frische Luft, die ersten Sonnenstrahlen, und nun war er draußen im Hofe. Alles ging geschwind, der Baum vergaß völlig, sich selbst zu betrachten, da war so vieles ringsumher zu sehen. Der Hof stieß an einen Garten, und alles blühte darin; die Rosen hingen frisch und duftend über das kleine Gitter hinaus, die Lindenbäume blühten, und die Schwalben flogen umher und sagten: »Quirrevirrevit, mein Mann ist gekommen!« Aber es war nicht der Tannenbaum, den sie meinten.

»Nun werde ich leben!«, jubelte der und breitete seine Zweige weit aus; aber ach, die waren alle vertrocknet und gelb; und er lag da zwischen Unkraut und Nesseln. Der Stern von Goldpapier saß noch oben in der Spitze und glänzte im hellen Sonnenschein. Im Hofe selbst spielten ein paar der munteren Kinder, die zur Weihnachtszeit den Baum umtanzt hatten und so froh über ihn gewesen waren. Eins der kleinsten lief hin und riss den Goldstern ab.

»Sieh, was da noch an dem hässlichen, alten Tannenbaum sitzt!«, sagte es und trat auf die Zweige, sodass sie unter seinen Stiefeln knackten. Der Baum sah auf all die Blumenpracht und Frische im Garten, er betrachtete sich selbst und wünschte, dass er in seinem dunklen Winkel auf dem Boden geblieben wäre; er gedachte seiner frischen Jugend im Walde, des lustigen Weihnachtsabends und der kleinen Mäuse, die so munter die Geschichte von Klumpe-Dumpe angehört hatten.

»Vorbei, vorbei!«, sagte der arme Baum. »Hätte ich mich doch gefreut, als ich es noch konnte! Vorbei, vorbei!« Der Diener kam und hieb den Baum in kleine Stücke, ein ganzes Bund lag da; hell flackerte es auf unter dem großen Braukessel. Der Baum seufzte tief, und jeder Seufzer war einem kleinen Schusse gleich; deshalb liefen die Kinder, die da spielten, herbei und setzten sich vor das Feuer, blickten hinein und riefen: »Piff, paff!« Aber bei jedem Knalle, der ein tiefer Seufzer war, dachte der Baum an einen Sommerabend im Walde oder an eine Winternacht da draußen, wenn die Sterne funkelten; er dachte an den Weihnachtsabend und an Klumpe-Dumpe, das einzige Märchen, das er gehört hatte und zu erzählen wusste – und dann war der Baum verbrannt.

Die Knaben spielten im Garten, und der kleinste hatte den Goldstern auf der Brust, den der Baum an seinem glücklichsten Abend getragen hatte. Nun war der vorbei, und mit dem Baum war es vorbei und mit der Geschichte auch; vorbei, vorbei. Und so geht es mit allen Geschichten!

Der Weihnachtsbaum
GABER

FRIEDRICH WILHELM WEBER

Christbaum

Der Winter ist ein karger Mann,
er hat von Schnee ein Röcklein an;
zwei Schuh von Eis
sind nicht zu heiß;
von rauem Reif eine Mütze
macht auch nur wenig Hitze.

Er klagt: »Verarmt ist Feld und Flur!«
Den grünen Christbaum hat er nur;
den trägt er aus
in jedes Haus,
in Hütten und Königshallen:
den schönsten Strauß von allen!

MORITZ BARACH

Chamäleon

Ein Weihnachtsmärchen

An einem stürmischen, regnerischen Dezemberabend saß ein junger hübscher Mann in seiner kleinen Stube und war eben damit fertig geworden, den Christbaum für seine zwei jüngeren, noch unmündigen Geschwister zu schmücken. Sinnend weilte sein Blick auf dem mit Streifen, Schlingen, Ketten und Körbchen aus farbigem Papier gezierten Bäumchen, an das er mit Bindfaden die bunten kleinen Sächelchen geheftet hatte, die er heimlich, wie er das ganze Werk betrieb, schon seit einer Woche eingekauft hatte. Wie er so den Eindruck des Ganzen in sich fasste, tat es ihm wohl, wenn er der herzinnigen Freude gedachte, welche von diesem Bäumchen mit dem Geflatter lustiger Vögel auf seine Geschwister einstürmen sollte.

Aber plötzlich strich eine Wolke der Wehmut über die hohe, edle Stirn des jungen Mannes, und feucht wurden seine Augen. Es war ihm, als hinge mitten unter dem schimmernden, flimmernden Kram des harzduftenden Bäumchens seine eigene Jugend, und blinkte ihm im Schein der Erinnerung wie ein Geschenk des heiligen Christ entgegen.

»Wie schön war jene Zeit!«, murmelte er. »Wie glücklich war ich! … Ach! Damals lebte mein guter, guter Vater noch! Damals standen Mutter, Else und Fricke noch nicht allein auf der weiten Welt, und die Sorgen um sie presste mir noch nicht das Herz zusammen, und ich wusste noch nicht, wie schwer es einem wird, im Tumulte der ringenden Welt nicht nur sich und anderen, die man liebt, das Leben zu fristen! …«

Tief seufzte er auf und krampfhaft ballten sich seine Hände. Wild begannen die Gedanken in seinem Gehirn zu toben. Wie gering, wie mühsam erkämpft waren die bisherigen Resultate seiner rastlosen Studien und Bestrebungen! … Wie fühlte er sich zurückgesetzt, ja entehrt gegen andere, die ihm an Talent, Kenntnis und Triebkraft weit, weit nachstanden, jedoch auf verächtlichen Winkel- und Seitenwegen ihm längst zuvorgekommen waren und höhnisch auf ihn blickten, der sich vorgenommen hatte, den Weg des Verdienstes zu gehen, der so weit, so unendlich lang ist, bis er ans Ziel führt! … Eine fieberhafte Röte stieg in die durchsichtigen Wangen des jungen Mannes, Kühlung suchend fuhr er mit der kalten Hand über die glühend heiße Stirne, und träumerisch, fast irre, starrte er vor sich hin.

Da war es ihm, als kicherte es in seiner Nähe, aber mit einer so kleinen, dünnen Stimme, als käme sie von einem Kind, das nicht größer als ein Gliederpüppchen sein könnte. Zugleich sah er, wie der Deckel eines kleinen, bemalten Kistchens aufsprang, das er mit anderen Spielsachen zuletzt an dem Baum befestigt hatte.

Das an einer Feder im Boden des Kistchens befestigte Männlein sprang in die Höhe und sah ihn freundlich grinsend an. War das ein sonderbares Männchen! Es war in altspanischer Hoftracht gekleidet, trug ein blutrotes, goldverbrämtes Samtmäntelchen, ein schwarzes Hütlein mit wehender, schimmernder Feder, und einen Degen mit einem smaragdenen Griff.

Das Gesicht des Figürchens aber war das merkwürdige daran: Es war schön und widerlich zugleich, es schien zu lächeln und grimmig zu drohen, es trug den Ausdruck lustiger Verschmitztheit und düsterer

Begierde, es weckte Vertrauen und erregte Furcht und Entsetzen. Dieses Gesicht trug ein so merkwürdiges Gemisch kontrastierender Ausdrücke in sich, dass es Schwindel erregte, wenn man es scharf und in seiner Ganzheit erfassen wollte. Was aber diesem Antlitze und der ganzen Gestalt vollends den Charakter des Unheimlichen, Geisterhaften, und, sagen wir lieber, des Dämonischen verlieh, das waren die kleinen stechenden, tierklugen, leuchtenden Augen, welche ruhelos in allen Farben spielten.

Schauder erfasste den jungen Mann, als er dieses Männlein anstarrte, das ihm, als er es in dem Nürnberger Spielwarenladen gekauft hatte, so nett, lustig und gar nicht grauenhaft erschienen war. Der spitzige Blick des kleinen Männchens fuhr ihm wie ein Dolch in die Brust, und unwillkürlich legte der junge Mann seine Hand an das leise pochende Herz.

Nun hob sich aber das Männchen mit Geschick und Grazie aus seinem Kästchen heraus, voltigierte mit der Virtuosität eines Turners auf den Tisch herab, auf den der junge Mann das Bäumchen gestellt hatte, setzte sich in Positur, zog das Hütlein und machte vor dem erstaunten jungen Mann eine ehrfurchtsvolle Verbeugung.

»Wer bist du?«, flüsterte es kaum hörbar von den bebenden Lippen des jungen Mannes, dessen schwarze, glänzende Haare sich sträubten.

»Ich bin Maestro Chamäleon!«, erwiderte das Männchen, das sich an der Verblüffung des jungen Mannes zu weiden schien, lächelnd. »Nun scheinst du aber nicht zu wissen, wer ich bin!«, fuhr das Männchen nach einer Weile grinsend fort. »Ich will dir nur sagen, dass ich von altitalienischem Geschlecht bin, obgleich mein Stammbaum eigentlich noch viel weiter zurückreicht, und zwar, wie einer meiner Urväter, ein berühmter Staatsmann, meinte, bis zu Kain … Jedenfalls kannst du

sicher sein, dass du dich in guter, vornehmer Gesellschaft befindest. Habe Vertrauen zu mir, ich meine es gut mit dir, du ehrlicher, aber – du verzeihst schon! – dummer Deutscher! … Ich will dir nur kurzweg sagen, dass ich gekommen bin, dich aus dem Elend zu reißen, in das du dich verstrickt hast, und ohne mich immer mehr verstricken wirst. Reiche mir die Hand, und es wird dir wohl ergehen, denn ich bin der wahre Protektor des Talentes, ich helfe ihm auf die Beine, ich setze es ins warme, wohnliche Haus! Ich bin der Freund des gepeinigten, unterdrückten Genies, ich bin der Mäzen der hungernden Jünger des Wissens und der Künste! … Komm her zu mir! Ich ziehe dir den Dorn des unbefriedigten Ehrgeizes aus der blutenden Brust! … Komm her zu mir! Ich befreie dich vom nagenden Ungeziefer des gedemütigten Selbstbewusstseins! … Komm her zu mir! Ich jage das ekelige, schmutzige Spinnengewebe der Not und des Elends von dir, und von denen, die du liebst, und für die du strebst, hoffst und leidest! … Komm her zu mir! du armer, wackerer, junger Mann, der du ein besseres Los verdienst! … Vor allem stärke deine angespannten, zitternden Nerven, dass du wieder Kraft gewinnst zu deinem Werke des Lebens, des Strebens, der Tat, der Liebe, des Glücks! …«

Dabei nahm das kleine Männchen aus seinem Gürtel ein Fläschchen, dessen Inhalt so grell und bunt schimmerte, dass dem jungen Mann die Augen übergingen, als er eine Sekunde darauf gesehen hatte. »Da nimm und trink!«, forderte ihn das kleine Männchen auf und reichte ihm das Fläschchen. Während es dem jungen Mann schien, als ob ihn eine unsichtbare Gewalt zurückhalten wollte, griff er mit fieberhafter Begierde nach dem Fläschchen, das er rasch an die trockenen heißen Lippen setzte. Er trank mit der Hast des Wahnsinns in einem Zug daraus.

Frohlockend sah ihm das kleine Männchen zu, und wie ein chinesisches Farbenfeuerwerk sprühte es dabei aus seinen Augen und aus dem Smaragdknopf seines Degengriffes. Der junge Mann aber fühlte ein eigentümliches Kribbeln durch seine Adern kriechen, dabei aber war ihm jeder Pulsschlag ein Nadelstich. Ein leises Unbehagen nagte ihm am Herzen, indes es in seinem Gehirn brodelte, als vollzöge sich da irgendein chemischer Prozess. Nach und nach zog sich die Lebenswärme aus seinem Innern, wo sie fiebernd gebrannt hatte, nach außen, und es schien dem jungen Mann, als wäre dagegen die organische Tätigkeit seiner Haut um das Hundertfache erhöht. Sie war ganz von warmem Schweiß bedeckt, in dem sich zitternd abspiegelte, was sich in der Stube befand.

Das kleine Männchen war indessen sehr geschäftig gewesen. Es war von einer Ecke der Stube in die andere gerannt, hatte sich an die Wände gestemmt und an ihnen so lange gedrückt und geschoben, bis der junge Mann und das kleine Männchen sich nicht mehr in der kleinen Stube, sondern in einem riesigen Saal befanden, von dessen einem Ende bis zum anderen man die Gegenstände nicht mehr mit bloßem Auge zu unterscheiden vermochte.

Plötzlich sah man an einem Ende des Saals eine Schar schwarzer Männer. Stolz und vornehm blickten sie nach dem jungen Mann, der den Drang fühlte, sich ihnen zu nähern. Doch schon bei seinen ersten Schritten wandten sie sich verächtlich von ihm ab. Umso rascher schritt nun der junge Mann auf sie zu. Je näher er ihnen kam, desto schwärzer wurde er selber, bis er ihnen endlich gegenüberstand und so schwarz war wie sie. Jubelnd ward er nun von den schwarzen Männern begrüßt, und sie drückten ihn an die Brust und überhäuften ihn mit Liebkosungen und Geschenken.

Als sich der junge Mann aber nach einer anderen Seite des Saals wandte, sah er eine Schar weißer Männer. Nun drängte es ihn zu diesen hin. Und es ging ihm bei ihnen wie vorher bei den schwarzen Männern. Sie wandten sich im Anfang von ihm ab, nahmen ihn aber, als er selbst so weiß war wie sie, entzückt in ihre Mitte, priesen ihn, setzten ihn auf den besten Platz und bedachten ihn mit Ehren und Schätzen.

Und gerade so geschah es ihm an anderen Stellen des feenhaften Saals, mit roten, blauen, gelben, grünen und braunen Männern, die ihn alle mit gleichem Enthusiasmus als einen der Ihrigen erkannten, sobald er selber ihre Farbe annahm. Auf diese Weise hatte der junge Mann erreicht, was ein Mensch zu erreichen vermag. Er dachte nun an seine Mutter und seine Geschwister. »Mutter!«, wollte er im Bewusstsein seines Glückes rufen, aber das Wort, das süße Wort, der Name, der sein Herz mit Wonne erfüllte, erstarb ihm in der Kehle … Hatte er schon nach jeder Begegnung mit einer der farbigen Männerscharen, und nachdem er sich bemüht hatte, ihre Farbe widerzuspiegeln, gefühlt, dass seine Seele dabei immer um ein Stück einschrumpfte, so war ihm jetzt, als er sämtliche Farben durchgemacht, gerade so, als wäre von seiner Seele nur die runzelige Haut zurückgeblieben.

Er kam sich nun trotz seines Glückes so elend, so nichtig vor, dass er erzürnt die Stirn runzelte und mit dem Fuße stampfte. Es war ihm, als blicke er sich selbst höhnisch und verächtlich ins Gesicht, und wütend wollte er seinem eigenen Ich einen Faustschlag versetzen.

Tränen entperlten seinen Augen, die Sinne schwanden ihm, und er stürzte zu Boden. Er fühlte, wie das kleine Männchen an ihm heraufkletterte und ihm etwas aus einer eisigkalten Phiole in den Mund gießen wollte, aber plötzlich brannten zwei warme Lippen auf dem bleichen Mund des jungen Mannes. Diese Lippen träufelten ihm einen milden Atem ein.

Dabei sprachen sie leise: »Seele! Richte dich auf. Seele, erringe deine Würde wieder! Dein Bewusstsein sei dein Glück und deine Kraft! …«

Und der junge Mann fühlte die Lebenswärme wieder wohltuend in sein Innerstes einziehen. Er tat einen tiefen Atemzug, schlug die Augen auf und sah, dass seine Mutter, die milde, treue Frau, ihn in den Armen hielt.

»Julius! Mein Julius!«, sagte sie besorgt. »Gottlob, es ist vorüber!«, setzte sie nach einer Weile sanft lächelnd hinzu, als der junge Mann sich aufrichtete und sie liebend umarmte. Am Weihnachtsabend aber hing das Kistchen mit dem Springmännlein nicht am Christbaum. Der junge Mann hatte es in kleine Stücke zertrümmert.

PETER HILLE

Wie die kleinen Engel fliegen und singen lernen

Wenn die kleinen Engel in den Himmel kommen, so sind sie erst ganz verlegen.

Sie fühlen sich gar noch nicht zu Hause, und das lässt sich auch ganz gut begreifen.

Denn wenn der liebe Gott auch noch so gut ist und die lieben Englein auch noch so freundlich sind und mit ihnen spielen und ihnen alles zeigen, sie fühlen, sie gehören noch nicht hinein in den Himmel, können noch nicht mittun, sind nur geduldet.

Sieh, das ist gerade so wie mit den Schlittschuhen, die du zu Weihnachten vom Christkindchen bekommen hast. Wenn du nicht erst ordentlich übst und versuchst, dich – im Anfange auf der mit Schnee bedeckten und dann auf der glatten Eisfläche – aufrecht zu erhalten und dann so nach rechts und links auszufahren, ganz egal, ob du dabei mal auf die Nase fällst, so lernst du dein Lebtag kein Schlittschuhlaufen.

So ist es auch mit dem Himmel.

Da muss noch vieles, vieles gelernt werden. Aber das Lernen macht da oben Spaß. Viel mehr als hier das Spielen. Worauf es da oben am meisten ankommt, das ist natürlich das Fliegen und das Singen. Fliegen muss man lernen; denn ihr wisst, der liebe Gott gibt seinen Engeln manchmal einen Auftrag. Da muss man nachsehen, dass ein kleines Kind nicht aus dem Fenster fällt; denn die Mutter ist auf Arbeit ausgegangen, und das kleine Lieschen, das am Fenster seine Schularbeiten macht, weil es schon dunkel war in der Stube und es am Tische nicht mehr lesen konnte, ist an den Ofen gegangen, um etwas Milch zu kochen. Dabei hat's das Fenster offen und den Stuhl stehen lassen, das hat das Brüderchen gesehen und ist darauf zugelaufen und ist heraufgeklettert und sieht nun auf der anderen Seite eine schöne Blume, die will es holen.

»Bume, Bume!«, sagt es.

Da kommt Lieschen mit der Milch und als sie sieht, wie ihr Brüderchen so aus dem Fenster liegt, da lässt sie die Kanne fallen und greift es noch eben. Und hätte der Engel es nicht so lange gehalten, dann wäre das Brüderchen längst tot gewesen.

Aber wenn Kinder etwas Böses tun wollen, naschen oder lügen, dann kommt auch der Engel und sagt ihnen, dass sie es nicht tun dürfen, dass der liebe Gott darüber sehr, sehr böse wird.

Und wenn die kleinen Kinder recht artig zu Bett gegangen sind, und Papa und den anderen »Gute Nacht!« gesagt haben und dann im Bettchen so recht andächtig gefaltet und mit Muttchen gebetet haben:

»Ich bin noch klein,
Mein Herz ist rein«,

dann kommt der Engel und gibt dem Kinde lauter schöne, liebe Träume, und das Kind weiß, dass sie vom Himmel kommen, das sieht man ihm an seinem Gesichtchen an, das ist so gut, so fromm, und es lacht so selig wie die liebe Sonne, wenn sie über Feld geht, und die Bächlein werden so rot, und die Händlein bewegen sich, als sei es schon droben und wolle allen den Engelkindern guten Tag sagen. Die Hauptarbeit kommt natürlich um Weihnachten. Da haben die Engel alle Hände voll zu tun.

Ja, und darum muss ein Englein auch fliegen lernen. Von selbst kann das keiner. Das können auch die Vögel nicht.
Die werden erst vom Vogelpapa und der Vogelmama angelernt. Und das geht so.
Der Engel Raphael hat eine große Zuckertüte.
Und dann streut er bald hier etwas hin auf eine Wolke und bald da. Und dann stürzen sich all die kleinen Fliegeschüler bald hierhin und bald dorthin.
Und wer der Erste ist, der kann sich das Beste erwählen. Aber das behält er nicht.
Das gibt er einem anderen, der zu spät gekommen ist oder hingefallen.
Denn Abgeben schmeckt hier viel besser als selber essen.
Und dann, wenn sie schon gut fliegen können, dann machen sie Wettfliegen vor dem lieben Gott.
Dazu wird der ganze Himmel eingeladen.
Und wer der Erste gewesen ist, der darf den lieben Gott küssen. O, das dauert gar nicht lange, dann können alle die kleinen Engel fliegen.
Und sie freuen sich schon auf die anderen kleinen Engel. Denn wenn wieder genug beisammen sind, dann lernen sie wieder fliegen, und sie können ihnen schon dabei helfen, ihnen zeigen, wie es gemacht wird.
Das Singen ist eigentlich noch viel, viel leichter, und eine Engelstimme, o, das ist so was Seliges, wie man es auf der Erde gar nicht zu hören bekommt.
Der Gesanglehrer ist auch ein Engel. Gabriel heißt er. Der setzt sich dann mitten zwischen die kleinen Engel und erzählt ihnen vom lieben

Gott, wie er die schöne Sonne gemacht hat und die lieben Sterne, und alle die schönen Rosen und Veilchen und Papa und Mama, Brüderchen und Schwesterchen und die blanken Kirschen und die Äpfel mit ihren frischen roten Backen – und dann das liebe gute Gewissen, und wenn wir das haben, den wunderschönen Himmel mit allen seinen hellen Engeln.

Und alle Menschen, die früher gut gewesen sind auf der Erde, die sind auch da.

Und wenn die kleinen Engel das hören, dann wird ihnen so sonderbar ums Herz, und sie müssen singen, singen, und das ist dann der Engelsgesang.

Das weißt du ja auch, wenn Weihnachten gewesen ist oder dein Geburtstag und du gerade bekommen hattest, was du dir gewünscht hattest, wie du dann gar nicht anders konntest, als Papa und Mama einen Kuss geben – sieh, so ist das hier auch mit dem Singen.

Ein Engel muss singen für den lieben Gott, oder er müsste sterben, wenn Engel sterben könnten.

Und weißt du, Herzblatt, so ein recht, recht liebes Kind, das ist schon fast wie ein Engel. Natürlich ein Engel, wie man eben auf der Erde ein Engel sein kann.

Ein Engel, der weiß, wie viel einmal eins ist.

Ein Engel, der, wenn sein Brüderchen hingefallen ist, es wieder aufhebt, ihm aufs Händchen pustet und sagt: »Nun ist ›weh, weh‹ wieder weg.«

Ein Engel, der seinem Schwesterchen immer die Hälfte abgibt, wenn er vom Onkel einen Apfel bekommen hat.

JOSEPH VON EICHENDORFF

Weihnachtsgedicht

Markt und Straßen stehn verlassen,
still erleuchtet jedes Haus,
sinnend geh' ich durch die Gassen,
alles sieht so festlich aus.

An den Fenstern haben Frauen
buntes Spielzeug fromm geschmückt,
tausend Kindlein stehn und schauen,
sind so wunderstill beglückt.

Und ich wandre aus den Mauern
bis hinaus ins freie Feld,
hehres Glänzen, heil'ges Schauern!
Wie so weit und still die Welt!

Sterne hoch die Kreise schlingen,
aus des Schnees Einsamkeit
steigt's wie wunderbares Singen –
O du gnadenreiche Zeit!

THEODOR STORM

Unter dem Tannenbaum

1. Eine Dämmerstunde

Es war das Arbeitszimmer eines Beamten. Der Eigentümer, ein Mann in den Vierzigern, mit scharf ausgeprägten Gesichtszügen, aber milden, lichtblauen Augen unter dem schlichten, hellblonden Haar, saß an einem mit Büchern und Papieren bedeckten Schreibtisch; damit beschäftigt, einzelne Schriftstücke zu unterzeichnen, welche der daneben stehende alte Amtsbote ihm überreichte. Die Nachmittagssonne des Dezembers beleuchtete eben mit ihrem letzten Strahl das große, schwarze Tintenfass, in das er dann und wann die Feder tauchte. Endlich war alles unterschrieben.

»Haben Herr Amtsrichter sonst noch etwas?«, fragte der Bote, indem er die Papiere zusammenlegte.

»Nein, ich danke Ihnen.«

»So habe ich die Ehre, vergnügte Weihnachten zu wünschen.«

»Auch Ihnen, lieber Erdmann.«

Der Bote sprach einen der mitteldeutschen Dialekte; in dem Tone des Amtsrichters war etwas von der Härte jenes nördlichsten deutschen Volksstammes, der vor wenigen Jahren, und diesmal vergeblich, in einem seiner alten Kämpfe mit dem fremden Nachbarvolke geblutet hatte. – Als sein Untergebener sich entfernte, nahm er unter den Papieren einen angefangenen Brief hervor und schrieb langsam daran weiter.

Die Schatten im Zimmer fielen immer tiefer. Er sah nicht die schlanke Frauengestalt, die hinter ihm mit leisen Schritten durch die Tür getreten war; er bemerkte es erst, als sie den Arm um seine Schulter legte. – Auch ihr Antlitz war nicht mehr jung; aber in ihren Augen war noch jener Ausdruck von Mädchenhaftigkeit, den man bei Frauen, die sich geliebt wissen, auch noch nach der ersten Jugend findet. »Schreibst du an meinen Bruder?«, fragte sie, und in ihrer Stimme, nur etwas mehr gemildert, war dieselbe Klangfarbe wie in der ihres Mannes.

Er nickte. »Lies nur selbst!« sagte er, indem er die Feder fortlegte und zu ihr emporsah.

Sie beugte sich über ihn herab; denn es war schon dämmerig geworden. So las sie langsam wie er geschrieben hatte:

»Ich bin wieder gesund und arbeitsfähig – glücklicherweise; denn das ist die Not der Fremde, dass man den Boden, worauf man steht, sich in jeder Stunde neu erschaffen muss. So schlecht es immer sein mag, darin habt Ihr es doch gut daheim; und wer wäre nicht gern geblieben, wenn er nur ein Stück Brot und jenes unentbehrliche ›sanfte Ruhekissen‹ des alten Sprichworts sich hätte erhalten können.«

Sie legte schweigend die Hand auf seine Stirn, während er, der ihren Augen gefolgt war, das Blatt umwandte. Dann las sie weiter:

»Der guten und klugen Frau, die Du vorige Weihnachten bei uns hast kennenlernen, bin ich so glücklich gewesen, durch die Vermittlung eines Vergleichs mit ihrem Gutsnachbarn einen wirklichen Dienst zu leisten; der schöne, so sehr von ihr begehrte Wald ist seit Kurzem endlich in ihren Besitz gelangt. Hätten wir morgen für Deinen Freund Harro nur eine Tanne aus diesem Walde! Denn hier ist viele Meilen in die Runde kein Nadelholz zu finden. Was aber ist ein Weihnachtsabend ohne jenen Baum mit seinem Duft voll Wunder und Geheimnis!«

»Aber du«, sagte der Amtsrichter, als seine Frau gelesen hatte, »du bringst in deinen Kleidern den Duft des echten Weihnachtsabends!«
Sie langte lächelnd in den Schlitz ihres Kleides und legte ein großes Stück braunen Weihnachtskuchen vor ihm auf den Tisch. »Sie sind eben vom Bäcker gekommen«, sagte sie, »prob nur; deine Mutter backt sie dir nicht besser!«
Er brach einen Brocken ab und prüfte ihn genau; aber er fand alles, was ihn als Knaben daran entzückt hatte; die Masse war glashart, die eingerollten Stückchen Zucker wohl zergangen und kandiert. »Was für gute Geister aus diesem Kuchen steigen«, sagte er, sich in seinen Arbeitsstuhl zurücklehnend, »ich sehe plötzlich, wie es daheim in dem alten, steinernen Hause Weihnacht wird. – Die Messingtürklinken sind womöglich noch blanker als sonst; die große gläserne Flurlampe leuchtet heute noch heller auf die Stuckschnörkel an den sauber geweißten Wänden; ein Kinderstrom um den andern, singend und bettelnd, drängt durch die Haustür; vom Keller herauf aus der geräumigen Küche zieht der Duft des Gebäckes in ihre Nasen, das dort in dem großen kupfernen Kessel über dem Feuer prasselt. – Ich sehe alles; ich sehe Vater und Mutter – Gott sei gedankt, sie leben beide! – Aber die Zeit, in die ich hinabblicke, liegt in so tiefer Ferne der Vergangenheit! – – Ich bin ein Knabe noch! – Die Zimmer zu beiden Seiten des Flurs sind erleuchtet; rechts ist die Weihnachtsstube. Während ich vor der Tür stehe, horchend, wie es drinnen in dem Knittergold und in den Tannenzweigen rauscht, kommt von der Hoftreppe herauf der Kutscher, eine Stange mit einem Wachslichtendchen in der Hand. – ›Schon anzünden, Thomas?‹ Er schüttelt schmunzelnd den Kopf und verschwindet in die Weihnachtsstube. – Aber wo bleibt denn Onkel Erich? – – Da kommt es draußen die Treppe hinauf; die

Haustür wird aufgerissen. Nein, es ist nur sein Lehrling, der die lange Pfeife des ›Herrn Ratsverwandters‹ bringt; ihm nach quillt ein neuer Strom von Kindern; zehn kleine Kehlen auf einmal stimmen an: ›Vom Himmel hoch, da komm ich her!‹ Und schon ist meine Großmutter mitten zwischen ihnen, die alte, geschäftige Frau, den Speisekammerschlüssel am kleinen Finger, einen Teller voll Gebäckes in der Hand. Wie blitzschnell das verschwindet! Auch ich erwische meinen Teil davon, und eben kommt auch meine Schwester mit dem Kindermädchen, festlich gekleidet, die langen Zöpfe frisch geflochten. Ich aber halte mich nicht auf; ich springe drei Stufen auf einmal die Treppe nach dem Hofe hinab.«

Es war allmählich dunkel geworden; die Frau des Amtsrichters hatte leise einen Aktenstoß von einem Stuhl entfernt und sich an die Seite ihres Mannes gesetzt.

»Drüben in dem Seitengebäude ist das Arbeitszimmer meines Vaters. Auf die Vordiele dort fällt heute kein Lichtschein aus dem Türfenster der Schreiberstube; der alte Tausendkünstler ist von meiner Mutter drinnen bei den Weihnachtsgeheimnissen angestellt. Aber ich tappe mich im Dunkeln vorwärts; denn gegenüber in seinem Zimmer höre ich die Schritte meines Vaters. Er arbeitet schon nicht mehr. Ich öffne leis' die Tür; wie deutlich sehe ich ihn vor mir, ihn selbst und das große, verräucherte Gemach, in dem der harte Schlag der alten Wanduhr pickt! Mit einer feierlichen Unruhe geht er zwischen den mit Papieren bedeckten Tischen umher, in der einen Hand den Messingleuchter mit der brennenden Kerze, die andere vorgestreckt, als solle jetzt alles Störende ferngehalten werden. Er öffnet die Schublade seines kleinen Stehpults und nimmt die große goldene Tabatiere aus der Fischhautkapsel, einst ein Geschenk der Urgroßmutter an ihren

Bräutigam, dann nach des Urgroßvaters Tode eine Ehren- und Vertrauensgabe an ihn. Aber er ist noch nicht fertig; aus dem Geldkörbchen werden blanke Silbermünzen für die Dienstboten hervorgesucht, eine Goldmünze für den Schreiber. ›Ist Onkel Erich schon da?‹, fragte er, ohne sich nach mir umzusehen. – ›Noch nicht, Vater! Darf ich ihn holen?‹ – ›Das könntest du ja tun.‹ Und fort renne ich durch das Wohnhaus auf die Straße, um die Ecke am Hafen entlang, und während ich drunten aus der Dämmerung das Pfeifen des Windes in den Tauen der Schiffe höre, habe ich das alte Giebelhaus mit dem Vorbau erreicht. Die Tür wird aufgerissen, dass die Klingel weithin durch Flur und Pesel schallt. – Vor dem Ladentisch steht der alte Kommis, der das Detailgeschäft leitet. Er sieht mich etwas grämlich an. ›Der Herr ist in seinem Kontor‹, sagt er trocken; er liebt die wilde naseweise Range nicht. Aber, was geht's mich an. – Fort mach ich hinten zur Hoftür hinaus, über zwei kleine finstere Höfe, dann in ein uraltes seltsames Nebengebäude, in welchem sich das Allerheiligste des Onkels befindet. Ohne Unfall komme ich durch den engen dunklen Gang und klopfe an eine Tür.– ›Herein!‹ Da sitzt der kleine Herr in dem feinen braunen Tuchrock an seinem mächtigen Arbeitspult; der Schein der Kontorlampe fällt auf seine freundlichen kleinen Augen und auf die mächtige Familiennase, die über den frisch gestärkten Vatermördern hinausragt. – ›Onkel, ob du nicht kommen wolltest?‹, sage ich, nachdem ich Atem geschöpft habe. – ›Wollen wir uns noch einen Augenblick setzen!‹, erwiderte er, indem seine Feder summierend über das Folium des aufgeschlagenen Hauptbuches hinabgleitet. – Mir wird ganz behaglich zu Sinne, ich werde nicht ein bißchen ungeduldig; aber ich setze mich auch nicht; ich bleibe stehen und besehe mir die Englands- und Westindienfahrer des Onkels, deren Bilder an der

Wand hängen. Es dauert auch nicht lange, so wird das Hauptbuch herzhaft zugeklappt, das Schlüsselbund rasselt und: ›Sieh so‹, sagt der Onkel, ›fertig wären wir!‹ Während er sein spanisches Rohr aus der Ecke langt, will ich schon wieder aus der Tür; aber er hält mich zurück. ›Ah, wart doch mal ein wenig! Wir hätten hier wohl noch so etwas mitzunehmen.‹ Und aus einer dunkeln Ecke des Zimmers holt er zwei wohlversiegelte, geheimnisvolle Päckchen. – Ich wußte es wohl, in solchen Päckchen steckte ein Stück leibhaftigen Weihnachtens; denn der Onkel hatte einen Bruder in Hamburg, und er trat nicht mit leeren Händen an den Tannenbaum. So nie gesehenes, märchenhaftes Zuckerzeug, wie er mitten in der Bescherung noch mir und meiner Schwester auf unsere Weihnachtsteller zu legen pflegte, ist mir später niemals wieder vorgekommen.

Bald darauf steige ich an der Hand des Onkels die breite Steintreppe zu unserm Hause hinauf. Ein paar Augenblicke verschwindet er mit seinen Päckchen in die Weihnachtsstube; es ist noch nicht angezündet, aber durch die halb geöffnete und rasch wieder geschlossene Tür glitzert es mir entgegen aus der noch drinnen herrschenden ahnungsvollen Dämmerung. Ich schließe die Augen, denn ich will nichts sehen, und trete in das gegenüberliegende, festlich erleuchtete Zimmer, das ganz von dem Duft der braunen Kuchen und des heute besonders fein gemischten Tees erfüllt ist. Die Hände auf dem Rücken mit langsamen Schritten geht mein Vater auf und nieder. ›Nun, seid ihr da?‹, fragt er stehenbleibend. – Und schon ist auch Onkel Erich bei uns; mir scheint, die Stube wird noch einmal so hell, da er eintritt. Er grüßt die Großmutter, den Vater; er nimmt meiner Schwester die Tasse ab, die sie ihm auf dem gelb lackierten Brettchen präsentiert. ›Was meinst du‹, sagt er, indem er seinen Augen einen bedenklichen Ausdruck zu geben sucht, ›es wird wohl heute nicht viel für uns abfallen!‹ Aber er lacht dabei so tröstlich, dass diese Worte wie eine goldene Verheißung klingen. Dann, während in dem blanken Messingkomfort der Teekessel saust, beginnt er eine seiner kleinen Erzählungen von den Begebenheiten der letzten Tage, seit man sich nicht gesehen. War es nun der Ankauf eines neuen Spazierstocks oder das unglückliche Zerbrechen einer Mundtasse; es floss alles so sanft dahin, dass man ganz davon erquickt wurde. Und wenn er gar eine Pause machte, um das bisher Erzählte im behaglichsten Gelächter nachzugenießen, wer hätte da nicht mitgelacht! Mein Vater nimmt vergeblich seine kritische Prise; er muss endlich doch mit einstimmen. Dies harmlose Geplauder – es ist mir das erst später klar geworden – war die Art, wie der tätige Geschäftsmann von der Tagesarbeit ausruhte. Es klingt mir noch lieb in der Erinnerung, und mir ist, als verstünde das jetzt niemand mehr. – Aber während der Onkel so erzählt, steckt meine Mutter, die seit Mittag unsichtbar gewesen ist, den Kopf ins Zimmer. Der Onkel macht ein Kompliment und bricht seine Geschichte ab; die Tür und die gegenüberliegende Tür werden weit geöffnet. Wir treten zögernd ein; und vor uns, zurückgestrahlt von dem großen Wandspiegel, steht der brennende Baum mit seinen Flittergoldfähnchen, seinen weißen Netzen und goldenen Eiern, die wie Kinderträume in den dunkeln Zweigen hängen.«

»Paul«, sagte die Frau, »und wenn wir ihn noch so weit herbeischaffen sollten, wir müssen wieder einen Tannenbaum haben. Der arme Junge hat sich selbst einen Weihnachtsgarten gebaut; er ist nur eben wieder fort, um Moos aus dem Eichenwäldchen zu holen.«

Der Amtsrichter schwieg einen Augenblick. – »Es tut nicht gut, in die

Fremde zu gehen«, sagte er dann, »wenn man daheim schon am eigenen Herd gesessen hat. – Mir ist noch immer, als sei ich hier nur zu Gaste, und morgen oder übermorgen sei die Zeit herum, dass wir alle wieder nach Hause müssten!«

Sie fasste die Hand ihres Mannes und hielt sie fest in der ihrigen, aber sie antwortete nichts darauf.

»Gedenkst du noch an ein Weihnachten?« hub er wieder an. »Ich hatte die Studentenjahre hinter mir und lebte nun noch einmal, zum letzten Mal, eine kurze Zeit als Kind im elterlichen Hause. Freilich war es dort nicht mehr so heiter, wie es einst gewesen; es war Unvergessliches geschehen, die alte Familiengruft unter der großen Linde war ein paarmal offen gewesen; meine Mutter, die unermüdlich tätige Frau, ließ oft mitten in der Arbeit die Hände sinken und stand regungslos, als habe sie sich selbst vergessen. Wie unsere alte Margret sagte, sie trug ein Kämmerchen in ihrem Kopf, drin spielte ein totes Kind. – Nur Onkel Erich, freilich ein wenig grauer als sonst, erzählte noch seine kleinen freundlichen Geschichten, und auch die Schwester und die Großmutter lebten noch. Damals war jener Weihnachtsabend; ein junges schönes Mädchen war zu der Schwester auf Besuch gekommen. Weißt du, wie sie hieß?«

»Ellen«, sagte sie leise und lehnte den Kopf an die Brust ihres Mannes.

Der Mond war aufgegangen und beleuchtete ein paar Silberfäden in dem braunen seidigen Haar, das sie schlicht gescheitelt trug, schmucklos in einer Flechte um den Schildpattkamm gelegt.

Er strich mit der Hand über dies noch immer selten schöne Haar. »Ellen hatte auch beschert bekommen«, sprach er weiter, »auf dem kleinen Mahagonitische lagen Geschenke von meiner Mutter und was von ihren Eltern von drüben aus dem Schwesterlande herübergeschickt war. Sie stand mit dem Rücken gegen den brennenden Baum, die Hand auf die Tischplatte gestützt; sie stand schon lange so; ich sehe sie noch« – und er ließ seine Augen eine Weile schweigend auf dem schönen Antlitz seiner Frau ruhen – »da war meine Mutter unbemerkt zu ihr getreten; sie fasste sanft ihre Hand und sah ihr fragend in die Augen. – Ellen blickte nicht um, sie neigte nur den Kopf; plötzlich aber richtete sie sich rasch auf und entfloh ins Nebenzimmer. Weißt du es noch? Während meine Mutter leise den Kopf schüttelte, ging ich ihr nach; denn seit einem kleinen Zank am letzten Abend waren wir vertraute Freunde. Ellen hatte sich in der Ofenecke auf einen Stuhl gesetzt; es war fast dunkel dort; nur eine vergessene Kerze mit langer Schnuppe brannte in dem Zimmer. ›Hast du Heimweh, Ellen?‹, fragte ich.

›Ich weiß es nicht!‹ – Eine Weile stand ich schweigend vor ihr. ›Was hast du denn da in der Hand?‹ – ›Willst du es haben?‹

Es war eine Börse von dunkelroter Seide. ›Wenn du sie für mich gemacht hast‹, sagte ich; denn ich hatte die Arbeit in den Tagen zuvor in ihren Händen gesehen und wohl bemerkt, wie Ellen sie, sobald ich näher kam, in ihrem Nähkästchen verschwinden ließ. – Aber Ellen antwortete nicht und gab mir auch nicht ihr Angebinde. Sie stand auf und putzte das Licht, dass es plötzlich ganz hell im Zimmer wurde. ›Komm‹, sagte sie, ›der Baum brennt ab, und Onkel Erich will noch Zuckerzeug bescheren!‹ Damit wehte sie sich mit ihrem Schnupftuch ein paarmal um die Augen und ging in die Weihnachtsstube zurück, und als wir dann später am Pochbrett saßen, war sie die Ausgelassenste von allen. Von meinem Weihnachtsgeschenk war weiter nicht die Rede. – – Aber weißt du, Frau?« – und er ließ ihre Hand los, die er bis dahin festgehalten – »die Mädchen sollten nicht so eigensinnig sein;

das hat mir damals keine Ruh gelassen; ich musste doch die Börse haben, und darüber –«

»Darüber, Paul? – Sprich nur dreist heraus!«

»Nun, hast du denn von der Geschichte nichts gehört? Darüber bekam ich nun auch noch das Mädchen in den Kauf.«

»Freilich«, sagte sie, und er sah bei dem hellen Mondschein in ihren Augen etwas blitzen, das ihn an das übermütige Mädchen erinnerte, das sie einst gewesen, »freilich weiß ich von der Geschichte, und ich kann sie dir auch erzählen; aber es war ein Jahr später, nicht am Weihnachts-, sondern am Neujahrsabend, und auch nicht hüben, sondern drüben.«

Sie räumte das Tintenfass und einige Papiere beiseite und setzte sich ihrem Mann gegenüber auf den Schreibtisch. »Der Vetter war bei Ellens Eltern zum Besuch, bei dem alten prächtigen Kirchspielvogt, der damals noch ein starker Nimrod war. – Ellen hatte noch niemals einen so schönen und langen Brief bekommen als den, worin der Vetter sich bei ihnen angemeldet; aber so gut wie mit der Feder wusste er mit der Flinte nicht umzugehen. Und dennoch, tat es die Landluft oder der schöne Gewehrschrank im Zimmer des Kirchspielvogts, es war nicht anders, er musste alle Tage auf die Jagd. Und wenn er dann abends durchnässt mit leerer Tasche nach Hause kam und die Flinte schweigend in die Ecke setzte – wie behaglich ergingen sich da die Stichelreden des alten Herrn. – ›Das heißt Malheur, Vetter; aber die Hasen sind heuer alle wild geraten!‹ – Oder: ›Mein Herzensjunge, was soll die Diana einmal von dir denken!‹ Am meisten aber – – du hörst doch, Paul?«

»Ich höre, Frau.«

»Am meisten plagte ihn die Ellen; sie setzte ihm heimlich einen Strohkranz auf, sie band ihm einen Gänseflügel vor den Flintenlauf; eines Vormittags – weißt du, es war Schnee gefallen – hatte sie einen Hasen, den der Knecht geschossen, aus der Speisekammer geholt, und eine Weile darauf saß er noch einmal auf seinem alten Futterplatz im Garten, als wenn er lebte, ein Kohlblatt zwischen den Vorderläufen. Dann hatte sie den Vetter gesucht und an die Hoftür gezogen. ›Siehst du ihn, Paul? Da hinten im Kohl; die Löffel gucken aus dem Schnee!‹ – Er sah ihn auch; seine Hand zitterte. ›Still, Ellen! Sprich nicht so laut! Ich will die Flinte holen!‹ Aber als kaum die Tür nach des Vaters Stube hinter ihm zuklappte, war Ellen schon wieder in den Schnee hinausgelaufen, und als er endlich mit der geladenen Flinte heranschlich, hing auch der Hase schon wieder an seinem sicheren Haken in der Speisekammer. – Aber der Vetter ließ sich geduldig von ihr plagen.«

»Freilich«, sagte der Amtsrichter und legte seine Arme behaglich auf die Lehne seines Sessels, »er hatte ja die Börse noch immer nicht!«

»Drum auch! Die lag noch unangerührt droben in der Kommode, in Ellens Giebelstübchen. Aber – wo die Ellen war, da war der Vetter auch; heißt das, wenn er nicht auf der Jagd war. Saß sie drinnen an ihrem Nähtisch, so hatte er gewiss irgendein Buch aus der Polterkammer geholt und las ihr daraus vor; war sie in der Küche und backte Waffeln, so stand er neben ihr, die Uhr in der Hand, damit das Eisen zur rechten Zeit gewendet würde. – So kam die Neujahrsnacht. Am Nachmittage hatten beide auf dem Hofe mit des Vaters Pistolen nach goldenen Eiern geschossen, die Ellen vom Weihnachtsbaum ihrer Geschwister abgeschnitten; und der Vetter hatte unter dem Händeklatschen der Kleinen zweimal das goldene Ei getroffen. Aber war's nun, weil er am andern Tage reisen musste, oder war's, weil Ellen fortlief, als er sie vorhin allein in ihrem Zimmer aufgesucht hatte – es war gar nicht mehr der geduldige Vetter –, er tat kurz und unwirsch und sah kaum nach ihr hin. – Das blieb den ganzen Abend so; auch als man später sich zu Tische setzte. Ellens Mutter warf wohl einmal einen fragenden Blick auf die beiden, aber sie sagte nichts darüber. Der Kirchspielvogt hatte auf andere Dinge zu achten, er schenkte den Punsch, den er eigenhändig gebraut hatte; und als es drunten im Dorfe zwölf schlug, stimmte er das alte Neujahrslied von Johann Heinrich Voß an, das nun getreulich durch alle Verse abgesungen wurde. Dann rief man ›Prost Neujahr!‹ und schüttelte sich die Hände, und auch Ellen reichte dem Vetter ihre Hand; aber er berührte kaum ihre Fingerspitzen. – So war's auch, da man sich bald darauf gute Nacht sagte. – Als das Mädchen droben allein in ihrem Giebelstübchen war – und nun merk auf, Paul, wie ehrlich ich erzähle! –, da hatte sie keine Ruh zum Schlafen; sie setzte sich still auf die Kante ihres Bettes, ohne sich auszukleiden und ohne der klingenden Kälte in der ungeheizten Kammer zu achten. Denn es kränkte sie doch; sie hatte dem Menschen ja nichts zuleid getan. Freilich, er hatte sie gestern noch gefragt, ob sie den Hasen nicht wieder im Kohl gesehen; und sie hatte dazu den Kopf geschüttelt. – War es etwa das, und wusste er denn, dass er den Hasen schon vor drei Tagen selbst hatte mit verzehren helfen? – – Sie wollte den schönen Brief des Vetters einmal wieder lesen. Aber als sie in die Tasche langte, vermisste sie den Kommodenschlüssel. Sie ging mit dem Lichte hinab in die Wohnstube, und von dort, als sie ihn nicht gefunden, in die Küche, wo sie vorhin gewirtschaftet hatte. Von all dem Sieden und Backen des Abends war es noch warm in dem großen dunklen Raume. Und richtig, dort lag der Schlüssel auf dem Fensterbrett. Aber sie stand noch einen Augenblick und blickte durch die Scheiben in die Nacht hinaus. – So hell und weit dehnte sich das

Schneefeld; dort unten zerstreut lagen die schwarzen Strohdächer des Dorfes; unweit des Hauses zwischen den kahlen Zweigen der Silberpappeln erkannte sie deutlich die großen Krähennester; die Sterne funkelten. Ihr fiel ein alter Reim ein, ein Zauberspruch, den sie vor Jahr und Tag von der Tochter des Schulmeisters gelernt hatte. Hinter ihr im Hause war es so still und leer; sie schauerte; aber trotzdessen wuchs in ihr das Gelüste, es mit den unheimlichen Dingen zu versuchen. So trat sie zögernd ein paar Schritte zurück. Leise zog sie den einen Schuh vom Fuße, und die Augen nach den Sternen und tief aufatmend sprach sie: ›Gott grüß dich, Abendstern!‹ – – Aber was war das? Ging hinten nicht die Hoftür? Sie trat ans Fenster und horchte. – Nein, es knarrte wohl nur die große Pappel an der Giebelseite des Hauses. – Und noch einmal hub sie leise an und sprach:

›Gott grüß dich, Abendstern!
Du scheinst so hell von fern,
Über Osten, über Westen,
Über alle Krähennesten.
Ist einer zu mein Liebchen geboren,
Ist einer zu mein Liebchen erkoren,
Der komm, als er geht,
Als er steht,
In sein täglich Kleid!‹

Dann schwenkte sie den Schuh und warf ihn hinter sich. Aber sie wartete vergebens; sie hörte ihn nicht fallen. Ihr wurde seltsam zumute, das kam von ihrem Vorwitz! Welch unheimlich Ding hatte ihren Schuh gefangen, eh er den Boden erreicht hatte? – Einen Augenblick noch stand sie so; dann mit dem letzten Restchen ihres Mutes wandte sie langsam den Kopf zurück. – Da stand ein Mann in der dunklen Tür, und es war Paul; er war richtig noch einmal auf den unglücklichen Hasen ausgewesen!«

»Nein, Ellen«, sagte der Amtsrichter, »du weißt es wohl; das war er denn doch diesmal nicht; er hatte nur, wie du, auch keine Ruhe gefunden; – aber nun hielt er den kleinen Schuh des Mädchens in der Hand; und Ellen hatte sich am Herd auf einen Stuhl gesetzt, mit geschlossenen Augen, die Hände gefaltet vor sich in den Schoß gestreckt. Es war kein Zweifel mehr, dass sie sich ganz verloren gab; denn sie wusste wohl, dass der Vetter alles gehört und gesehen hatte. – Und weißt du auch noch die Worte, die er zu ihr sprach?«

»Ja, Paul, ich weiß sie noch; und es war sehr grausam und wenig edel von ihm. ›Ellen‹, sagte er, ›ist noch immer die Börse nicht für mich gemacht?‹ Doch Ellen tat ihm auch diesmal den Gefallen nicht; sie stand auf und öffnete das Fenster, dass von draußen die Nachtluft und das ganze Sterngefunkel zu ihnen in die Küche drang.«

»Aber«, unterbrach er sie, »Paul war zu ihr getreten und sie legte still den Kopf an seine Brust; und noch höre ich den süßen Ton ihrer Stimme, als sie so, in die Nacht hinausnickend, sagte: ›Gott grüß dich, Abendstern!‹«

Die Tür wurde rasch geöffnet; ein kräftiger, etwa zehnjähriger Knabe trat mit einem brennenden Licht ins Zimmer. »Vater! Mutter!«, rief er, indem er die Augen mit der Hand beschattete. »Hier ist Moos und Efeu und auch noch ein Wacholderzweig!«

Der Amtsrichter war aufgestanden. »Bist du da, mein Junge!«, sagte er und nahm ihm die Botanisiertrommel mit den heimgebrachten Schätzen ab.

Frau Ellen aber ließ sich schweigend von dem Schreibtisch herabgleiten und schüttelte sich ein wenig wie aus Träumen. Sie legte beide Hände auf ihres Mannes Schultern und blickte ihn eine Weile voll und herzlich an. Dann nahm sie die Hand des Knaben. »Komm, Harro«, sagte sie, »wir wollen Weihnachtsgärten bauen!«

2. Unter dem Tannenbaum

Der Weihnachtsabend begann zu dämmern. – Der Amtsrichter war mit seinem Sohne auf der Rückkehr von einem Spaziergange; Frau Ellen hatte sie auf ein Stündchen fortgeschickt. Vor ihnen im Grunde lag die kleine Stadt; sie sahen deutlich, wie aus allen Schornsteinen der Rauch emporstieg; denn dahinter am Horizont stand feuerfarben das Abendrot. – Sie sprachen von den Großeltern drüben in der alten Heimat; dann von den letzten Weihnachten, die sie dort erlebt hatten.

»Und am Vorabend«, sagte der Vater, »als Knecht Ruprecht zu uns kam mit dem großen Bart und dem Quersack und der Rute in der Hand!«

»Ich wusste wohl, dass es Onkel Johannes war«, erwiderte der Knabe, »der hatte immer so etwas vor!«

»Weißt du denn auch noch die Worte, die er sprach?«

Harro sah den Vater an und schüttelte den Kopf.

»Wart nur«, sagte der Amtsrichter, »die Verse liegen zu Haus in meinem Pult; vielleicht bekomm ich's noch beisammen!« Und nach einer Weile fuhr er fort: »Entsinne dich nur, wie erst die drei Rutenhiebe von draußen auf die Tür fielen und wie dann die raue borstige Gestalt mit der großen Hakennase in die Stube trat!« Dann hub er langsam und mit tiefer Stimme an:

»Von drauß' vom Walde komm ich her,
Ich muss euch sagen, es weihnachtet sehr!
Allüberall auf den Tannenspitzen
Sah ich goldene Lichtlein sitzen.
Und droben aus dem Himmelstor
Sah mit großen Augen das Christkind hervor.
Und wie ich so strolcht' durch den dichten Tann,
Da rief's mich mit heller Stimme an;
›Knecht Ruprecht‹, rief es, ›alter Gesell,
Hebe die Beine und spute dich schnell!
Die Kerzen fangen zu brennen an,
Das Himmelstor ist aufgetan,

Alt' und Junge sollen nun
Von der Jagd des Lebens einmal ruhn;
Und morgen flieg ich hinab zur Erden,
Denn es soll wieder Weihnachten werden!‹
Ich sprach: ›O, lieber Herre Christ,
Meine Reise fast zu Ende ist;
Ich soll nur noch in diese Stadt,
Wo's eitel brave Kinder hat.‹
›Hast denn das Säcklein auch bei dir?‹
Ich sprach: ›Das Säcklein, das ist hier;
Denn Apfel, Nuss und Mandelkern
Fressen fromme Kinder gern!‹
›Hast denn die Rute auch bei dir?‹
Ich sprach: ›Die Rute, die ist hier!
Doch für die Kinder nur, die schlechten,
Die trifft sie auf den Teil, den rechten!‹
Christkindlein sprach: ›So ist es recht,
So geh mit Gott mein treuer Knecht!‹
Von drauß' vom Walde komm ich her;
Ich muss euch sagen, es weihnachtet sehr!
Nun sprecht, wie ich's hierinnen find?
Sind's gute Kind, sind's böse Kind?

Aber«, fuhr der Amtsrichter mit veränderter Stimme fort, »ich sagte dem Knecht Ruprecht:

Der Junge ist von Herzen gut,
Hat nur mitunter was trotzigen Mut!«

»Ich weiß, ich weiß!«, rief Harro triumphierend; und den Finger emporhebend und mit listigem Ausdruck setzte er hinzu: »Dann kam so etwas!«

»Was dich in großes Geschrei brachte; denn Knecht Ruprecht schwang seine Rute und sprach:

Heißt es bei euch denn nicht mitunter:
Nieder den Kopf und die Hosen herunter?«

»O«, sagte Harro, »ich fürchtete mich nicht; ich war nur zornig auf den Onkel!«

Über der Stadt, die sie jetzt fast erreicht hatten, stand nur noch ein fahler Schein am Himmel. Es dunkelte schon; aber es begann zu schneien; leise und emsig fielen die Flocken und der Weg schimmerte schon weiß zu ihren Füßen.

Vater und Sohn waren eine Weile schweigend nebeneinander hergegangen. – »Am Abend darauf«, hub der Amtsrichter wieder an, »brannte der letzte Weihnachtsbaum, den du gehabt hast. Es war damals eine bewegte Zeit; sogar das Zuckerwerk zwischen den Tannenzweigen war kriegerisch geworden: unsere ganze Armee, Soldaten zu Pferde und zu Fuß! – Von alledem ist nun nichts mehr übrig!«, setzte er leiser und wie mit sich selbst redend hinzu.

Der Knabe schien etwas darauf erwidern zu wollen, aber ein anderes hatte plötzlich seine Gedanken in Anspruch genommen. – Es war ein großer bärtiger Mann, der vor ihnen aus einem Seitenwege auf die Landstraße herauskam. Auf der Schulter balancierte er ein langes stangenartiges Gepäck, während er mit einem Tannenzweig, den er in der Hand hielt, bei jedem Schritt in die Luft peitschte. Wie er vorüberging, hatte Harro in der Dämmerung noch die große rote Hakennase erkannt, die unter der Pelzmütze hinausragte. Auch einen Quersack trug der Mann, der anscheinend mit allerhand eckigen Dingen angefüllt war. Er ging rasch vor ihnen auf.

»Knecht Ruprecht!«, flüsterte der Knabe, »hebe die Beine und spute dich schnell!«

Das Gewimmel der Schneeflocken wurde dichter, sie sahen ihn noch in die Stadt hinabgehen; dann entschwand er ihren Augen; denn ihre Wohnung lag eine Strecke weiter außerhalb des Tores.

»Freilich«, sagte der Amtsrichter, indem sie rüstig zuschritten, »der Alte kommt zu spät; dort unten in der Gasse leuchteten schon alle Fenster in den Schnee hinaus.«

Endlich war das Haus erreicht. Nachdem sie auf dem Flur die beschneiten Überkleider abgetan, traten sie in das Arbeitszimmer des Amtsrichters. Hier war heute der Tee serviert; die große Kugellampe brannte, alles war hell und aufgeräumt. Auf der sauberen Damastserviette stand das fein lackierte Teebrett mit den Geburtstagstassen und dem rubinroten Zuckerglase; daneben auf dem Fußboden in dem Komfort von Mahagonistäbchen mit blankem Messingeinsatz kochte der Kessel, wie es sein muss, auf gehörig durchgeglühten Torfkohlen; wie daheim einst in der großen Stube des alten Familienhauses, so dufteten auch hier in dem kleinen Stübchen die braunen Weihnachtskuchen nach dem Rezept der Urgroßmutter. – Aber während die Mutter nebenan im Wohnzimmer noch das Fest bereitete, blieben Vater und Sohn allein; kein Onkel Erich kam, ihnen feiern zu helfen. Es war doch anders als daheim.

Ein paarmal hatte Harro mit bescheidenem Finger an die Tür gepocht, und ein leises »Geduld!« der Mutter war die Antwort gewesen.

Endlich trat Frau Ellen selbst herein. Lächelnd – aber ein leiser Zug von Weh war doch dabei – streckte sie ihre Hände aus und zog ihren Mann und ihren Knaben, jeden bei einer Hand, in die helle Weihnachtsstube.

Es sah freundlich genug aus. Auf dem Tische in der Mitte, zwischen zwei Reihen brennender Wachskerzen, stand das kleine Kunstwerk, das Mutter und Sohn in den Tagen vorher sich selbst geschaffen hatten, ein Garten im Geschmack des vorigen Jahrhunderts mit glattgeschorenen Hecken und dunklen Lauben; alles von Moos und verschiedenem Wintergrün zierlich zusammengestellt. Auf dem Teiche von Spiegelglas schwammen zwei weiße Schwäne; daneben vor dem chinesischen Pavillon standen kleine Herren und Damen von Papiermaché in Puder und Kontuschen. – Zu beiden Seiten lagen die Geschenke für den Knaben; eine scharfe Lupe für die Käfersammlung, ein paar bunte Münchener Bilderbogen, die nicht fehlen durften, von Schwind und Otto Speckter; ein Buch in rotem Halbfranzband; dazwischen ein kleiner Globus in schwarzer Kapsel, augenscheinlich schon ein altes Stück. »Es war Onkel Erichs letzte Weihnachtsgabe an mich«, sagte der Amtsrichter, »nimm du es nun von mir! Es ist mir in diesen Tagen aufs Herz gefallen, dass ich ihm die Freude, die er mir als Kind gemacht, in späterer Zeit nicht einmal wieder gedankt – nun haben sie mir den alten Herrn im letzten Herbst begraben!«

Frau Ellen legte den Arm um ihren Mann und führte ihn an den Spiegeltisch, auf dem heute die beiden silbernen Armleuchter brannten. Auch ihm hatte sie beschert; das Erste aber, wonach seine Hand langte, war ein kleines Lichtbild. Seine Augen ruhten lange darauf, während Frau Ellen still zu ihm emporsah. Es war sein elterlicher Garten; dort unter dem Ahorn vor dem Lusthause standen die beiden Alten selbst, das noch dunkle volle Haar seines Vaters war deutlich zu erkennen.

Der Amtsrichter hatte sich umgewandt; es war, als suchten seine Augen etwas. Die Lichter an den Moosgärtchen brannten knisternd fort; in ihrem Schein stand der Knabe vor dem aufgeschlagenen Weihnachtsbuch. Aber droben unter der Decke des hohen Zimmers war es dunkel; der Tannenbaum fehlte, der das Licht des Festes auch dort hinaufgetragen hätte.

Da klingelte draußen im Flur die Glocke, und die Haustür wurde polternd aufgerissen. »Wer ist denn das?«, sagte Frau Ellen; und Harro lief zur Tür und sah hinaus.

Draußen hörten sie eine raue Stimme fragen: »Bin ich denn hier recht beim Herrn Amtsrichter?« Und in demselben Augenblicke wandte auch der Knabe den Kopf zurück und rief: »Knecht Ruprecht, Knecht Ruprecht!« Dann zog er Vater und Mutter mit sich aus der Tür.

Es war der große bärtige Mann, der den beiden Spaziergängern vorhin oberhalb der Stadt begegnet war; bei dem Schein des Flurlämpchens sahen sie deutlich die rote Hakennase unter der beschneiten Pelzmütze leuchten. Sein langes Gepäck hatte er gegen die Wand gelehnt. »Ich habe das hier abzugeben!«, sagte er, indem er auch den schweren Quersack von der Schulter nahm.

»Von wem denn?«, fragte der Amtsrichter.

»Ist mir nichts von aufgetragen worden.«

»Wollt Ihr denn nicht näher treten?«

Der Alte schüttelte den Kopf. »Ist alles schon besorgt! Habt gute Weihnacht beieinander!« Und indem er noch einmal mit der großen Nase nickte, war er schon zur Tür hinaus.

»Das ist eine Bescherung!«, sagte Frau Ellen fast ein wenig schüchtern.

Harro hatte die Haustür aufgerissen. Da sah er die große dunkele Gestalt schon weithin auf dem beschneiten Wege hinausschreiten.

Nun wurde die Magd herbeigerufen, deren Bescherung durch dieses Zwischenspiel bis jetzt verzögert war; und als mit ihrer Hülfe die verhüllten Dinge in das helle Weihnachtszimmer gebracht waren, kniete Frau Ellen auf dem Fußboden und begann mit ihrem Trennmesser die Nähte des großen Packens aufzulösen. Und bald fühlte sie, wie es von innen heraus sich dehnte und die immer schwächer werdenden Bande zu sprengen strebte; und als der Amtsrichter, der bisher schweigend dabeigestanden, jetzt die letzte Hüllen abgestreift hatte und es aufrecht vor sich hingestellt hielt, da war's ein ganzer mächtiger Tannenbaum, der nun nach allen Seiten seine entfesselten Zweige ausbreitete. Lange schmale Bänder von Knittergold rieselten und blitzten überall von den Spitzen durch das dunkele Grün herab; auch die Tannäpfel waren golden, die unter allen Zweigen hingen.

Harro war indes nicht müßig gewesen, er hatte den Quersack aufgebunden; mit leuchtenden Augen brachte er einen flachen, grün lackierten Kasten geschleppt. »Horch, es rappelt!«, sagte er. »Es ist ein Schubfach darin!« Und als sie es aufgezogen, fanden sie wohl ein Schock der feinsten weißen Wachskerzchen.

»Das kommt von einem echten Weihnachtsmann«, sagte der Amtsrichter, indem er einen Zweig des Baumes herunterzog, »da sitzen schon überall die kleinen Blechlampetten!«

Aber es war nicht nur ein Schubfach in dem Kasten; es war auch obenauf ein Klötzchen mit einem Schraubengang. Der Amtsrichter wusste Bescheid in diesen Dingen; nach einigen Minuten war der Baum eingeschroben und stand fest und aufrecht, seine grüne Spitze fast bis zur Decke streckend. – Die alte Magd hatte ihre Schüssel mit Äpfeln und Pfeffernüssen stehen lassen; während die andern drei beschäftigt waren, die Wachskerzen aufzustecken, stand sie neben ihnen, ein lebendiger Kandelaber, in jeder Hand einen brennenden Armleuchter emporhaltend. – Sie war aus der Heimat mit herübergekommen und hatte sich von allen am schwersten in den Brauch der Fremde gefunden. Auch jetzt betrachtete sie den stolzen Baum mit misstrauischen Augen. »Die goldenen Eier sind denn doch vergessen!«, sagte sie.

Der Amtsrichter sah sie lächelnd an: »Aber, Margret, die goldenen Tannäpfel sind doch schöner!«

»So, meint der Herr? Zu Hause haben wir immer die goldenen Eier gehabt.«

Darüber war nicht zu streiten; es war auch keine Zeit dazu. Harro hatte sich indessen schon wieder über den Quersack hergemacht. »Noch nicht anzünden!«, rief er, »das Schwerste ist noch darin!«

Es war ein fest vernageltes hölzernes Kistchen. Aber der Amtsrichter holte Hammer und Meißel aus seinem Gerätkästchen; nach ein paar Schlägen sprang der Deckel auf und eine Fülle weißer Papierspäne quoll ihnen entgegen. – »Zuckerzeug!«, rief Frau Ellen und streckte schützend ihre Hände darüber aus. »Ich wittere Marzipan! Setzt euch; ich werde auspacken!«

Und mit vorsichtiger Hand langte sie ein Stück nach dem andern heraus und legte es auf den Tisch, das nun von Vater und Sohn aus dem umhüllenden Seidenpapier herausgewickelt wurde.

»Himbeeren!«, rief Harro. »Und Erdbeeren, ein ganzer Strauß!«

»Aber siehst du es wohl?«, sagte der Amtsrichter. »Es sind Walderdbeeren; so welche wachsen in den Gärten nicht.«

Dann kam, wie lebend, allerlei Geziefer; Hornissen und Hummeln und was sonst im Sonnenschein an stillen Waldplätzchen umherzusummen pflegt, zierlich aus Dragant gebildet, mit goldbestäubten Flügeln; nun eine Honigwabe – die Zellen mochten mit Likör gefüllt sein – wie sie die wilde Biene in den Stamm der hohlen Eiche baut; und jetzt ein großer Hirschkäfer, von Schokolade, mit gesperrten Zangen und ausgebreiteten Flügeldecken. »Cervus lucanus!«, rief Harro und klatschte in die Hände.

An jedem Stück war, je nach der Größe, ein lichtgrünes Seidenbändchen. Sie konnten der Lockung nicht widerstehen; sie begannen schon jetzt den Baum damit zu schmücken, während Frau Ellens Hände noch immer neue Schätze ans Licht förderten.

Bald schwebte zwischen den Immen auch eine Schar von Schmetterlingen an den Tannenspitzen; da war der Himbeerfalter, die silberblaue Daphnis und der olivenfarbige Waldargus, und wie sie alle heißen mochten, die Harro hier vergebens aufzujagen gesucht hatte. – Und immer schwerer wurden die Päckchen, die eins nach dem andern von den eifrigen Händen geöffnet wurden. Denn jetzt kam das Geschlecht des größern Geflügels; da kam der Dompfaff und der Buntspecht, ein Paar Kreuzschnäbel, die im Tannenwald daheim sind; und jetzt – Frau Ellen stieß einen leichten Schrei aus – ein ganzes Nest voll kleiner schnäbelaufsperrender Vögel; und Vater und Sohn gerieten miteinander in Streit, ob es Goldhähnchen oder junge Zeisige seien, während Harro schon das kleine Heimwesen im dichtesten Tannengrün verbarg.

Noch ein Waldbewohner erschien; er musste vom Buchenrevier herübergekommen sein; ein Eichhörnchen von Marzipan, in halber Lebensgröße, mit erhobenem Schweif und klugen Augen. »Und nun ist's alle!«, rief Frau Ellen. Aber nein, ein schweres Päckchen noch! Sie öffnete es und verbarg es dann ebenso rasch wieder in beiden Händen. »Ein Prachtstück!«, rief sie. »Aber nein, Paul; ich bin edelmütiger als du; ich zeig's dir nicht!«

Der Amtsrichter ließ sich das nicht anfechten; er brach ihr die nicht gar zu ernstlich geschlossenen Hände auseinander, während sie lachend über ihn wegschaute.

»Ein Hase!«, jubelte Harro, »er hat ein Kohlblatt zwischen den Vorderpfötchen!«

Frau Ellen nickte: »Freilich, er kommt auch eben aus des alten Kirchspielvogts Garten!«

»Harro, mein Junge«, sagte der Amtsrichter, indem er drohend den

Finger gegen seine Frau erhob, »verspricht mir, diesen Hasen zu verspeisen, damit er gründlich aus der Welt komme!«
Das versprach Harro.
Der Baum war voll, die Zweige bogen sich; die alte Margret stöhnte, sie könne die Leuchter nicht mehr halten, sie habe gar keine Arme mehr am Leibe.
Aber es gab wieder neue Arbeit. »Anzünden!«, kommandierte der Amtsrichter; und die klein und großen Weihnachtskinder standen mit heißen Gesichtern, kletterten auf Schemel und Stühle und ließen nicht ab, bis alle Kerzen angezündet waren.
Der Baum brannte, das Zimmer war von Duft und Glanz erfüllt; es war nun wirklich Weihnachten geworden.
Ein wenig müde von der ungewohnten Anstrengung saß der Amtsrichter auf dem Sofa, nachsinnend in den gegenüberhängenden großen Wandspiegel blickend, der das Bild des brennenden Baums zurückstrahlte.
Frau Ellen, die ganz heimlich ein wenig aufzuräumen begann, wollte eben die geleerte Kiste an die Seite setzen, als sie wie in Gedanken noch einmal mit der Hand durch die Papierspäne streifte. Sie stutzte. »Unerschöpflich!«, sagte sie lächelnd. – Es war ein Star von Schokolade, den sie hervorgeholt hatte. »Und, Paul«, fuhr sie fort, »er spricht!«
Sie hatte sich zu ihm auf die Sofalehne gesetzt, und beide lasen nun gemeinschaftlich den beschriebenen Zettel, den der Vogel in seinem Schnabel trug: »Einen Wald- und Weihnachtsgruß von einer dankbaren Freundin!«
»Also von ihr!«, sagte der Amtsrichter. »Ihr Herz hat ein gutes Gedächtnis. Knecht Ruprecht musste einen tüchtigen Weg zurücklegen; denn das Gut liegt fünf ganze Meilen von hier.«

Frau Ellen legte den Arm um ihres Mannes Nacken. »Nicht wahr, Paul, wir wollen auch nicht undankbar gegen die Fremde sein?«

»Oh, ich bin nicht undankbar, – aber –«

»Was denn aber, Paul?«

»Was mögen drüben jetzt die Alten machen!«

Sie antwortete nicht darauf; sie gab ihm schweigend ihre Hand.

»Wo ist Harro?«, fragte er nach einer Weile.

Harro war eben wieder ins Zimmer getreten; aus einer Schachtel, die er mit sich brachte, nahm er eine kleine verblichene Figur und befestigte sie sorgfältig an einen Zweig des Tannenbaums. Die Eltern hatten es wohl erkannt; es war ein Stück von dem Zuckerzeug des letzten heimatlichen Weihnachtsbaums; ein Dragoner auf schwarzem Pferde in langem graublauem Mantel. Der Knabe stand davor und betrachtete es unbeweglich; seine großen blauen Augen unter der breiten Stirn wurden immer finsterer. »Vater«, sagte er endlich, und seine Stimme zitterte, »es war doch schade um unser schönes Heer! – Wenn sie es nur nicht aufgelöst hätten – ich glaube, dann wären wir wohl noch zu Hause!«

Eine lautlose Stille folgte, als der Knabe das gesprochen. Dann rief der Vater seinen Sohn und zog ihn dicht an sich heran. »Du kennst noch das alte Haus deiner Großeltern«, sagte er, »du bist vielleicht das letzte Kind von den Unseren, das noch auf den großen übereinandergetürmten Bodenräumen gespielt hat; denn die Stunde ist nicht mehr fern, dass es in fremde Hand kommen wird. – Einer deiner Urahnen hat es einst für seinen Sohn gebaut. Der junge Mann fand es fertig und ausgestattet vor, als er nach mehrjähriger Abwesenheit in den Handelsstädten Frankreichs nach seiner Heimat zurückkehrte. Bei seinem Tode hat er es seinen Nachkommen hinterlassen, und sie haben darin gewohnt als Kaufherren und Senatoren oder, nachdem sie sich dem Studium der Rechte zugewandt hatten, als Bürgermeister oder Syndizi ihrer Vaterstadt. Es waren angesehene und wohldenkende Männer, die im Lauf der Zeit ihre Kraft und ihr Vermögen auf mannigfache Weise ihren Mitbürgern zugute kommen ließen. So waren sie wurzelfest geworden in der Heimat. Noch in meiner Knabenzeit gab es unter den tüchtigeren Handwerkern fast keine Familie, wo nicht von den Voreltern oder Eltern eines in den Diensten der Unserigen gestanden hätte; sei es auf den Schiffen oder in den Fabriken oder auch im Hause selbst. – Es waren das Verhältnisse des gegenseitigen Vertrauens; jeder rühmte sich des andern und suchte sich des andern wert zu zeigen; wie ein Erbe ließen es die Eltern ihren Kindern; sie kannten sich alle, über Geburt und Tod hinaus, denn sie kannten Art und Geschlecht der Jungen, die geboren wurden, und der Alten, die vor ihnen da gewesen waren.« – – Der Amtsrichter schwieg einen Augenblick, während der Knabe unbeweglich zu ihm emporsah. »Aber nicht allein in die Höhe«, fuhr er fort, »auch in die Tiefe haben deine Voreltern gebaut; zu dem steinernen Hause in der Stadt gehörte die Gruft draußen auf dem Kirchhof; denn auch die Toten sollten noch beisammen sein. – Und seltsam, da ich des inneward, dass ich fort musste, mein erster Gedanke war, ich könnte dort den Platz verfehlen. – – Ich habe sie mehr als einmal offen gesehen; das letzte Mal, als deine Urgroßmutter starb, eine Frau in hohen Jahren, wie sie den Unserigen vergönnt zu sein pflegen. – Ich vergesse den Tag nicht. Ich war hinabgestiegen und stand unten in der Dunkelheit zwischen den Särgen, die neben und über mir auf den eisernen Stangen ruhten; die ganze alte Zeit, eine ernste schweigsame Gesellschaft. Neben mir war der Totengräber, ein eisgrauer Mann. Aber einst war er jung gewesen und hatte als Kutscher, den schwarzen Pudel zwischen den Knien, die Rappen meines Großvaters gefahren. – Er stand an einen hohen Sarg gelehnt und ließ wie liebkosend seine Hand über das schwarze Tuch des Deckels gleiten. ›Dat is min ole Herr!‹ sagte er in seinem Plattdeutsch. ›Dat weer en gude Mann!‹ – Mein Kind, nur dort zu Hause konnte ich solche Worte hören. Ich neigte unwillkürlich das Haupt; denn mir war, als fühlte ich den Segen der Heimat sich leibhaftig auf mich niedersenken. Ich war der Erbe dieser Toten; sie selbst waren zwar dahingegangen; aber ihre Güte und Tüchtigkeit lebte noch, und war für mich da und half mir, wo ich selber irrte, wo meine Kräfte mich verließen. – – Und auch jetzt noch, wenn ich – mir und den Meinen nicht zur Freude, aber getrieben von jenem geheimnisvollen Weh, auf kurze Zeit zurückkehrte, ich weiß es wohl, dem sich dann alle Hände dort entgegenstreckten, das war nicht ich allein.«

Er war aufgestanden und hatte einen Fensterflügel aufgestoßen. Weithin dehnte sich das Schneefeld; der Wind sauste; unter den Sternen vorüber jagten die Wolken; dorthin, wo in unsichtbarer Ferne ihre Heimat lag. – Er legte fest den Arm um seine Frau, die ihm schweigend gefolgt war; seine lichtblauen Augen lugten scharf in die Nacht hinaus. »Dort!«, sprach er leise, »ich will den Namen nicht nennen; er wird nicht gern gehört in deutschen Landen; wir wollen ihn still in unserm Herzen sprechen, wie die Juden das Wort für den Allerheiligsten.« Und er ergriff die Hand seines Kindes und presste sie so fest, dass der Junge die Zähne zusammenbiss.

Noch lange standen sie und blickten dem dunkeln Zuge der Wolken nach. – Hinter ihnen im Zimmer ging lautlos die alte Magd umher und hütete sorgsamen Auges die allmählich niederbrennenden Weihnachtskerzen.

BRÜDER GRIMM

Marienkind

Vor einem großen Walde lebte ein Holzhacker mit seiner Frau, der hatte nur ein einziges Kind, das war ein Mädchen von drei Jahren. Sie waren so arm, dass sie nicht mehr das tägliche Brot hatten und nicht wussten, was sie dem Kind sollten zu essen geben.

Eines Morgens ging der Holzhacker voller Sorge hinaus in den Wald an seine Arbeit, und wie er da Holz hackte, stand auf einmal eine schöne große Frau vor ihm, die hatte eine Krone von leuchtenden Sternen auf dem Haupt und sprach zu ihm: »Ich bin die Jungfrau Maria, die Mutter des Christkindleins. Du bist arm und bedürftig, bring mir dein Kind, ich will es mit mir nehmen, seine Mutter sein und für es sorgen.« Der Holzhacker gehorchte, holte sein Kind und übergab es der Jungfrau Maria. Die nahm es mit sich hinauf in den Himmel. Da ging es ihm wohl, es aß Zuckerbrot und trank süße Milch, und seine Kleider waren von Gold, und die Englein spielten mit ihm.

Als es nun vierzehn Jahr alt geworden war, rief die Jungfrau Maria es einmal zu sich und sprach: »Liebes Kind, ich habe eine große Reise vor. Da nimm die Schlüssel zu den dreizehn Türen des Himmelreichs in Verwahrung: Zwölf davon darfst du aufschließen und die Herrlichkeiten darin betrachten, aber die dreizehnte, zu welcher dieser kleine Schlüssel gehört, die ist dir verboten. Hüte dich, dass du sie nicht aufschließest, sonst wirst du unglücklich.«

Das Mädchen versprach, gehorsam zu sein, und als nun die Jungfrau Maria weg war, fing sie an und besah die Wohnungen des Himmelreichs. Jeden Tag schloss es eine andere auf, bis die zwölfe besehen waren. In jeder aber saß ein Apostel und war von großem Glanz umgeben, und es freute sich über all die Pracht und Herrlichkeit, und die Englein, die es immer begleiteten, freuten sich mit ihm. Nun war die verbotene Tür allein noch übrig. Da empfand es eine große Lust zu wissen, was dahinter verborgen wäre, und sprach zu den Englein: »Ganz aufmachen will ich sie nicht und will auch nicht hineingehen, aber ich will sie aufschließen, damit wir ein wenig durch den Ritz sehen.«

»Ach nein«, sagten die Englein, »das wäre Sünde: Die Jungfrau Maria hat's verboten, und es könnte leicht dein Unglück werden.« Da schwieg es still, aber die Begierde in seinem Herzen schwieg nicht, sondern nagte und pickte ordentlich daran und ließ ihm keine Ruhe. Und als die Englein einmal alle hinausgegangen waren, dachte es: »Nun bin ich ganz allein und könnte hineingucken, es merkt ja niemand, wenn ich's tue.« Es suchte den Schlüssel heraus, und als es ihn in der Hand hielt, steckte es ihn auch in das Schloss, und als es ihn hineingesteckt hatte, drehte es auch um. Da sprang die Türe auf, und es sah da die Dreieinigkeit im Feuer und Glanz sitzen. Es blieb ein Weilchen stehen und betrachtete alle mit Erstaunen, dann rührte es ein wenig mit dem Finger an den Glanz, da ward der Finger ganz golden. Alsbald empfand es eine gewaltige Angst, schlug die Türe heftig zu und lief fort.

Die Angst wollte auch nicht wieder weichen, es mochte anfangen, was es wollte, und das Herz klopfte in einem fort und wollte nicht ruhig werden. Auch das Gold blieb an dem Finger und ging nicht ab, es mochte waschen und reiben, so viel es wollte. Gar nicht lange, so kam die Jungfrau Maria von ihrer Reise zurück. Sie rief das Mädchen zu sich und forderte ihm die Himmelsschlüssel wieder ab. Als es den

Bund hinreichte, blickte ihm die Jungfrau in die Augen und sprach: »Hast du auch nicht die dreizehnte Tür geöffnet?«
»Nein«, antwortete das Mädchen.
Da legte sie ihre Hand auf sein Herz, fühlte, wie es klopfte und klopfte, und merkte wohl, dass es ihr Gebot übertreten und die Türe aufgeschlossen hatte. Da sprach sie noch einmal: »Hast du es gewiss nicht getan?«
»Nein«, sagte das Mädchen zum zweiten Mal.
Da erblickte die Jungfrau Maria den Finger, der von der Berührung des himmlischen Feuers golden geworden war, sah wohl, dass es gesündigt hatte, und sprach zum dritten Mal: »Hast du es nicht getan?«
»Nein«, sagte das Mädchen zum dritten Mal.
Da sprach die Jungfrau Maria: »Du hast mir nicht gehorcht und hast noch dazu gelogen, du bist nicht mehr würdig, im Himmel zu sein.«
Da versank das Mädchen in einen tiefen Schlaf, und als es erwachte, lag es unten auf der Erde, mitten in einer Wildnis. Es wollte rufen, aber es konnte keinen Laut hervorbringen. Es sprang auf und wollte fortlaufen, aber wo es sich hinwendete, immer ward es von dichten Dornhecken zurückgehalten, die es nicht durchbrechen konnte.
In der Einöde, in welche es eingeschlossen war, stand ein alter hohler Baum, das musste seine Wohnung sein. Da kroch es hinein, wenn die Nacht kam, und schlief darin, und wenn es stürmte und regnete, fand es darin Schutz. Aber es war ein jämmerliches Leben, und wenn es daran dachte, wie schön es im Himmel gewesen war und wie die Engel mit ihm gespielt hatten, weinte es bitterlich. Wurzeln und Waldbeeren waren seine einzige Nahrung, die suchte es sich, so weit es kommen konnte. Im Herbst sammelte es die herabgefallenen Nüsse und Blätter und trug sie in die Höhle, die Nüsse waren im Winter seine Spei-

se, und wenn Schnee und Eis kamen, kroch es wie ein armes Tierchen in die Blätter, dass es nicht fror. Nicht lange, so zerrissen seine Kleider, und ein Stück nach dem andern fiel ihm vom Leib herab. Sobald dann die Sonne wieder warm schien, ging es heraus und setzte sich vor den Baum, und seine langen Haare bedeckten es von allen Seiten wie ein Mantel. So saß es ein Jahr nach dem andern und fühlte den Jammer und das Elend der Welt.

Einmal, als die Bäume wieder in frischem Grün standen, jagte der König des Landes in dem Wald und verfolgte ein Reh, und weil es in das Gebüsch geflohen war, das den Waldplatz einschloss, stieg er vom Pferd, riss das Gestrüpp auseinander und hieb sich mit seinem Schwert einen Weg. Als er endlich hindurch gedrungen war, sah er unter dem Baum ein wunderschönes Mädchen sitzen, das saß da und war bis zu den Zehen von seinem goldenen Haar bedeckt. Er stand still und betrachtete es voll Erstaunen, dann redete er es an und sprach: »Wer bist du? Warum sitzest du hier in der Einöde?«

Es gab aber keine Antwort, denn es konnte seinen Mund nicht auftun. Der König sprach weiter: »Willst du mit mir aufs Schloss gehen?« Da nickte es nur ein wenig mit dem Kopf. Der König nahm es auf seinen Arm, trug es auf sein Pferd und ritt mit ihm heim, und als er auf das königliche Schloss kam, ließ der ihm schöne Kleider anziehen und gab ihm alles im Überfluss. Und obgleich es nicht sprechen konnte, so war es doch schön und holdselig, dass er es von Herzen lieb gewann, und es dauerte nicht lange, da vermählte er sich mit ihm.

Als etwa ein Jahr vergangen war, brachte die Königin einen Sohn zur Welt. In der Nacht darauf, als sie allein in ihrem Bette lag, erschien ihr die Jungfrau Maria und sprach: »Willst du die Wahrheit sagen und gestehen, dass du die verbotene Tür aufgeschlossen hast, so will ich deinen Mund öffnen und dir die Sprache wiedergeben. Verharrst du aber in der Sünde und leugnest hartnäckig, so nehm ich dein neugebornes Kind mit mir.«

Da war der Königin verliehen zu antworten, sie blieb aber verstockt und sprach: »Nein, ich habe die verbotene Tür nicht aufgemacht«, und die Jungfrau Maria nahm ihr das neugeborene Kind aus den Armen und verschwand damit. Am andern Morgen, als das Kind nicht zu finden war, ging ein Gemurmel unter den Leuten, die Königin wäre eine Menschenfresserin und hätte ihr eigenes Kind umgebracht. Sie hörte alles und konnte nichts dagegen sagen, der König aber wollte es nicht glauben, weil er sie so lieb hatte.

Nach einem Jahr gebar die Königin wieder einen Sohn. In der Nacht trat auch wieder die Jungfrau Maria zu ihr herein und sprach: »Willst du gestehen, dass du die verbotene Türe geöffnet hast, so will ich dir dein Kind wiedergeben und deine Zunge lösen. Verharrst du aber in der Sünde und leugnest, so nehme ich auch dieses Neugeborne mit mir.«

Da sprach die Königin wiederum: »Nein, ich habe die verbotene Türe nicht geöffnet«, und die Jungfrau nahm ihr das Kind aus den Armen weg und mit sich in den Himmel. Am Morgen, als das Kind abermals verschwunden war, sagten die Leute ganz laut, die Königin hätte es verschlungen, und des Königs Räte verlangten, dass sie sollte gerichtet werden. Der König aber hatte sie so lieb, dass er es nicht glauben wollte, und befahl den Räten bei Leibes- und Lebensstrafe, nicht mehr darüber zu sprechen.

Im nächsten Jahr gebar die Königin ein schönes Töchterlein. Da erschien ihr zum dritten Mal nachts die Jungfrau Maria und sprach: »Folge mir.« Sie nahm sie bei der Hand und führte sie in den Himmel und zeigte ihr dort ihre beiden ältesten Kinder, die lachten sie an und spielten mit der Weltkugel. Als sich die Königin darüber freute, sprach die Jungfrau Maria: »Ist dein Herz noch nicht erweicht? Wenn du eingestehst, dass du die verbotene Tür geöffnet hast, so will ich dir deine beiden Söhnlein zurückgeben.«

Aber die Königin antwortete zum dritten Mal: »Nein, ich habe die verbotene Tür nicht geöffnet.« Da ließ die Jungfrau sie wieder zur Erde hinabsinken und nahm ihr auch das dritte Kind.

Am andern Morgen, als es ruchbar ward, riefen alle Leute laut: »Die Königin ist eine Menschenfresserin, sie muss verurteilt werden«, und der König konnte seine Räte nicht mehr zurückweisen. Es ward ein Gericht über sie gehalten, und weil sie nicht antworten und sich nicht verteidigen konnte, ward sie verurteilt, auf dem Scheiterhaufen zu sterben. Das Holz wurde zusammengetragen, und als sie an einen Pfahl festgebunden war und das Feuer ringsumher zu brennen anfing, da schmolz das harte Eis des Stolzes und ihr Herz ward von Reue bewegt, und sie dachte: »Könnt ich nur noch vor meinem Tode gestehen, dass ich die Tür geöffnet habe.« Da kam ihr die Stimme, dass sie laut ausrief: »Ja, Maria, ich habe es getan!«

Und alsbald fing der Himmel an zu regnen und löschte die Feuerflammen, und über ihr brach ein Licht hervor, und die Jungfrau Maria kam herab und hatte die beiden Söhnlein zu ihren Seiten und das neugeborene Töchterlein auf dem Arm. Sie sprach freundlich zu ihr: »Wer seine Sünde bereut und eingesteht, dem ist sie vergeben«, und reichte ihr die drei Kinder, löste ihr die Zunge und gab ihr Glück für das ganze Leben.

ROBERT REINICK

Das Christkind

Die Nacht vor dem Heiligen Abend,
da liegen die Kinder im Traum.
Sie träumen von schönen Sachen
und von dem Weihnachtsbaum.

Und während sie schlafen und träumen,
wird es am Himmel klar,
und durch den Himmel fliegen
drei Engel wunderbar.

Sie tragen ein holdes Kindlein,
das ist der Heilige Christ.
Es ist so fromm und freundlich,
wie keins auf Erden ist.

Und wie es durch den Himmel
still über die Häuser fliegt;
schaut es in jedes Bettchen,
wo nur ein Kindlein liegt.

Es freut sich über alle,
die fromm und freundlich sind,
denn solche liebt von Herzen
das liebe Himmelskind.

Heut schlafen noch die Kinder
und sehen es nur im Traum.
Doch morgen tanzen und springen
sie um den Weihnachtsbaum.

Der Weihnachtsabend

Am folgenden Morgen, sehr frühe, da die Kinder noch süß und sanft schliefen, waren schon alle Erwachsene im Hause mit Aufstellung und Ausschmückung des Weihnachtsbaumes beschäftigt. Ein junger schöner Tannenbaum mit dichten grünen Ästen wurde in der Stubenecke zwischen den Fenstern angebracht. Anton öffnete, nachdem die Kutsche abgepackt war, eine große Schachtel, die fast mit allem, was Kinder freuen kann, gefüllt war. Er hängte die kleinen Geschenke – schönes Obst, allerlei buntes Zuckerwerk, niedliche Körbchen voll verzuckerter Mandeln, Kränze von künstlichen Blumen mit rosenfarbenen oder himmelblauen Bändern geziert, nebst allerlei flimmerndem Spielzeuge an den Baumzweigen auf. Er wusste alles sehr malerisch zu ordnen. Nun nahm er auch ein paar Dutzend kleine blecherne Lampen hervor, die mit Wachs eingegossen waren. Er hängte sie vorsichtig, damit sie den Baum schön beleuchten, aber nicht anbren-

nen konnten, an den Zweigen auf. Als alles fertig war, gingen Katharine und Luise, die Kinder zu wecken. »Sie dürfen aber nicht früher kommen,« sagte Anton, »als bis ich mit dem Anzünden der Lampen fertig bin und bis die Mutter ruft.«

Als die Kinder von den Weihnachtsgeschenken hörten, verging ihnen sogleich aller Schlaf. Man konnte sie nicht schnell genug ankleiden. Endlich rief die Mutter: »Jetzt kommt!« Die Kinder sprangen eilig in die Stube - blieben aber von Glanz und Schimmer geblendet plötzlich stehen. Vor Erstaunen und Entzücken über den unerwarteten Anblick konnten sie anfangs nicht reden. Sie staunten den wundersam schimmernden Baum mit starren Augen und offenem Munde unverwandt an. Der grüne Glanz der Zweige, die Lichter, die dazwischen wie Sterne schimmerten, die hochrot strahlenden Äpfel, die goldgelben Birnen, die vielen bunten und funkelnden Sachen kamen ihnen wie Zauberei vor. Sie wussten nicht, ob sie wachten oder träumten. Endlich riefen sie höchst entzückt: »O wie schön, o wie herrlich!« Franz sagte: »Einen solchen Baum, der so schön ist und im Winter so vielerlei Früchte trägt, gibt's in unserm ganzen Walde nicht.« – »Ei,« sagte Klara, »solche Bäume wachsen nur im Paradiese oder gar nur im Himmel. Nicht wahr, Mutter das Christkindlein hat uns den Baum geschickt?« – »So, wie er da ist,« sprach die Mutter, »nun eben nicht. Indes hat doch Christus, der einst als Kind in der Krippe lag und nun im Himmel ist, euch diese Freude beschert. Denn wäre er uns nicht geboren, so wüssten wir nichts von Weihnachtsfreuden und Weihnachtsgeschenken.« – »Nun gut,« sagten die Kinder, »wir wollen ihn schon recht lieb haben und ihm recht folgen. Er ist doch gar so gut, und hat die Kinder gar so lieb. Eine solche Freude, wie er uns macht, hatte noch kein Mensch in der Welt.«

JOHANN WOLFGANG VON GOETHE

Weihnachten

Bäume leuchtend, Bäume blendend,
überall das Süße spendend,
in dem Glanze sich bewegend,
alt und junges Herz erregend –
solch ein Fest ist uns bescheret,
mancher Gaben Schmuck verehret;
staunend schaun wir auf und nieder,
hin und her und immer wieder.

GERTRUD STORM

Weihnachten bei Theodor Storm

Unser Vater war ein echter, rechter Weihnachtsmann, er wusste jedes Fest erst recht zu einem Feste zu gestalten. Den ganzen Zauber der Weihnacht seiner Kindheit wusste er in unsere Weihnacht zu übertragen. Und so feiern auch wir, seine Kinder, unsere Weihnachtsfeste ganz im Sinne unseres Vaters. Der Weihnachtsbaum wird genau so geschmückt, wie er einst von ihm geschmückt wurde, die Kuchen nach den althergebrachten Familienrezepten gebacken, wie sie schon sein Kinderherz entzückten. Wenn das alte, liebe Weihnachtsfest wieder naht und ich mich in eine rechte Weihnachtsstimmung versetzen will, setze ich mich in der Dämmerung in einen tiefen Lehnstuhl. Von draußen wirft die Laterne traulich ein mattes Licht durch die Fenster. Ich schließe die Augen und bald bin ich daheim in unserem großen alten Hause in Husum in der Wasserreihe. Meine Geschwister und ich, wir sind wieder Kinder.
Es wird wieder einmal Weihnachten, und wir Kinder leben in goldenen Träumen, bis das im Leben so seltene Wunder eintritt, dass diese Träume in dem brennenden Weihnachtsbaum verkörpert vor uns stehen. Draußen auf den stillen Wegen des Gartens, den Sträuchern und alten Bäumen, liegt glitzernder Schnee. Im ganzen Haus duftet es nach Tannen und braunen Weihnachtskuchen. Feststimmung guckt schon aus allen Ecken, wie eine Ahnung vom Weihnachtsabend.
Es weihnachtet sehr – die Heimlichkeiten wachsen mit jedem Tage. Vater schließt sich immer häufiger in seiner Studierstube ein; und wir

Kinder, die wir um die Zeit der heiligen Weihnacht gerne an den Türen lauschen, hören ihn die Tür des Nussbaumschrankes öffnen und leise wieder schließen. Dieser Nussbaumschrank birgt in seinem Innern alle Geheimnisse und Wunder fürs Weihnachtsfest. In einem unbewachten Augenblick treten wir doch ins Zimmer. Vater schließt schnell den Schrank, dann nimmt er uns in seine Arme, macht ein geheimnisvolles Gesicht, sieht uns innig an und sagt mit leiser Stimme nur das eine Wort »Weihnachten«.

In der Essstube ist großes Kuchenbacken. Unsere Mutter und die Mädchen stehen mit aufgekrempelten Ärmeln. Sie rollen weißen und braunen Kuchenteig aus, der in großen Steintöpfen um den Ofen herum steht. Große schwarze Platten stehen bereit, die verschieden geformten Kuchen aufzunehmen, die dann von den Mädchen zum Bäcker getragen werden. Auch wir Kinder haben unseren Teil bekommen. Wir stehen an unserem kleinen Kindertisch, ein weißes Nachthemd über unsere Kleider, ein gezipfeltes Taschentuch auf dem Kopfe. Jedes von uns hat ein Klümpchen weißen, oder braunen Kuchenteig vor sich, der bald unter unseren geschäftigen kleinen Händen in die wunderbarsten Dinge gewandelt wird. Die Tür öffnet sich und unser Vater tritt mit dem freundlichsten Leuchten seiner blauen Poetenaugen ins Zimmer.

»Ihr seid ja alle gewaltig in der Fabrik«, neckt er und bewundert unsere herrlichen Schöpfungen, von denen man meistens nicht zu erkennen vermag, was sie vorstellen sollen. Es beginnt nun ein heimliches Geflüster zwischen Vater und uns, und es gelingt uns, Vater einige kleine Weihnachtsüberraschungen verraten zu lassen, was unsere Freude am Weihnachtsabend keineswegs verringert. »Morgen wollen wir vergolden und Netze schneiden«, spricht Vater verheißungsvoll.

Wenn wir in ein bestimmtes Alter gekommen waren, durften wir vergolden helfen und Netze schneiden. Die langen, schmalen Streifen Rauschgold wurden freilich nur von unserem Vater, mit seiner großen, alten Papierschere geschnitten. – Morgen ist heute geworden und Vater nimmt uns mit in seine Studierstube. Die dunkle Holztäfelung der Decke, die tiefrote, behagliche Färbung der Wände, an denen rings herum Bücherregale laufen, und über dem Tische die helle leuchtende Lampe schauen uns behaglich und gar verheißungsvoll an. Auf dem Tisch ausgebreitet liegen Nüsse, Tannenzapfen, Eier und Schaumgold. Wir setzen uns alle um den Tisch und beginnen nach Vaters Anordnung Watte in Eiweiß zu tauchen, mit der wir vorsichtig die Nüsse und Tannenzapfen betupfen. Dann wird ein Stück Schaumgold auf die befeuchtete Stelle gelegt und vorsichtig mit Watte abgetupft. Nun werden zwölf Netze vom feinsten weißen Konzeptpapier geschnitten. Uns Kindern klopft das Herz dabei: »Wenn wir nun die Spitzen abschneiden!« In die Netze kommen große, viereckige Zuckerl, die wir altem Herkommen gemäß in farbige Papiere wickeln, die durchaus die Farben: Grün, Gold und Hausrot haben müssen.

Auf diese Netze, in denen schon seine Kinderträume hingen, legte unser Vater besonderen Wert. Wer von uns zum ersten Male in seinem kleinen Leben ein solches wunderbares Netz tadellos ausgeführt hatte, kam sich vor, als sei er nun erst ein fertiger Mensch geworden. Die weißen Netze sind geschnitten und tadellos zu unseres Vaters innigster Befriedigung ausgefallen. Goldene Nüsse, Eier und Tannenzapfen heben sich leuchtend von der dunklen Tischplatte ab. Wir Kinder stehen ermüdet auf und wollen zu Bett gehen. Vater tritt ans Fenster, öffnet weit beide Flügel – Der Mond scheint, und wir Kinder sehen deutlich zwischen Vaters ausgebreiteten Armen in den beschneiten Garten. Da spricht Vater mit leiser, wie von Musik getragener Stimme:

»Mondbeglänzte Zaubernacht,
die den Sinn gefangenhält,
wunderbare Märchenwelt,
steig' auf in der alten Pracht!«

Wir gehen still und nehmen den Zauber dieser Stimmung mit in unsere Träume, aus denen wir mit dem seligen Bewusstsein erwachen: »Heute ist er, der heilige Abend.« Nun beginnt ein buntes Treiben im Hause. Vater trägt alle seine Schätze selbst ins Weihnachtszimmer, in dem die zwölf Fuß hohe Tanne schon ihres Schmuckes wartet. Wir Kinder schmücken in unserer Kinderstube ein kleines, bescheidenes Bäumchen für arme Kinder. Wir haben ihn von unserem eigenen Gelde erstanden. Vater und Mutter schließen sich unten ins große Wohnzimmer ein, gleich wenn man in den Flur tritt links, und der Märchenbaum fängt an sich zu entfalten. Die Brüder Hans und Ernst kommen heim und Karl, unser stiller Musikant. Heute muss Vater alle seine Kinder um sich versammelt haben, um ein rechtes Weihnachtfestgefühl zu empfinden. Die Fenster der Weihnachtsstube sind dicht verhangen, die vielen Türen, die ins Reich der Weihnachtswunder führen, verschlossen. Wir schleichen an die Fenster und knien vor den Türen. Meine jüngste Schwester, Dodo, hat ein besonderes Talent, mit unserer Mutter, verborgen in den Falten ihres Kleides, in die Weihnachtsstube zu schlüpfen.
Vom frühen Morgen an kommen Scharen von Kindern, die von Haus zu Haus ziehen und im Flur ihre hellen Kinderstimmen ertönen las-

sen: »Vom Himmel hoch, da komm' ich her«. Ein großer Korb mit Wasserkringeln steht schon bereit, mit denen die kleinen Sänger belohnt werden. Mittags wird nach althergebrachter Sitte Kaffee getrunken und Butterbrot gegessen. Der Kaffeekanne entströmt an diesem Tage ein wundersamer Duft, so duftet er nur einmal im Jahr; und die Butterbrote schmecken uns wie der schönste Kuchen. Am Nachmittag waren wir Kinder, jedes ein Körbchen am Arm, ins Kloster St. Jürgen. Wir wollen zwei alte Großtanten dort bescheren, »Tante Anna und Tante Christine«. Tante Anna wird von uns bevorzugt. In ihrem kleinen, behaglichen Altjungfernstübchen liegen wir schließlich auf der Erde vorm offenen Ofen und schauen in die rote Glut der verglimmenden Kohlen. Die liebe alte Tante sitzt im alten Lehnstuhl neben uns, ihr feines altes Gesicht von einer weißen Spitzenhaube umrahmt. Sie erzählt uns altmodische Kindergeschichten, an die sich immer eine Moral knüpft. Wir hören aufmerksam zu, knacken dabei Nüsse und werfen die Schalen in die rote Glut und das knistert so schön. – So vergeht die Zeit – vom Kirchturm drüben schlägt es halb fünf. Tante Anna hüllt uns sorgsam in unsere warmen Mäntel und Kapuzen und fort geht es.

Auf den Straßen liegt tiefe Dämmerung, der Schnee knirscht unter unseren Füßen. Schwärme von Kindern begegnen uns, hier und dort dringt aus einer geöffneten Haustür Gesang zu uns heraus. Wir fassen uns an den Händen und laufen und kommen atemlos heim. Im Flur bleiben wir stehen und singen, als gehörten wir zu den Sängern. Die Köchin kommt aus der Küche gelaufen mit den üblichen Wasserkringeln. Sie jagt uns lachend und scheltend in die Kinderstube. Wir werden nun festlich geschmückt und gehen dann in die Studierstube unseres Vaters, wo wir schon unsere Großmutter mit ihrer getreuen

Lebensgefährtin, von uns »Tante Tine« genannt, und zwei alte Freunde des Hauses in behaglichem Geplauder vorfinden. Seit dem Tode unseres Großvaters schaut Großmutter unserer Bescherung zu. Großvater war zwar niemals bei der Bescherung zugegen, aber wir wussten doch, er saß behaglich in seinem Kontor und freute sich über die kleinen Sendungen an Geld und Lebensmitteln – meistens Rauchfleisch – die er von dort aus an Kinder und Schwiegerkinder gespendet hatte. Nun auch er in das Land der Vergangenheit gegangen ist, lässt die bunte Kinderfreude diesen Abend der Erinnerung sanft für unsere alte Großmutter vorübergehen.

Endlich ertönt der Klang der silbernen Glocke. Wir stürzen die Treppe hinunter, die Flügeltüren fliegen auf, wir treten ein, jung und alt. Ein starker Duft von Tannen, brennenden Lichtern und braunen Weihnachtskuchen schlägt uns entgegen – und da steht er, der brennende Baum, im vollen Lichterglanz! Ich will ihn mit meines Vaters eigenen Worten schildern: »Mit seinen Flittergoldfähnchen, seinen weißen Netzen und goldenen Eiern, die wie Kinderträume in den dunklen Zweigen hängen.« – Oder wie er in einem Brief an Freund Keller geschildert wird: »Der goldene Märchenzweig, dito die Traubenbüschel des Erlensamens und große Fichtenzapfen, an denen lebensgroße Kreuzschnäbel von Papiermaché sich anklammern, Rotkehlchen sitzen und fliegen in dem Tannengrün, und eines sitzt und singt bei seinem Nest mit Eiern. Feine weiße Netze, deren Inhalt sorgsam in Gold und andere in Lichtfarben gewählte Papiere gewickelt ist.«

Der Märchenzweig ist eine Erfindung meines Bruders Ernst. Ein großer Lärchenzweig ist ganz vergoldet und so in der Mitte des Baumes befestigt, dass er seine schlanken, feinen Zweige nach allen Seiten aus-

breitet. Ein Freund unseres Hauses, Regierungsrat Petersen, der derzeit in Schleswig lebte, taufte den so vergoldeten Zweig »Märchenzweig«. Freund Petersen und Vater tauschten alle Jahre kleine Weihnachtsüberraschungen aus. In einem Jahre brachte er Vater kurz vor Weihnachten das erste Paket »Lametta«. Vater schreibt darüber:
»Unser Tannenbaum hat in diesem Jahr besonderes Aufsehen erregt. Freund Petersen brachte am Sonntag vor Weihnachten eine Tüte märchenhafter Silberfäden. Mit diesen feinen Silberfäden wurde der Baum umsponnen, dass er aussah, wie fliegender Sommer.«
Unser Karl setzt sich ans Klavier und stimmt leise an: »Stille Nacht, heilige Nacht«. Wir alle stimmen ein. Das Weihnachtslied ist verklungen, wir umstehen den Baum und lassen die Wunder der Weihnacht still auf uns wirken. Vater nickt uns bewegt zu, legt den Arm um unsere Mutter und führt wie immer sie zuerst zu ihren Gaben, die geheimnisvoll umhüllt sind. Mitten auf dem Tisch steht zu Mamas grenzenloser Verwunderung Vaters Pelzmütze. Mama erfasst sie zögernd, ihr Blick hängt fragend an dem unseres Vaters – und hervor rollt eine große Papierkugel. Ein Papier nach dem anderen wird abgewickelt, bis sich schließlich in einem kleinen Kästchen verborgen ein feiner, goldener Ring dem erstaunten Blick zeigt. Eine Schlange, die sich in den Schwanz beißt, ein solcher Ring war ein langgehegter Wunsch meiner Mutter. Vater erwartet leuchtenden Auges die Wirkung seiner Überraschung. Meine Schwester Ebbe sagte einmal bei solcher Gelegenheit: »Vater hat ein Weihnachtslicht in den Au-

gen.« Nun führt Vater jedes seiner Kinder zu ihren Gaben, uns kleine zuerst. Puppen – wohin wir sehen, kleine und große – und Bücher, die durften niemals auf unserem Weihnachtstisch fehlen.
Wir haben uns müde gespielt – wir nehmen unsere Weihnachtsbücher und setzen uns im trauten Schein des Lichterbaumes und lesen. Gar verführerisch ist es, heimlich ein Stückchen Zuckerwerk abzuzupfen und es ebenso heimlich zu verzehren. Vater tritt leise zu uns unter den Tannenbaum, streicht uns sanft mit seiner schönen schlanken Hand übers Haar und fragt: »Hab' ich's getroffen?«
Nachdem sich das erste Entzücken gelegt hat, bringt die Köchin das messingene Kohlenkomfort, auf dem gar bald der blitzblank geputzte Teekessel ein melodisches Lied anstimmt; und der Duft feinsten Tees vermischt sich mit dem der Tanne und der braunen Weihnachtskuchen. Die beiden Mädchen in den gleichen maiengrünen Festgewändern, mit Häubchen und blendend weißen Schürzen angetan, bringen den Tee herein, wir Kinder den knusprigen Weihnachtskuchen. So sitzen wir recht traut beisammen.
Da erklingt von draußen, vom Vorplatz, der Gesang einer tiefen, melodischen Altstimme zu uns herein:

»O du fröhliche,
o du selige,
gnadenbringende Weihnachtszeit.«

Ein helles Leuchten verklärt das liebe Angesicht unseres Vaters, er steht leise auf, öffnet die Tür und zieht ein gar liebliches, kleines Bettelmädchen herein. Das Kind, mit von der Kälte geröteten Wangen, strahlenden Kinderaugen, das Gesichtchen von blonden Locken um-

rahmt, bleibt stumm und wie verzaubert im Türrahmen stehen.
Wir alle umstehen sie, sie muss noch einmal ihre glockenreine Stimme hören lassen. Dann erfasst Vater eines ihrer schmutzigen kleinen Händchen und fragt sie liebreich:
»Was willst du nun haben, etwas zu essen oder Kuchen?« – »Danke, ich habe schon gegessen«, spricht das Kind zu unserer grenzenlosen Freude. Da heißt mein Vater sie, ihr Schürzchen auftun, Mütterchen nimmt vom Tisch einen vollen Teller Weihnachtskuchen und schüttet sie in die ausgebreitete Schürze.
Voll leuchtenden Dankes schaut das Kind zu Mütterchen auf, wirft noch einen scheuen Blick auf all den Lichterglanz und die strahlenden Gesichter und fort ist sie, die kleine Lichtgestalt; denn so erscheint sie uns trotz ihrer Lumpen. Die Lichter sind erloschen, die glitzernde Pracht des Baumes leuchtet nur noch im matten Dämmerlicht der Lampen. Unsere Mutter ruft zum Festessen. Wir Kinder trennen uns schweren Herzens vom Tannenbaum, unseren Puppen und Büchern. Sauerbraten und ein großer Apfelkuchen – Tante Moritz geheißen – bilden das Festessen, Punsch, nach Vater kurzweg »Landvogt« genannt, ist das Festgetränk.
Wir alle sitzen an unseren Plätzen, der Punsch ist in die Gläser geschenkt, Vater erhebt sein Glas, er nickt uns allen voll innigster Befriedigung zu und sendet dann in einem kleinen Trinkspruch »einen vollen Gruß seiner Liebe« allen denen, die seinem reichen, liebevollen Herzen nah, an diesem Abend aber ferne von ihm sind. Der Apfelkuchen wird aufgetragen, nach dem unsere begehrlichen Kinderaugen schon lange ausschauen.
Einer der alten lieben Weihnachtsgäste wirft an jedem Weihnachtsabend zu unserer heimlichen Freude die Frage auf: »Ist das nicht Tan-

te Moritz?« Und jedes Mal folgt gleich die Antwort: »Ja, das ist Tante Moritz.« Von Tante Moritz ist nach einer Weile keine Spur mehr, und nun geht es noch einmal zurück ins Weihnachtszimmer. Jeder von uns folgt seinen besonderen Neigungen. Meine Brüder ergreifen mit einem wahren Festtagsausdruck ihrer blauen Augen die neuen Bücher und ziehen sich mit ihnen in irgendeinen Schmunzelwinkel zurück. Wir Kinder nehmen unsere Puppen auf den Schoß und lauschen; denn Karl, unser Musikus, singt uns ein neueinstudiertes Lied von Robert Franz:

»Einen schlimmen Weg ging gestern ich,
einen Weg, den ich nicht wieder geh,
zwei süße Augen trafen mich,
zwei süße Augen, lieb und blau.«

Karl hat einen wunderbaren Bariton und singt einfach, mit tief zu Herzen gehendem Vortrag. Zum Schluss spielen Karl und meine Schwester Lisbeth »Nussknacker und Mäusekönig« von Karl Reinicke. Vater liest die Worte dazu. So ist es immer bei uns.
Lautlos lauschen wir alle, eine träumerisch-selige Stimmung umfängt uns. Der letzte Ton, das letzte Wort ist verklungen. Unsere Mutter mahnt leise zum Schlafengehen. Draußen vor den Fenstern stäubt der Schnee; aber während wir Kinder bald in einen tiefen Schlaf fallen, machen die Eltern und großen Geschwister noch einen Besuch im brüderlichen Hause in der Süderstraße. Jahre kommen und gehen. Es ist unserm lieben Vater nicht mehr vergönnt, alle seine Kinder um den heimatlichen Weihnachtsbaum zu versammeln. Statt dessen werden Kisten gepackt und Pakete gemacht und Weihnachtsbriefe ge-

schrieben. An Hans nach Wörth in Bayern, wo er als Arzt lebt, an Ernst nach Toftlund und an Lisbeth nach Heiligenhafen. Sie haben sich inzwischen selbst ein Heim gegründet und schmücken dort ihren Kindern den Baum.

Und Vater klagt in einem Brief an seine »Tochter« Lisbeth: »So haben wir denn das Weihnachtsfest gehabt; und ich fühle es recht schmerzlich, dass wir gar so getrennt sind. Es ist sehr schön, der Mittelpunkt einer großen Familie zu sein, aber recht schwer, wenn so ein alter Mensch sich in so viele Teile spalten soll. Für mich fehlen zu viele von Euch, als dass das Weihnachtsgefühl so recht hätte aufkommen können.«

Noch einmal, ein letztes Mal, wird es für unseren lieben Vater »Weihnachten«. Zum ersten Male fehlt eines seiner Kinder ganz, auch seine liebevollsten Gedanken vermögen es nicht mehr zu erreichen. Unser ältester Bruder Hans ist von uns gegangen. Der Baum steht noch einmal in vollem Lichterglanz, die Flügeltüren öffnen sich weit. Vater legt den Arm um Mütterchen, wir, die keine Kinder mehr sind, umstehen das Klavier und Karl stimmt leise an: »Stille Nacht, heilige Nacht.« Wie wir an die Stelle kommen »Schlaf in himmlischer Ruh«, da breitet Vater weit die Arme aus, Tränen stürzen aus seinen lieben Augen und leise hören wir ihn die Worte sprechen: »Unten in Bayern, da ist ein einsames Grab, darüber weht der Wind, und der Schnee fällt in dichten Flocken drauf.«

Wir singen nicht weiter, wir gehen zu ihm und nehmen sanft seine lieben Hände; und eine schmerzliche Ahnung, dass wir wohl so zum letzten Male mit unserem lieben kleinen Vater unter dem brennenden Lichterbaum stehen, durchzittert unsere Herzen. So endete das letzte Weihnachtsfest mit unserem Vater.

ERNST ANSCHÜTZ

O Tannenbaum

O Tannenbaum, o Tannenbaum,
wie treu sind deine Blätter!
Du grünst nicht nur zur Sommerzeit,
nein, auch im Winter, wenn es schneit.
O Tannenbaum, o Tannenbaum,
wie treu sind deine Blätter!

O Tannenbaum, o Tannenbaum,
du kannst mir sehr gefallen!
Wie oft hat nicht zur Weihnachtszeit
ein Baum von dir mich hoch erfreut!
O Tannenbaum, o Tannenbaum,
du kannst mir sehr gefallen!

O Tannenbaum, o Tannenbaum,
dein Kleid will mich was lehren:
Die Hoffnung und Beständigkeit
gibt Trost und Kraft zu jeder Zeit.
O Tannenbaum, o Tannenbaum,
dein Kleid will mich was lehren.

